主编简介

谭永军 梧州学院党委宣传部副部长，主任编辑/副教授。

曾任梧州市团市委宣传部副部长，梧州广播电视报总编，梧州有线电视台专题部主任，梧州学院党委宣传部院报编辑部主任、党委宣传部副部长（主持工作）。

编辑过《梧院春秋》《梧州学院纪事》《梧院人物群像》等书籍。获得过"广西妇女新闻宣传先进工作者""广西高校宣传工作先进个人"荣誉称号，新闻作品获得过广西新闻一、二、三等奖，曾获广西高等教育自治区级教学改革优秀成果一、二等奖，梧州学院教学成果特等奖。担任梧州学院新闻学专业《新闻采访》《新闻写作》等新闻实务本科教学任务。

李德华 毕业于梧州学院工商管理专业，广西大学工商管理研究生学历，厦门大学工程硕士。现任梧州学院团委副书记、创新创业教育学院副院长，国家二级职业分析师，全国创业指导师。长期从事高校创新创业课程设计、基地建设和项目指导等工作，曾参与编写教材《新大学生创业指导》，参与研究的省部级、厅级项目有10余项，发表论文10余篇；曾获广西高等教育自治区级教学改革优秀成果一等奖、二等奖。

2017年广西高校大学生思想政治教育

推进工程项目资助

高校校园文化建设成果文库

大学生创新创业故事

谭永军　李德华◎主编

光明日报出版社

图书在版编目（CIP）数据

大学生创新创业故事 / 谭永军，李德华主编 . -- 北京：
光明日报出版社，2018.4（2023.1 重印）
ISBN 978 - 7 - 5194 - 4167 - 8

Ⅰ.①大… Ⅱ.①谭…②李… Ⅲ.①大学生—创业—文集
Ⅳ.①G647.38-53

中国版本图书馆 CIP 数据核字（2018）第 081601 号

大学生创新创业故事
DAXUESHENG CHUANGXIN CHUANGYE GUSHI

主　　编：谭永军　李德华

责任编辑：曹美娜　郭思齐　　　　　责任校对：赵鸣鸣

封面设计：中联学林　　　　　　　　责任印制：曹　诤

出版发行：光明日报出版社

地　　址：北京市西城区永安路 106 号，100050

电　　话：010 - 67078251（咨询），63131930（邮购）

传　　真：010 - 67078227，67078255

网　　址：http://book.gmw.cn

E - mail：gmrbcbs@gmw.cn

法律顾问：北京市兰台律师事务所龚柳方律师

印　　刷：三河市华东印刷有限公司

装　　订：三河市华东印刷有限公司

本书如有破损、缺页、装订错误，请与本社联系调换

开　　本：170mm×240mm

字　　数：337 千字　　　　　　　　印　张：20

版　　次：2018 年 4 月第 1 版　　　　印　次：2023 年 1 月第 2 次印刷

书　　号：ISBN 978 - 7 - 5194 - 4167 - 8

定　　价：78.00 元

《大学生创新创业故事》编委会

策　划：陈爱民

主　编：谭永军　李德华

编　辑：李建平　黄振球　郑文锋

　　　　李城宗　梁志慧　陈献宁

前　言

作为一所 2006 年才升格的地方性应用型普通本科院校,梧州学院始终紧紧抓住服务地方经济社会发展这个中心使命,突出应用型人才培养这个工作中心,以深化教育教学改革和人才培养模式改革为重点,以建设大学生创新创业实践平台——梧州学院大学生综合发展中心为抓手,多举措推进大学生创新创业工作,引导和鼓励在校大学生积极参与创新创业活动,取得了突出成效。

梧州学院大学生综合发展中心自 2010 年 10 月成立以来,已获得广西第一批高校大学生创业示范基地,广西高校第一个大学生微型企业孵化园,广西动漫人才培养基地,梧州市创业孵化基地,梧州市文化创意产业孵化园等荣誉。

梧州学院大学生综合发展中心共有公共服务支持、展览启迪、创业发展、科技创新、微软 IT 学院、角色体验区等六个功能区域。运行至今,已引进各类大学生创新、创业等项目 340 多个,已培育大学生创业项目 200 多个,有 100 个已获得工商营业执照,成为名副其实的"学生老板"。孵化的企业主要分布在梧州、南宁、桂林、柳州等地。至今总营业额已突破 1000 多万元,共为 200 多名毕业生提供了就业岗位,每年可向校内同学提供各类勤工助学岗位达 600 多个。

2015 年 4 月 11 日,前来梧州学院视察的中共中央政治局常委、书记处书记刘云山在参观完大学生综合发展中心,听取学校有关情况汇报后,对学校充分发挥师生党员在创新创业教育实践中的指导服务和示范引领作用的做法,给予肯定和鼓励。至今,大学生综合发展中心先后接待了 100 多所广西区内外高校的领导、专家视察、指导,为推动广西高校大学生创新创业活动的深入开展提供了示范经验。新华网、《光明日报》《中国教育报》等 30 多家国家、省(部)级媒体对这方面的工作给予了报道。部分创业典型案例也入编了广西本科高校学生就业指导教材。

梧州学院在大学生综合发展中心建立了大学生党建管理服务中心,初步探索出大学生思想政治教育与创业文化教育相互渗透的有效方式,通过发挥党员教师的义务指导作用和学生党员的模范引领作用,把学生党建工作融入大学生创新创业教育中,取得了初步成效。

以大学生综合发展中心为平台,梧州学院营造了良好的创新创业校园文化环境和舆论氛围,学校每年均举办大学生创业文化节、大学生创业街、大学生创新创业典型事迹宣讲会、创业发展论坛、创业年度峰会、大学生创业技能大赛、大学生创业沙龙等一系列校园文化活动作为创新创业指导服务的常规工作。通过校园网、校报、电台、微信、微博等媒体设立专题栏目,及时报道国家、自治区和梧州市的有关法律法规、政策和最新动态,及时总结推广创新创业的先进团队和个人,培育创新创业文化。

在此,我们将梧州学院校园媒体记者采写的有关创新创业团队和个人的典型结集成书。既是工作阶段性的总结、创新创业文化的凝练,也是让这些典型发挥朋辈的影响和辐射作用,促进"大众创新,万众创业"活动的持续开展。

编者

2017.6

目 录
CONTENTS

梧州学院　创新铺就跨越发展路[*]

作为广西东大门——梧州市唯一的本科院校梧州学院，面对深化高等教育综合改革的大潮，在激烈的校际竞争中，谁牵住了创新这个"牛鼻子"，谁走好了转型发展这步棋，谁就能占得先机，赢得优势。

学校党委书记唐耀华直言：通过创新培育发展新动力，就是要把创新摆在转型发展的核心位置，让创新贯穿学校一切工作，让创新精神在校园、在师生中蔚然成风。

根植桂东沃土

陈炳忠副教授原是梧州市教育学院天然宝石首饰公司管理人员，后下海经营首饰厂、宝石厂。自 2005 年梧州学院开办珠宝首饰设计专业，创建了宝石设计与检测实验室，陈炳忠便挑起了宝石设计与加工、首饰手工制作等 6 门课的授课任务。他把自己工厂的 20 台磨宝石机器、首饰铸造设备，以及个人收藏的矿物标本、宝石标本搬到了学校，还联系一些相关企业捐赠设备，搭建起实验室雏形。实验室柜台里陈列的教学标本，80% 是他长期积累的藏品。如今，这个自治区级重点实验室已成为涵盖机械、计算机、电子工程、信号处理、艺术设计等专业和领域的多学科、校企合作的研究机构。

＊ 本文作者：谭永军、李远林。

宝石实验室展厅

宝石加工机械经历了从半自动—全自动—数控排机的升级换代,助推了宝石加工机械的提质升级。在项目研发中,陈炳忠和他的团队申报国家实用新型专利和国家发明专利15项,已授权6项;编撰的教材《宝石琢型设计及加工设备》,被列为21世纪高等教育珠宝首饰类专业规划教材。

在梧州学院,像陈炳忠这样的创新型教师绝非个例,这主要得益于学校开放的办学机制。

学校在办学过程中主动适应地方产业发展与结构调整,优化学科专业结构,加强重点学科建设,建设了一批围绕地方需求的科研平台。其中"信号处理与智能控制实验室""人工宝石设计与检测实验室""软件开发中心""粤港澳产业转移研究中心""西江研究院""广西智能显微设备技术工程中心"和"西江流域民间文献研究中心"等科研机构,以服务地方重大需求、坚持产学研相结合为基本定位。

梧州市委宣传部与梧州学院文法学院共建
"新闻与传播学院",双方签订协议书

2015 年初成立的政校企合作联盟,开设了协同育人大讲坛,深化学校与地方政府、行业、企事业单位的密切合作,形成高等教育人才共育、过程共管、成果共享、责任共担、多方有利,共同服务地方经济的紧密型合作办学机制,在技术攻关、产品开发、项目争取等多领域与政府、企业广泛合作,取得了突出成效:面向梧州正在兴起的电子信息支柱产业,建设了电子信息技术专业群;以梧州商业发达以及大力振兴服务业为背景,建设了规模较大的经济与管理专业群;针对梧州较发达的林业和制药业,增设了林产化工、制药工程专业;适应梧州再生资源、陶瓷、不锈钢制品等产业发展,培育发展了机电工程专业群;为服务梧州人工宝石特色产业,设置了艺术设计等相关专业。

六大育人模式

作为"一区一带"(粤桂合作特别试验区和珠江—西江经济带)信息技术应用科学研究与高层次人才培养的重要基地,该校在深化转型发展的过程中,探索、凝练出特色鲜明的六大协同育人模式:行业学院、校中厂、厂中校、电商实战、创业育人、社会服务。

2013 级软件工程班学生潘恒飞入学以来,对软件开发兴趣极大,他参加了项目组的培训,现已成长为教师科研团队的得力助手。课余时间他基本待在实验室

3

学习和研究,他说:"这一平台让我的大学生活更加充实。"

微软 IT 学院 2015 年投入使用,与微软公司在传统产业转型创新、IT 人才培养、智慧城市建设等多个领域开展合作。它的掌舵人陆科达既是计算机高级工程师又是系统构架设计师。学校利用该平台,由负责科技研发的老师组成培训团队,招募大二学生,有针对性地从专业技能、团队合作、职业道德等方面进行为期一年的培训。在培训的过程中,分批吸收优秀学生参与实训项目,通过专任教师和高年级学生的传帮带,帮助低年级学生将理论知识运用到实践中。

学生在"校中厂"在企业导师指导下进行作品设计

在校园设厂,是探索转型发展的又一育人模式。校企共同制定人才培养方案、共同设计课程、共同开发教材、共建教学团队和实验平台,有效地实现企业需求与学校人才培养的无缝对接,使学校、企业、学生三方受益。

近 40 台缝纫机组成的缝纫区、画图设计区、熨烫区……其功能布局俨然是正规的服装生产车间。这间 2015 年 6 月挂牌的校中厂,由梧州学院与河源天生体育用品有限公司合作成立。校中厂负责人、服装与服饰设计专业教研室主任韦飞介绍说:"在校内建设实训基地,不仅让企业将设备搬到校园,而且将工厂的生产模式移植到了校园,其技术人员也能直接参与教学。"

拥抱"互联网＋"

2016 年 1 月 8 日,梧州学院举办了以"不忘初心,不惧未来"为主题的首届创业青年跨界年度峰会,汇集了政府和众多企业及创业团队。通过专题报告、项目推介会等形式,为该校微型企业走出校园,向社会推荐自己,扭转校园困守局面,获得社会资金、技术支持提供了平台。通过峰会打造的创业青年俱乐部,不仅为今后跨界、跨地域经营奠定了基础,为学校创新创业实践育人创造了更为有利的条件,更引领着师生积极投身创新创业实践,在推动社会发展中追求自己的梦想。

2016 年 3 月 6 日,梧州学院举办第一届大学生创新创业大赛,设立"互联网＋"创新类、"互联网＋"创业类、综合创新类和综合创业类四大类别。115 个创新创业项目参与角逐,63 个项目获专项资金支持成果转化;62 个紧贴当下"互联网＋"发展热点,53 个为综合类创新项目。参赛项目涉及互联网、文化创意、节能环保、生物化学等多个领域。

"人工宝石全自动分拣计算器""动态滤水仪的制作""城市交通灯控制系统"等项目,体现了学生勇于实践,加强课堂与企业之间的对接黏合度,实现了办学转型发展、服务地方、产教融合。

校长杨奔说:"梧州学院以大学生综合发展中心为基础,积极打造一个集工程实践教育、创新创业知识教育、创业就业思想集聚、学生创业就业实践、商业项目对接、政校企合作、创新创业孵化、创业成果展示于一体的多功能大学生创新创业平台。"

政校企结盟　为大学生创新创业铺坦途[*]

——梧州学院深化教育教学改革纪实

2016 年 6 月 27 日,广西金沛教育发展有限公司梧州学院校区隆重开业,又一家大型企业的进驻,使该校"政校企"联盟进一步壮大。

梧州学院学生到梧州市工业园"厂中校"学习

梧州学院"政校企"联盟成立于 2015 年 1 月,目前已有 100 多家政府、企事业单位与学校签订产教融合合作协议,形成了共同制定人才培养方案、共同设计课程、共同开发教材、共建教学团队、共建实验平台,把社会资源转化为学校育人资源的协同育人新机制。学校以此为平台,扎实推进大学生创新创业教育,更好地服务珠江—西江经济带建设。

---

[*] 本文作者:谭永军、李远林。

构建创新创业教育体系

近年来,梧州学院通过全员教育、搭建平台、培育特色等措施,把大学生创新创业工作作为深化教育教学和人才培养模式改革、加快学校转型发展的重要抓手。做到思想认识、组织机构、工作措施、人员和经费保障五到位。通过构建创新创业全员教育体系,激发学生创意、创造、创新和创业的潜能,激发学校创新创业教育长期开展的新动力。

学校成立了大学生创新创业训练计划项目工作领导小组,组长由分管校领导担任,成员由教务处、学生工作处、团委等部门负责人组成。编制了《梧州学院创新创业教育实施方案》等规定,对大学生创新创业教育实施过程每个环节均做了具体规范。

利用大学生综合发展中心进行课程体系、模训体系、实践体系和行动体系"四位一体"的综合能力培养模式探索,建立与人才培养目标相结合的创新创业教育体系,将创新创业教育融入人才培养全过程。开设有《大学生职业生涯规划与自主创业》《大学生创业学》等6门公共选修课,针对不同学科开设公共必修课和专业必修课。通过"政校企"联盟中的产教融合模式,加强"双师双能型"师资力量储备、积累案例教学素材。至今,全校共开设与创新创业教育直接相关的课程17门。建立并实施创新创业学分转换、弹性学制、保留学籍休学创新创业以及跨专业培养创新创业人才等激励政策。

打造创新创业平台

该校加强校内、校外创新创业实训基地建设,校企、校地合作形成了大学生创新创业实践合力,引导和鼓励在校大学生进行创新创业实训、实践,培养适应地方产业发展应用型人才。

学校在大学生综合发展中心建设了"政校企融合区",围绕培养梧州市急需的宝石设计与加工、制药工程、林产化工、电子商务、电子信息工程等专业人才,在教学促进、就业指导、人才招聘、企业文化宣讲、实习实训基地共建、创新创业项目合作等方面与区内外企事业单位展开广泛而具体的合作。至今,大学生综合发展中心已引进政校企合作项目20多个、驻校企业6家。

通过政府搭桥,学校与微软(中国)有限公司合作成立梧州学院——微软IT学院,为在校学生、企业IT决策者、项目经理、技术人员、企业IT人员等提供优质的培训课程和真实的项目实训环境,梧州市万名微软IT人才培训计划启动;学校与广州河源天生体育用品有限公司合作建设了"校中厂",双方共同制定人才培养方案、共同设计课程、共同开发教材、共建教学团队和实验平台,有效地实现企业需求与学校人才培养的无缝对接;学校与梧州市工业园区协同共建创新创业基地,总面积约4000平方米,共建有力学与材料工程实验室、模具加工中心、3D打印实训室、家具工业设计室、工业设计数字化制作实验实训室、中药提取实验室、林产化工工程实训中心等12间实验实训室,以及拟进驻的无人机研发公司、六堡茶研究院、环保评估公司和新能源汽车研究公司,10多个机械与化工大学生创新创业项目组;学校与阿里巴巴、广东蛙人网络科技公司、梧州市网商协会、梧州市工业园区、梧州市工业与信息化委员会、梧州市商务局等企业结盟,建设梧州市中小企业电子商务外包服务实践基地,为梧州市中小企业提供了一个电子商务整体服务平台;学校与梧州市委宣传部合作共建"新闻与传播学院",通过整合政府、行业、学校资源,创新人才培养模式,利用传播技术,建好、用好、管好新媒体,实现多方共赢。

学校先后与梧州市工商局共建了"大学生微型企业孵化园",与梧州市人力资源与社会保障局合作共建了"梧州市创业孵化基地",与梧州市文化新闻出版广电局共建了"梧州市文化创意产业孵化园",并作为肇梧团建合作示范高校,与肇庆市共同推进大学生创新创业的区域性合作。项目的推进进一步夯实了学校"大学生综合发展中心"的内涵建设,使得广西首个"大学生微型企业孵化园"、首批"广西高校大学生创业示范基地"、第二批"广西动漫人才培养基地"更具特色。

梧州学院的大学生综合发展中心运行至今,已引进各类大学生创新、创业等项目500多个,直接参与的学生人数达1.1万多人次。科技创新项目主要涉及机械设计、软件开发、数学建模、文学艺术和市场调研等。创业项目240多个,有110个已获得工商营业执照,行业的分布有以下三大类:一是电子商务、服装批发、办公用品、特色食品、日用品、电脑零配件等销售类企业;二是教育信息培训与咨询、驾校代理、兼职发布等服务类企业;三是动漫、平面设计、室内设计、广告设计、计算机软件开发等文化创意类企业。建设至今总营业额已突破1000多万元。

培育创新创业特色

以文化点燃大学生创业梦想。今年1月，学校举办了"首届创业青年'不忘初心 不惧未来'2016跨界年度峰会"。通过峰会的方式，邀请梧州市相关行政机关领导、知名企业参会，向社会输出"梧州学院大学生综合发展中心"创新创业团队的品牌效应，主动走出校园，向社会推荐自己；邀请成功孵化的企业代表回校参会，分享成功案例，树立创新创业典型，打造创新创业青年领袖，以榜样的力量，带动更多的青年创新创业；打造梧州学院创新创业青年俱乐部，为今后的跨界、跨地域经营打下基础。

2016年1月8日，梧州学院举办首届创业青年跨界年度峰会

学校通过举办大学生微型企业发展论坛、大学生创业文化论坛、创新创业项目展、成果分享会等系列活动，培养梧州学院大学生的创新创业意识、创新创业能力，树立正确的创新创业价值观，进一步营造自主创新精神的学校人文环境和良好育人氛围。

学校积极创新贫困大学生的帮扶工作，以"微企，成长的平台"为主题，鼓励和扶持贫困大学生自主创业，并在创业实践中融入责任、诚信、感恩等教育，培养企业家精神，促进贫困生全面成长成才。2013年，梧州学院资助育人项目"微企，成长的平台"被评为"首届广西高等学校资助育人品牌项目"，是全区十大资助育人品牌项目之一。

　　学校党委在大学生综合发展中心成立"大学生党建服务中心",把学生党支部建在社团和创新创业实践团队上,把党建工作和社会主义核心价值观教育融入创新创业教育实践的全过程,发挥党员的模范引领作用。2015年4月,中共中央政治局常委、中央书记处书记刘云山到校视察,对将学生党建工作融入创新创业教育实践的做法给予肯定,他说:"梧州学院建立大学生党建服务中心的做法是个创新!"

让学生成为学校最大的特色[*]

——梧州学院大学生综合发展中心见闻

经营电脑维修、电脑技术培训与购买指导等业务的"E佳电脑服务中心",今年以来营业额达到了35万多元;由"人民公设文化传播有限公司"设计的"神冠杯"第二届广西高校教职工羽毛球锦标赛标识及志愿者标识,被确定为该项赛事的永久性使用标识;梧州市纽斯信息服务中心与国内某知名快递公司成功签署合作协议,并与多家企业进行合作,为本校学生提供各类勤工助学兼职岗位300多个……

这些企业,这些创业成果,均出自梧州学院的在校大学生之手。

该校通过建立大学生综合发展中心这一平台,开展创新创业教育,打造创业"孵化园",为大学生的全面发展和个性成长、实现自身价值开辟了一条新路。

既是开放的课堂,又是综合的实验室

在梧州学院大学生综合发展中心(以下简称"中心")"人工宝石行业在线交易支付平台项目"工作室,记者见到项目组长曾登艺正和同伴热烈地讨论着业务

---

[*] 本文作者:刘昆、梁家海、谭永军。

问题。学计算机专业的他告诉记者："这里充满了梦幻般的魔力,可以学到书本上、实验室里都学不到的知识。"

如果不是亲身来到这里,记者很难想象,这里聚集了二十多家获得工商注册的微型企业,拥有以学生为主的科研团队20多个。

2010年,国家正式颁布的《国家教育中长期改革发展规划纲要》指出,"把促进人的全面发展、适应社会需要作为衡量教育质量的根本标准"。在此背景下,地处偏远、又是刚刚升本的梧州学院如何确定自己的发展定位?学院党委在对《纲要》进行反复学习后逐步形成共识:"特色就是实力,就是竞争力,要让既个性鲜明又全面发展的学生成为梧州学院最大的特色。"

基于这样的认识,总面积8000多平方米、投资近300多万元的大学生综合发展中心于2010年10月应运而生:通过整合校内校外的政策、人才、信息、技术等资源,构建大学生集"学习、实践、创新、创业"为一体的综合发展平台,营造开放、包容、自由的环境,形成人才培养、教育的"乐园",推动学生综合发展和个性化成长。

"中心"由科技创新、创业发展、领导沟通、社会伦理、作品展区和服务支撑六个板块组成,每年能为3000多名学生提供发展成长机会。

"大学生综合发展中心既是一个开放的课堂,又是一个综合的实验室。"梧州学院党委书记唐善茂这样诠释"中心"的发展理念。"通过课程体系、模训体系、实践体系和行动体系的'四位一体',对大学生进行教育实践活动,我们特别注重对学生学习兴趣的激发,让学生自主学习、自主探索。"

"我们所要求的综合发展,就是各类人才、各种能力的整合。就如同音响系统的高音、低音、中音一样,要进行混响和集成,进行匹配和融合,才能成为悦耳的声音。"梧州学院副院长杨杰如是说。

是课堂,也是梦工场

苏鸣翔是梧州学院工商管理系的学生。大一时,他在校外广告公司做兼职时看到了其中的商机,从此想创办一个小广告公司,但苦于场地等限制,他的想法一直没有实现。

光明日报广西记者站站长刘昆(前排右二)在发展中心采访

正当他一筹莫展时,"中心"开辟的创业发展区,为创业的学生免费提供了场地和水电。学校还邀请企业、银行的专家,对学生如何创业、如何贷款办企业进行指导。与此同时,梧州市工商管理局在办理营业执照和资金扶持方面也给予相应培训和政策扶持。2011年5月,他在创业发展区成立了工作室;6月,他又在学校鼓励和支持下,办理了工商营业执照,成立了一家由在校大学生自主投资注册的广告公司。经过半年的努力,苏鸣翔如今不仅在校内有工作室,还在校外建立工作间,聘请了3个在校大学生员工和5个校外全职员工。今年9月份,他的公司营业额达4万多元,10月份已达8万多元,成了一个名副其实的"学生老板"。

如今,创业发展区已引进学生创业项目34个,其中有23个项目的创业者已获得工商部门颁发的微型企业营业执照,范围涉及广告设计、超市等多个领域,不少"微型企业"已是声名鹊起。

创业潮涌桂江畔,为有源头活水来。2011年10月,有喜讯传来,创业发展区被确定为广西首家"大学生微型企业孵化园",成为大学生自主创业的"梦工场"。

以学业促进创业,以创业带动就业

大学生综合发展中心不仅为学生自主创业提供了实践平台,还为学生提供创业见习和就业岗位,引导他们进行各种学习实践活动,以学业促进创业,以创业带动就业。

由该校大三学生邵笑创办、注册的"麦哈那昆商行"服装设计营销公司,拥有30多名员工,绝大部分是来自本校工商管理、服装设计、市场营销等专业的学生。"自己的公司发展壮大,就可以带动更多的同学创业、就业。"邵笑说。

谁能想到,这位来自四川的阳光少年,刚进校时腼腆得不行,连跟老师说话都紧张得"打抖",现在,他已是十足的从容和自信,公司的业务已从最初的单纯面向学生市场,转变为校内校外"通吃"。"下一步我打算建立服装加工厂,并聘请一些服装专业的同学进行服装设计。"邵笑告诉记者。

校园微型企业的发展,也带动了本校毕业生的就业。如今,在创业发展区进行微型企业及相关工作的学生超过450名,参与中心项目的学生超过600人,参与中心管理的学生达200多名。仅2011年,梧州学院的各类微型企业共吸收和解决了35名毕业生就业问题,并吸纳了200余名毕业班学生参与各项工作。

2011年,梧州学院毕业生的就业率为91.94%,并在2011年全区普通高校毕业生就业工作暨表彰大会上,第五次获得"全区普通高校毕业生就业工作先进集体"称号。

带着创意去实践 *

——创新创业教育侧记

梧州学院举办大学生创新创业大赛,是深入贯彻落实"创新、协调、绿色、开放、共享"发展理念的重要举措,也是推动"大众创业、万众创新"的生动实践。同时,创新创业大赛的举办,对于梧州学院学风建设、校园文化建设、大学生创新创业能力的培养和老师创新创业指导水平的提高都具有十分重要的意义。

创新创业在梧院

看一看 2016 年的创新创业数据:9 月,学校成立了创新创业教育学院,统筹学校创新创业教育工作;学校拟定了《梧州学院众创空间建设规划方案(2016 - 2020)》,对梧州学院未来五年的创新创业工作作了总体规划部署。目前,学校成立了微软 IT 学院、经济管理学院创业学院、中科创新创业学院、新闻与传播学院、创新创业孵化基地,积极开展工程实践教育、创新创业知识教育、学生创业就业实践、商业项目对接、政校企合作、创新创业项目孵化、创业成果展示等探索和实践,促进创新创业教育的理论教学与实践训练相融合,激发学生的创造热情,提高学生的创新创业能力。2016 年 9 月 29 日,国家科技部发文公布了第三批国家级众创空间名单,梧州学院众创空间成功入选,成为广西首批通过国家审核的众创空间。截止到 2016 年,学校大学生综合发展中心已引进大学生创新创业项目 900 多个,直接参与的学生人数达 21000 多人次,已培育大学生创业项目 540 多个,其中有 120 多个已获得工商营业执照。梧州学院学生团队在第二届中国"互联网 +"大学生创新创业大赛广西选拔赛决赛中获得了"一金三银"好成绩,公益创业项目

---

  * 本文作者:沈洁、白薛景。

"萌狮行动"获2016年"创青春"全国大学生创业大赛公益创业竞赛银奖。学校还成功举办了以"不忘初心,不惧未来"为主题的首届创业青年峰会,在学校内营造出越来越浓厚的创新创业文化氛围。

大学生创新创业大赛

2017年4月15至16日,梧州学院举办第二届大学生创新创业成果展示会暨梧州学院第二届大学生创新创业大赛、第二届大学生"互联网+创新创业"大赛。166个项目分组参加"互联网+创新""综合创新"和"综合创业"三大类大学生创新创业大赛角逐,共有66个项目获奖。

比赛通过申报项目、材料审阅、现场路演、合议等形式最终评选出66个获奖项目,分别评出特等奖、金奖、银奖和铜奖,并给予不同数额的项目资金资助。

其中"警用训练场景规划系统""扶贫数据可视化系统""基于精准产业扶贫的微信电商平台建设与运营"3个项目获特等奖;"纸币展平分拣计数器"等6个项目获金奖。

在"梧州学院大学生创新创业成果落地转化"签约仪式上,梧州简捷珠宝有限公司、新思维营销策划团队双方代表当场签约,梧州简捷珠宝有限公司付款5000元购买了新思维营销策划团队的创业策划方案。

长江大学教授、湖北省楚天学者李静点评说道,梧州学院本次比赛内容非常丰富,166个项目覆盖了"互联网+"制造业、信息技术等领域,与国家战略保持一致,甚至走在了全国前列。学生的项目可以体现梧州乃至广西的特色产业。对于传统文化的挖掘很深,例如梧州学院的学生做杂字研究,可以对本土的文献作一些注释,它的作用多年以后可能会产生像毛诗批注《诗经》一样的贡献,是很有价值的;有学生关注到社会上的弱势群体,例如农村妇女的权益保障、留守儿童的心理问题等,很是可贵,可见梧州学院人文素质方面是有好的借鉴模式的;另外,学生对于现实十分关注,好几组项目是关于精准扶贫的研究。因此,在现有的教育模式以及结构化的知识基础上,培养具有洞察力的思维,把视野放大放广,同时结合自己的思考,把项目选择做到更加精准,增加了项目实施的可行性。梧州学院的大学生创新创业计划把创新精神落到了实处。

两届大赛的举办也有所不同:与2016年梧州学院第一届创新创业大赛相比,第二届创新创业大赛参赛项目增加了近50%;准备时间不同,与第一届大学生创新创业大赛相比,第二届大学生创新创业大赛项目展板展示的时间延长,由原来的1天延长到现在的22天;活动气氛不同,第二届大学生创新创业大赛,还伴有异域文化节、民族风情街等一系列活动的开展;外媒的宣传力度加大,除了校内媒体报道宣传,还有梧州日报社、西江都市报等媒体的宣传;除了学校的重视,出席此次活动的梧州市科技局局长陈绍霖表示:希望学生多沟通、多交流,他有责任代表政府为学生们提供平台,甚至提供资金,来共同开发和研究,把智慧变成现实与财富。

本次大赛中出现了一批有创意、有内涵、有丰富想象力和创造力的项目,不少参赛学生已经创办了企业,不是方案,而是实践;不是纸上谈兵,而是实战演练。这些都展示了梧州学院青年学生勇于创新、敢于挑战的精神。通过本次大赛,必将进一步激发梧州学院学生的创新创业热情,掀起梧州学院学生创新创业的又一轮高潮。

梧州学院创业学子素描*

又是一年毕业季,在大多数高校毕业生为找工作奔忙时,有一群即将走出校门的大学生正踌躇满志地规划未来。他们当中,有的已成为"明星总裁",有的正经历创业转型"阵痛期"……尽管所处境况不同,但决心"闯一闯"成为他们走向社会的共同选择。

用实力在市场站稳脚跟

梧州学院大四学生徐涛,这位打扮时尚帅气的安徽小伙子恭敬地双手递上一张名片——拾光数字影视动画工作室总经理。

谈起工作室名字的由来时,徐涛对脍炙人口的《小蝌蚪找妈妈》《大闹天宫》等中国动画片如数家珍。

带着振兴中国动画创作的美好愿景,有了为国有大型能源公司制作海上开采平台工程演示动画的成功经历,2014年12月,徐涛和志同道合的同学一起创办了拾光工作室。

从对着小屏幕笔记本电脑赶制作,到在高配置台式电脑前给动画添色加彩;从跑业务、管财务、赶制作"一肩挑",到分工明晰、权责明确,拾光团队把曾经"一无所有"的工作室发展成"人强马壮"的创业基地。

"工作室的动画制作收费标准是每秒800元,业务量多的时候,团队主要成员月收入在两万元以上。"徐涛说。他介绍,目前动画制作领域专、精、深方面人才少,水平高的收入普遍丰厚。在家人支持鼓励下,他决心带着团队在动画制作行业闯一闯。

---

* 本文作者:梁燕如、李德华、郑文锋。

然而,如何打响工作室名堂、扩大业务,成为拾光团队先要闯过的第一道坎儿。"想制作'梧州八景'的动画影片。"徐涛已经有了计划。他说,想以梧州独有的山水文化为原型,制作一部能展示拾光"功底"的梧州风采动画作品,借此在梧州动画制作市场站稳脚跟。

屏幕上,青瓦白墙的白鹤观矗立在鸳鸯江畔,画面静谧、优美,给古老的人文景观插上了现代科技翅膀,拾光团队用来"打天下"的作品逐渐成形。

小心探索扩大经营版图

"互联网+"让乐迅科技信息咨询有限公司总经理、梧州学院大四学生石伟丽看到了公司发展的美好前景。

以"互联网+融资"构建为创意小项目筹集资金的"众筹网",是石伟丽团队的努力方向。"曾经有位师姐想开一家创意蛋糕店,无奈缺乏创业资金。"石伟丽说。校园内,各个专业的师生不时会想出一些前景广阔的创业项目,但缺少物资是"校园项目"普遍面临的困境。"将分散、细微的社会力量筹集起来,让出钱出力的人们成为项目的股东、受惠者,这是'众筹'的可行之处。"石伟丽分析。

"搭建'众筹网'先要有硬件设施保障,还要有刚性约束营造合法依规、诚信互赢的网络环境,才能实现众筹物资的合法、有序、有效。"石伟丽心里很清楚,搭建小额融资平台绝非易事,平台营运技术、合作协议等都需要攻关,她正小心呵护着这一创新业务理念,谨慎地和团队在现有的业务中慢慢摸索前进。

从 2013 年底成立至今,乐迅公司可谓成长迅速,业务范围从电子产品销售扩大到网站设计与开发、电子商务平台的开发与应用等,累计营业额达 20 万元,公司主要成员月均收入 2000 元至 3000 元不等。

依托互联网的互联互通,业务开展的时空距离被消除,合作方式不断创新,让石伟丽相信"一切皆有可能"。近期,石伟丽团队准备与防城港一网络代理商洽谈代理业务,把公司的经营版图延伸扩大。

在艰难转型中坚持前行

"我们正加快业务转型升级。"梧州学院大四学生谢顺君说。谢顺君是壹讯电脑工作室主要负责人。随着互联网高速发展,电子产品交易渠道日趋丰富,产品价格越来越透明,单一的电子产品销售业务让壹讯工作室发展遭遇瓶颈。

穷则思变。从为客户搭建微信营销平台,到摸索发展进出口电子贸易,壹讯团队奔走在拓展业务、寻求发展道路上。但是,不少商家都有固定合作伙伴,对"学生军"的能力持怀疑态度,使得壹讯工作室的转型道路并不平坦。

面对创业的诸多不确定性,谢顺君依然想用三年的时间拼一拼。幸运的是,真诚、热情的壹讯团队在校园内已经树立起"一诺千金"的优质服务形象,在校外也积攒了 200 多位客户资源。去年上半年,壹讯工作室成功为十多位客户搭建微信营运平台,公司转型步调加快。

为让敢于创业的学子圆梦,梧州学院依托该校大学生发展中心,给学生免费提供创业场地,并邀请工商、税务、金融等部门和企业的专业人士,以及开设大学生创业课程等,指导学生解决创业中遇到的管理、经营、技术等难题,还优先为成熟的学生创业项目争取上级资金支持。

2012 年至 2015 年,梧州学院为该校大学生小微企业申请创业奖补资金 80 多万元,15 家大学生创办的小微企业成功孵化、成活、参与市场竞争,还累计提供就业岗位 100 多个。

谁说在校大学生不能创业[*]

——广西梧州市政协"扶微"调研进入"深水区"

"《小鬼连连看》这款 iphone4 手机游戏的页面就是该公司几名学生设计的。"梧州学院副院长杨杰在该院大学生微型企业孵化园蜂巢多媒体动漫设计公司前介绍说。2012 年 5 月,广西壮族自治区梧州市政协组织专题调研组,针对 2011 年实施"扶微"政策以来微型企业发展情况进行调研,为微企的发展"把脉开方"。

2011 年 5 月,梧州市政协提出的"扶持微型企业、推动全民乐业"系列建议,与市委、市政府工作形成共振。梧州市先后出台了促进微企发展及扶持科技微企创业园等多项制度,今年又提出新增微企 2000 家的目标。2012 年 2 月,梧州市政协主席吴汉华在主席会议上强调:对微企这个新经济体,政协要"扶上马""送一程"。该市政协的"扶微"调研课题,再次得到市委书记、市长的圈点。政策"好雨"使微企"春笋"蓬勃发展,目前该市注册登记微企达 3340 户,从业人员 2.48 万人。

梧州学院大学生微企孵化园是梧州市两个成熟的孵化园之一,已有注册企业30 家,16 家正在申请注册。"在'八类人群'外,增设在校大学生作为扶持对象,在广西乃至全国都属首创。"梧州市微企办副主任、市工商局副局长曾小林说。由在校大学生创办的蜂巢动漫在去年 10 月领取营业执照后,连续拿下了中铁一局某项目部演示动漫等多个设计项目。"学院能为孵化园企业提供产品链上必要的知识支持,这是其他孵化园做不到的。"韦宁委员道破了孵化园成功发展的要因。"园内学生走向社会后,每人都有可能自行创业,孵化新微企,至那时,几十家就会变成几百家,这对微企'出生率'和'成活率'是成倍甚至乘方的推动作用。"李建华委员想到了更深一层。

谁说在校大学生不能创业！一番观点交锋后，委员们认为，高校微企孵化园可为大学生提供在校实践、锻炼本领的机会，为创业打下基础，应予以大力扶持。

"创业，最头痛就是资金"，蜂巢动漫的唐涛同学对委员说出了横在高校微企发展路上的一道难题。虽然也能享受到梧州市"1＋X"资金扶持政策（即一个微企，财政、税收、规费、信贷多点给予扶持），但大学生无抵押物无担保，"金融机构贷一点"就很难到位。委员们讨论后认为，应着力构建由各商业银行、担保机构等组成的融资服务体系，大力引导地方性商业银行、小额贷款公司和民间资本对高校微企给予信用贷款支持。

思想的对撞激发出委员智慧的火花，"要打造微企信息服务平台，为企业产品和服务走向市场提供服务""要未雨绸缪，制订大学生微企产权转让和破产清算的相关制度""要在提升微企'存活率'的基础上，重点帮扶一批成熟企业'脱帽'，向中小型企业发展"。面对委员们的建议，曾小林坦诚回应："这些也是我们正在考虑或需要考虑的问题。"

随着调研进入"深水区"，梧州市政协"扶微"的思路在智慧"浮力"作用下悬浮水面。调研组建言：大力扶持大学生微企孵化园建设，充分发挥高校服务地方和"人才高地"的作用；大力扶持潜力强、发展壮大后对地方经济发展起到支撑作用的微企发展、做大；高校要根据地方经济社会发展规划，科学设计专业，为地方培养更多适用人才，孵化更多微企。

文化创意产业孵化园　为大学生创业搭桥 *

2013年,由梧州学院和市文化新闻出版局合作共建的我市首个文化创意产业孵化园正式成立,建立产业园的目的是让学生在实践中加强创业的信心和技能,变被动就业为主动就业,取得"培训、创业、就业"三重效应。

"文化创意产业孵化园"里的许壮东是梧州学院计算机系的一名大三学生,别看他年纪轻轻,如今已经是一个文化传播工作室的负责人。他告诉记者,工作室是2010年10月成立的,他们将市场锁定了学校。工作室成立几年来,多元化服务满足了学院师生的审美和心理需求,逐渐和学院建立了稳定的影像服务合作关系。如今,在他的努力下,工作室从开始的5名成员增加到现在的9名,年营业额从开始的几千元到现在的6万多元,许壮东的创业之路也越走越宽广。

在未来产业园会和许壮东这样创业成功的学生有长期的合作,能够带动更多的学生进取。

"文化创意产业孵化园"里也有像覃子豪这样的动画专业大三学生,2012年5月他和同班10个同学共同成立了原创动漫工作室,主要业务包括二维动画、插画和小游戏美工等。尽管创业初期遇到了许多困难,但是覃子豪和他的团队凭借着对动漫的热忱和独特的创意,渐渐走出了一条自己的创业之路。

原创动漫工作室负责人覃子豪:现在学校专门成立了文化创意孵化园,对我们动漫工作室的关注度也越来越高,让我对自己的创业道路也越来越有信心。今后我们这个团队将不断提升自己的技术,进一步拓宽市场,让更多的人了解我们工作室。

据了解,"文化创意产业孵化园"是由梧州学院与市文化新闻出版局合作共建的,也是我市首个服务于文化创意项目的创业孵化基地,主要目的是构建完善的

---

* 本文作者:龙俊宁、梁月。

服务扶助体系,为学生搭建起"基金支撑—项目扶持—基地孵化—成功创业"的实践平台,让学生在实践中增强创业的信心和技能,变被动就业为主动就业,取得"培训、创业、就业"三重效应,鼓励学生自主创业。孵化园区内,分为创业培训基地、创业项目孵化区、创业项目展示厅和综合办公室 4 个功能区域,为入驻项目提供免费办公、展览、宣传和营销等多功能场地,目前已经有 26 个创意创业项目入驻。

梧州学院学生工作处副处长彭祖湘介绍说:下面我们将对文化创意的微企进行整合,再对他们进行系统的培训,我们还希望通过与文新局的合作,争取一些政策的倾斜,并希望得到市里面相关部门的帮助。

梧州学院创建广西首家"大学生微型企业孵化园"*

2011年11月11日,梧州学院大二学生苏鸣翔将上万册的广告宣传册交予客户的手中,仅这一项目他就可以赚到近万元。在梧州学院设立的广西首家"大学生微型企业孵化园"里,活跃着一批像苏鸣翔一样的"学生老板"。

孵化园"孵"出一批学生老板

整齐的办公隔间,时尚的室内设计,不时传出的电话铃声、开会讨论声以及键盘的敲打声⋯⋯11月12日,记者在梧州学院的大学生"微型企业孵化园"里看到,很多学生正在忙碌着。苏鸣翔的公司就位于此。

苏鸣翔是梧州学院工商管理系的学生。大一时,他在校外广告公司做兼职时发现,很多活动都是大的广告公司接下来之后,再分配到小的广告公司。苏鸣翔看到了其中的商机,他一直想创办一个广告公司,但苦于场地等限制,他的想法一直没有实现。

2010年10月份,在新落成的学校体育馆内,梧州学院投资近200万元建成了大学生综合发展中心,并开辟了一个专区作为学生创业园区,以扶持校内学生创办微型企业。今年4月,创业园区正式开始运作。在这里,学校为创业的学生提供了免费的场地和水电。这让苏鸣翔欣喜万分,今年6月,他出资成立了一个10多人的广告公司。其间,学校还帮他办理了工商营业执照等证件。

梧州学院学工(部)处处长李远林称,目前在创业园内,学生们创办的微型企业多达30家,涉及广告传媒、服装设计、销售等领域。今年10月,创业园区作为

---

* 本文作者:欧乾恒。

广西首家"大学生微型企业孵化园"正式揭牌。

苏鸣翔称,他现在一个月可以轻松赚到上万元。

学习实践两不误

"微型企业孵化园在实现了部分大学生的创业梦想的同时,也带动了在校学生的社会实践和校内就业,为部分学生打工赚钱创造了机会。"李远林告诉记者,目前孵化园有1000名学生在此办公,学生创办的企业除了少数全职员工是校外招聘的外,其余的员工基本上都是学生,"不少同学在创业园谋得一份工作,一边学习一边实践"。

"如果做销售员的话,一个月的底薪是多少?"2011年11月12日,记者在孵化园采访时,正好赶上了园区一个公司在招聘新员工,一名大一的新生在面试时问起与薪水有关的问题。这名市场营销专业的同学表示,自己想利用课余时间,通过在创业园里的企业打工,提高自己专业能力,同时也赚点零花钱。

招聘员工的异元素服装营销公司总经理、大三学生肖振川告诉记者,目前公司已经有20多名员工,因为业务扩展,正打算再招20多名学生员工,"如果这些同学利用自己的课余时间认真做业务的话,一个月能有四五百元的收入"。

李远林称,目前学校还在创业园区设置了特殊的岗位,以帮助困难家庭的学生,而创业园的公司在招聘员工时也都有这方面的倾斜。创业园一名已经是经理级别的同学韦凤告诉记者,因家里困难,自己在创业园内找到合适的工作后,通过自己的努力,现在每个月不但能基本赚够自己的生活费,还可以贴补家里。

"微型企业"发展目标越来越"大"

据了解,创业的大学生已经不再满足学生市场,而是直接面对校外的市场开展业务,有的公司甚至已经将业务扩展到了区外。

邵笑创办的是一家服装设计营销公司,是创业园最早一批创办的公司之一,目前公司员工已有30人。他告诉记者,进驻创业园创办公司之后,业务范围不断扩大,"现在一个月六七万的营业额不成问题"。不但如此,目前公司的业务从最初的面向学生市场已转变为校内校外"通吃",不断接到各种公司、团体的订单。今年8月份,邵笑在开展对外业务中,成功将学生们设计的产品销售给了深圳的一家单位。

李远林告诉记者,学校还将扩大创业园区,以容纳更多的企业,让大学生们实现创业梦想。

做梧州文化创意产业的领头羊 *

——梧州学院大学生微企业主的创业梦想

如果你拥有一台 iphone4 手机,同时又爱玩游戏。那么,你应该听说过一款名叫"小鬼连连看"的游戏。不过,你可能想不到,这款游戏的页面出自梧州一家微型企业,设计者是几名在校大学生。

创业团队初始队员

唐涛,"小鬼连连看"游戏页面设计团队负责人,微企——蜂巢多媒体动漫设计公司(以下简称蜂巢公司)总经理,一名希望成为梧州文化创意产业领头羊的大三学生。

---

* 本文作者:赖新云、郑文锋。

偶然机会签订合约

走进这家位于梧州学院大学生综合发展中心的微企办公室,很难将其与动漫联系起来。因为,除墙上张贴着动漫人物设定建模、动画作品之外,办公室只有三张无柜式办公桌、六七张椅子、两台电脑,以及少许文字材料、文件盒。

唐涛正伏案创作。速写本上,一位身着长裙的女子跃然纸上。

谈起创办企业,并接下设计"小鬼连连看"游戏页面的合约,唐涛认为纯属偶然。因为,初学PS等图像处理课程时,唐涛就通过网络接单,按每个收费200元的标准,帮别人设计LOGO。"当时只是觉得很有成就感,并没有考虑太多。"

不过,随着课程的丰富,平面设计已不能满足唐涛的创作欲。因为,他关注着国内动漫产业发展。"当我看到一些专业人员只顾着模仿,动漫作品缺乏特色,又没有个性时,突然意识到,国内三维设计的人才还很缺乏,这是一个机遇。于是,我放弃了平面设计的专业方向,改攻三维设计,并和同学一起创立了工作室,将一些三维设计作品发到部分网络互动平台。"

正是这些作品,为唐涛带来了"小鬼连连看"的合约。2012年6月,有人通过网络互动平台和他联系,希望为其设计一款游戏页面,报酬2000元。唐涛想都没想就应了下来。

之后的两个月里,唐涛和团队成员埋头苦干,完成了所有页面效果的设计工作。然而,令所有人料想不到的是,这款游戏面向的是推出不久的iphone4手机。而且,游戏推出不到两个月,就成为中国内地下载量最大的手机游戏之一。

"突破重围"实现梦想

2012年10月,工作室获得工商部门颁发的营业执照,获得了学院提供的办公场所、设备,并更名为蜂巢公司,确定以三维动漫设计、平面设计等作为经营方向。尽管"名声在外",公司并未获得太大关注。作为新成立的微企,一切才刚刚起步。

随后,公司赚到了第一桶金:一家中介找上门来,希望其为中铁一局某项目部设计演示动漫,并按每秒一百元的标准付费。然而,合作并不是一帆风顺。唐涛回忆说:"起初,中介方对我们的能力持怀疑态度。不过,当看到我们提交的一期作品后,中介方随即表示认可,并签订了二期演示动漫的合约。通过这次合作,我们与中介方建立了长期合作关系。"

期间，因毕业实习等各种原因，三名成员离开了公司，使团队锐减至三人。在选择坚持的同时，唐涛等开始寻找新伙伴。唐涛想到了在湖北工作的大哥唐辉。此时，唐辉是武汉一家动漫公司的设计师。听完弟弟的描述，唐辉辞职来到梧州发展。同时，唐涛等开始通过网络发布公司信息，并引起了一些单位和企业的关注。

2013年3月，公司接到了梧州供电局的电话。唐涛说："供电局希望我们参与该局'十二五'规划三维动画项目竞标。我们想，梧州还没有真正意义的动漫公司，因此非常有底气。一周后，当我们拿着片头找到相关领导时，供电局决定把机会给我们。"

如今，公司经营越来越顺利，获得了梧州某楼盘三维展示业务的机会；同时，与一家公司合作，设计网络游戏的页面；合同营业额已经达10万元。经营步入正轨，唐涛却感到压力巨大。因为，包括他在内的两名成员即将毕业，他们需投入精力完成毕业展。同时，公司还面临来自人员、设备、办公场所方面的挑战。他们表示："首先是缺人，但适合公司发展的人员并不多。其次，电脑配置也不够用，速度很慢。还有，作为涉世未深的学生，如何科学管理、开拓市场、防范风险都需谋划……"

"动漫产业利润高，我们希望能抓住梧州动漫产业发展的空白期，成为梧州文化创意产业的领头羊。毕业后我们将在梧州发展，希望三年内取得微型企业头衔，成为一家有限公司。"对于未来，唐涛已有规划。

用"星星之火"点燃创业梦想[*]

2010 年,梧州学院一个名叫星星之火的创业团队,以一份"广西乐业县乐乐羊无公害生态养殖有限责任公司"的创业计划书,一举夺得了广西第四届"挑战杯"大学生创业计划竞赛的金奖。

星星之火团队

这是梧州学院大四学生韦宝健走上创业之路的起始之步。韦宝健,是星星之火创业团队的队员之一,也是广西乐业县乐乐羊无公害生态养殖有限责任公司的创立者。

来自广西百色的韦宝健认为,农村有着广阔的市场,有一定的发展潜力,而他对农村环境、资源也非常熟悉,再加上国家对农业、养殖业的扶持,于是他在"广西

---

* 本文作者:孔妮、林运。

乐业县乐乐羊无公害生态养殖有限责任公司"创业计划获得金奖之后便成立了这家创业公司。

为什么会想到创业？对于这个问题，韦宝健笑着回答，是一种"老板瘾"，他从小就有做"老板"的愿望，所以即将毕业的他并没有打算考公务员或进入大型企业工作，而是选择了自主创业。当然最重要的是学习工商管理专业的他，对经济市场信息有着快速的本能反应，他希望通过自己的知识和能力，闯出一番天地。

为了了解羊肉的市场前景，韦宝健走访了广州、南宁等城市，经过实地调查，发现羊肉供不应求，利润也可观，大有发展空间。而养殖的环境，韦宝健则选择了家乡乐业县。他解释说，乐业县位于广西西北部，地处黔桂两省(区)三市(州)七县结合部，属亚热带湿润气候区，相对湿度、年平均气温等都非常适合山羊的饲养。

如今，公司已经拥有33头种羊，2000多平方米的羊社，在养殖方式上采用"羊棚前一片地、羊棚后一片山"的半放牧形式饲养。韦宝健解释说，这样的半放牧方式保证山羊有足够的运动场地，又有足够的养料，同时符合循环经济和生态经济的理念。

令韦宝健较为头疼的是，目前公司遇到了他预料之中的第一个难题，就是资金问题。韦宝健并没有因此而气馁，"兵来将挡，水来土掩"，他做好了迎接困难和挑战的心理准备。思前想后，韦宝健打算利用寒假时间，到乐业县当地的农业部门寻求资金的补助，同时也想通过大学生创业资金贷款等方式，解决资金瓶颈的问题。

韦宝健有着年轻人的创业朝气，他一步一个脚印地向前走，力求走得稳、走得远，向成功慢慢靠近。毕业后他将把全部心思都放在这个公司上，公司今后的发展之路就是要做到生产、销售一体化。在这个"乐乐羊"项目完成之后，他还考虑做其他的一些辅助项目，通过项目统筹，将公司进行全方位的拓展，用"星星之火"点燃"创业梦想"。

易和团网络百货的创业梦想 *

工作室里放置的几台小小的电脑,承载着几个创业大学生大大的梦想。创业,则意味着有追求成功的勇气,同时也意味着要随时承担失败的风险,"年轻就意味着可能。"易和团网络百货创立者之一的梧州学院大二学生陈静道出了她创业最深的感受。

陈静一直有着创业的愿望,她的想法得到了几个志同道合同学的赞同,于是大家便组成一个团队,共同筹划着"让创业梦想腾飞"的计划。经过无数次讨论,大家将创业目标放在了目前红红火火的网络购物上。

对于仍在大学校园的学生来说,创业之初,经费、网站设计等始终是一道道难以逾越的"坎",但陈静凭着初生牛犊不怕虎的闯劲,在团队的共同努力下,2010年底,一个全新的购物网站终于建立起来了。购物网站在发展初期,以销售超市食品类商品、联合校外商家销售日常生活用品等为项目启动方式。

创业梦想往往是美好的,实施过程却是举步维艰。为了向顾客提供物美价廉的商品,陈静必须要和市内的供货商进行联系。但鉴于陈静学生的身份,很多供货商都觉得不可信,认为大学生创办购物网站也只是"玩票"的性质。当时陈静要成功约见一个供货商,将过程形容为"三顾茅庐"一点都不为过,而供货商终于被陈静的诚意所打动,答应与她见面洽谈。

谈起第一次与供货商面对面洽谈,陈静笑说,至今还是"心有余悸"。陈静告诉记者,与供货商洽淡的时候,总觉得对方的气场很大,心里紧张的情绪好像一下子放大了几倍。在洽谈之前想好的计划和程序,在供货商面前全部被打乱,不一会她便跟着对方的思维走。不过后来,陈静总结了经验,觉得不应该纠结在"学生"身份上,而应以购物网站利益为主,以网站负责人的身份与供货商洽淡。

＊ 本文作者:孔妮、林运。

　　凭着永不言弃的韧性,如今易和团网络百货与梧州市内的 18 家供货商都有生意往来。"实际上,购物网站发展之初,在经费、人员、经验不足的情况下,经营只能勉强做到保本,有时甚至亏本。"陈静说,由于经验不足,本着让购物网站尽快闯出名堂的想法,在宣传方面做了一个错误的决策,为校内的一个活动提供奖品赞助。结果发现,这样的宣传不仅没有收到相应的效果,而且购物网站因此亏了1000 多块钱。虽然损失千把块钱对于大公司而言,只是小打小闹,对于陈静这个本来正在起步阶段、还在困境中挣扎的小购物网站而言,无疑是一次重创。"失败并不可怕,最可怕的是被失败打倒,从此一蹶不振。"陈静并没有放弃,而是如往常一样总结教训和经验,从心里告诫自己,今后不要再犯同样的错误。

　　经过近半年的坚持和努力,易和团网络百货终于慢慢走上轨道,由于其物美价廉、周到的服务,越来越多的市民和学生关注并光顾其网站。易和团网络百货终于在众多购物网站中"冲"出了一片天空。

　　看着易和团网络百货经营逐渐有起色,陈静和其他几个创业的学生开始计划拓展业务,优化配送货物方式、开发新的平台业务,竭尽所能让顾客体会到多样化的购买方式。

　　"请问你在创业时是想赚经验还是想赚钱?"记者询问。

　　"当然是想赚钱。"陈静坦言,她不希望一遭遇失败就以"赚经验"为由来安慰自己,她的终极目标是:"统领梧州市电话订购和网络购物市场"。

从指间传递出的幸福*

走进指梭阁的创意世界，首先映入眼帘的是一个挂着布艺小兔子的折叠屏风和一块用布艺制成的"指梭阁"牌匾，一些小巧可爱、或粉或蓝或绿的墙贴装饰在四周墙壁上。两张长形乳白色的办公桌挨着墙，各式各样的布艺娃娃、图纸、纽扣、收纳盒和几本有关布艺制作的书籍堆在办公桌上。指梭阁的七位年轻人就在这个孩童般的世界里，传递他们"物尽其用、低碳、充满爱的创意"的生活理念。

这个创意小世界的创始人是梧州学院大四学生蓝可馨，她解释说，所谓"指梭"就是"让手指在爱的创意中穿梭"，提倡用自己的双手给更多的人送上温暖。

"我有朋友在南宁开了一家格子铺，主销手工制品。出于好奇，我也跟着朋友在南宁学过一段时间的布艺手工制作，希望通过自己的创业，让快乐和幸福传递给更多的人。"回到梧州后，蓝可馨便召集感兴趣的朋友创办指梭阁，并和南宁朋友的格子铺联手经营，将制作好的手工艺制品通过格子铺这个小窗口向外推销。

目前，指梭阁以制作并出售卡包、名片包以及不织布娃娃等各类布艺品为主。每两个星期向南宁的格子铺总店供货一次，一次供货量为40至50个不等。这些制作出的布艺手工作品受到了众多年轻女性和情侣的青睐。

而谈到利润，蓝可馨表示，像挂饰之类的小布艺能卖到三四块，大的就多一点，但是扣去店家的抽成基本没什么利润。如今，正处于起步阶段的指梭阁正在为不少同学熟悉的"晒牙村"做网站周边产品，也接受一些私人的专门定制。"有个梧州一中的女学生很喜欢布艺品，特意定做了成套的挂饰、笔记本封套、卡包、手机袋等自用。"蓝可馨开心地表示："我们赚钱的时候开心，不赚钱的时候也高兴，因为在做着好玩又有意义的事。"

---

* 本文作者：孔妮，林运。

酷我精彩　购出实惠[*]

——微型企业酷购商贸中心

　　走进大学生综合发展中心创业区，我们会发现这样一间办公室：两张办公桌整齐的靠墙摆放着，桌上的书立摆着许许多多的书，淡绿色圆桌上的盆景生机勃勃，墙上是一张张散发着青春活泼的笑脸的照片……这就是梧州市微型企业酷购商贸中心的办公室。

酷购商贸中心部分成员

　　初生牛犊，不怕虎。"我总觉得大学四年不能这么平凡地过。"酷购商贸中心总经理黄旭说出了他创业的初衷。2010 年，刚来到学院的他有些茫然，到底怎样度过大学的生活，才算不荒废这四年的青春。新生入学时，黄旭购买了大量日常

---

　　* 本文作者：韦泥、何春枝。

用品,看到许多学姐学长都在做生意,他便萌生了要在销售领域大展身手的念头。当时大学生综合发展中心刚建成、投入使用不久,这也恰巧给了他一个创业的平台。他紧抓时机,2010年,他和同班的杨建宇、电子系的林志坚、黄衍君组成了一个初期的团队——乐淘淘(酷购商贸中心的前身)。但是由于同学们对网购的信任度不高,加上网购存在各种各样的问题,公司的状况不容乐观。几个人研究讨论之后,他们决定从学生的利益角度出发,选择了厂家代理、零风险的企业投资,以学生日常用品、学习用品以及梧州本地特产三大市场为销售重点,再慢慢地打出自己的公司品牌。

想法固然很好,但现实并没那么完美。四个刚上大学的学生,初出茅庐,没有任何社会实践经验。要创业,资金无疑是最大的"拦路虎"。注册公司需要一大笔钱,去哪里弄?是向父母伸手?还向别人借?最后,他们通过生意上的伙伴筹集了10万元,每个负责人再投资3000钱。2011年6月,酷购商贸中心(以下简称酷购)就这样应运而生,成为大学生综合发展中心为数不多的微企之一。

走出了第一步,接下来的宣传工作便紧锣密鼓地进行了,他们通过发传单、贴海报、网络平台等形式向学院内的同学宣传。仅在2011年新生开学之际,公司就获得了10万元的营业额。总经理黄旭说:"公司一直都本着'诚信、务实、进取'的企业精神,努力为学院学生谋取最大利益。在保证商品质量的前提下,做到服务最好,价格最实惠。"加上平常的四、六级英语资料和高级耳麦等学习用品和龟苓膏、六堡茶等梧州特产的销售,酷购可谓是越做势头越强劲。

只要希望在,努力就在

打开市场之后,酷购员工不断探索,为公司寻求更好的发展。但一切并不如设想的那么一帆风顺,今年,酷购想向新生销售高级耳麦,但却比其他竞争对手慢了一步,"当我们想推广产品的时候,发现市场已被占领了,那时候越做越灰心,打电话联系大一班长,回复总是说手头上早已有六七个样品了"。黄旭感慨地说,但他并没有这么轻易地放弃。为了扭转局面,他常常一大早便一头埋进工作室,早餐、午餐一起吃,有时甚至忘记了吃饭。他告诉自己要么不做,要做就要做到完美。他分析当时的情况:虽然各班的负责人已经拿到了其他公司的样品,但并没有订单,一定还有回旋的余地。于是,他发挥自己的人脉资源,将各班级负责人的联系方式弄到手,便和另一个队友开始了"地毯式"的"谈判",变被动为主动,对公司产品质量、售后服务以及价格方面都做了详细的解说，并签订合同，让购买的学生放心。经过不懈努力，酷购成为众多商家中的大赢家。"只要有一线希望，我们就会尽百倍的努力。"黄旭说。

黄旭总结出了自己的一套生意经：快、狠、准。快，就是要快速抓住机会；狠，即要比竞争对手做得更好；准，就是准确把握市场信息，成功进行商品出售。他们把业务范围拓展到了考驾照上，"这是一个很有竞争力也很有挑战的市场，它充满了诱惑，但我相信我们在这方面会做得非常出色"。黄旭说道。

一步一脚印，走出一片天

很多人忙于创业，或多或少会影响到学习成绩。但黄旭表示，工作再忙，业绩再出色也不能成为学习成绩不佳的借口。"时间是挤出来的。作为一个学生，时时刻刻都应以学习为主，生意什么时候都可以做。"黄旭一直这样鞭策着自己和他的伙伴们。他自己也曾多次参加全国性的比赛，获得全国数学建模大赛广西区一等奖、全国软件设计大赛广西区三等奖。而2012年，在全体成员的努力下，他们还获得了第五届"挑战杯"广西大学生创业设计竞赛三等奖。

为感恩学院提供的良好创业平台，酷购在招聘员工时，优先考虑家庭经济条件较差的学生。黄旭认为，这样不仅帮助了他们，给了他们锻炼的机会，也能为公司招到有进取心、能吃苦耐劳的人才，双方互赢互利，何乐而不为。

"酷购成立一年多，经过磨炼和完善，形成了一个完整的体系，市场和经营范围也在不断地扩大，相信他们会越来越好。"学工处处长黄健武评价说。

一年多的时间，酷购的营业额已达到了80万，对于未来，他们并无太多设想，"我们还是要不断地学习、不断地改进、不断地完善，为以后公司的发展壮大打好基础。"黄旭说，一步一个脚印，酷购公司会走出属于自己的一片天地。

镜头里的世界　被看见的精彩[*]

——微型企业冬行映像文化传播工作室

佳能 EOS 450D 套机、佳能 EOS 500D 套机、SONY 小 DV、2 台单反相机、1 台小 DV,便是冬行映像 2010 年 4 月诞生时候的拍摄设备。工作室的出发点很简单,面向校园,拍摄人像写真,舞台摄影摄像。

冬行映像文化传播工作室集体照

杨贻钧是计算机系的学生,进入梧州学院就开始玩上拍照,爱上摄影,课外时间各处行走拍摄,同时也和朋友一起外拍人像,在这期间萌生建立一间摄影工作室的想法。

艺术系学生覃雯娜,因为课程的关系,购买了单反相机,在为舍友拍写真的过程中萌生建立工作室的念头。

玛丽,是一个中间人让他们认识的,那是 2010 年 3 月底紫荆花开之际。

---

* 本文作者:陈旖旎、王惠华。

工作室名称(冬行映像·WIN – VISION)确定,VI 设计制作,样片拍摄发布,网站(win – vision. net)搭建上线,广告海报出现在校园各公告栏,就此,工作室算是正式开张营业了。

团队整合

伍盛伟和夏汇东是梧州学院经济系 2008 级学生,他们都住在同一间宿舍:A10 – 707。他们与舍友共同创作了一支校园 MV《天使的翅膀》,为此"707 工厂"开始走进校园师生的视野。而另一方面,伍盛伟和夏汇东皆为社团"尚影协会"的副会长。

2010 年 5 月底某天下午,梧州学院团委学生会办公室一个会议正在进行,在座成员有团委的指导老师、学生会副主席、尚影协会正副会长等人。而杨贻钧,是在午睡中被电话吵醒赶了过去的;会议内容是讨论关于 2010 年毕业晚会的 LED 视频制作情况。

此时,学院投入资金对体育馆主会场舞台进行改造,配备全新的灯光、音响、LED 大屏幕等设备。而梧州学院 2010 年毕业晚会是在体育馆主会场改造后首次举办的大型活动,因此,院方格外重视此次晚会的筹备。

此会议的召开目的是为了成立 LED 视频组,为晚会制作片头以及所有节目的背景视频,用于晚会现场的播放。后来又陆续开会讨论了若干次,关于确定每个节目搭配怎么样的视频。同时,LED 视频组成员也已确定,组长、指导老师:李德华;成员:杨贻钧、伍盛伟、夏汇东、覃雯娜。随后的一个月时间里,都在忙着素材的收集与拍摄、后期各种制作、熟悉 LED 控制台等,一切都在摸索中前进。

经过这次毕业晚会工作的历练与磨合,冬行映像由 2 名成员转变为 4 名成员,并发布了首个团队宣传片。

冬行映像·摄影工作室四代人
（从右至左：伍盛伟、覃雯娜、杨贻钧、许壮东、黎世森）

发展中心

2010 年 10 月，冬行映像·摄影工作室成了首批进驻梧州学院大学生综合发展中心创业区的项目之一，依据中心，冬行映像的知名度大为提升。在这里学校为我们提供免费舒适的办公环境，更有与税务、银行合作举办各种讲座，为我们提供有利的法律、政策指导和贴心的融资服务，并吸引大量的兄弟院校领导老师、企事业单位前来参观，媒体争相报道，为工作室品牌宣传和各项目业务发展做足了力，发展中心的领导老师的指导和帮助对我们的成长更是起到了重要的作用。

在此后的日子里，冬行映像为学院各大文艺晚会活动提供了影像解决方案，既有社团活动、系部活动，也有院级活动。冬行映像并不只是停留在制作、创作上，而是依托于冬行映像的网站 win-vision.net 将出品的相片、视频进行发布分享，使得更多的师生以及校外人士能够更直观地通过影视感受梧州学院的校园文化。

为迎接日益增加的拍摄工作，冬行映像进行了首次公开招募，若干新成员的加入，为工作室增添了新鲜血液，我们的队伍得以壮大。

团队整肃

任何一个发展中的团队,内部人员都可能在未来规划上发生分歧,冬行映像工作室也不例外。在 2011 年毕业生毕业合影工作中,同时存在着机遇与考验,一方面毕业照项目涉及营业额度大,同时第一次运作此类业务能够使得团队成员得到成长;另一方面因为在工作中碰到的问题以及在解决的过程中产生的分歧与摩擦,从而导致一部分成员离开。

与此同时创始人杨贻钧面临毕业,此时工作室还很稚嫩,还难以在市场上立足,大学生综合发展中心也在努力解决这些问题。

2011 年 9 月,伍盛伟接手工作室。随即进行了第二次招募,冬行映像成长为 9 人的团队。随着新鲜血液的注入,人才培养计划进一步落实,摄影摄像设备的升级,运营模式的优化,冬行映像足以承接更高密度、更具规模的业务。

新的征程

冬行映像一直致力于为学院各大文艺晚会活动提供影像解决方案,与此同时也在积极与校外企业交流学习,努力拓展校外业务,将品牌推向全市,婚庆摄影摄像、影视制作外包也是他们在做的项目。

日益增长的业务订单,让他们面临前所未有的挑战,也让整个团队不断得到历练进而快速成长。为契合广大师生对影像服务日益增长的需求,以及学院党政、思政、消防安全教育、校园文化宣传在新媒体上的突破,冬行映像作为梧州学院唯一且最具规模的影视传媒工作室也当出一份力,也是对学院多年栽培的回报。因此,成立梧州学院校园电视台大势所趋。

通过到桂林电子科技大学参观学习,对比发现了自身众多缺陷。首先是多媒体软件设计和网络工程的核心技术并不具备,再则资源整合能力薄弱。桂电在线、微风映像的成功与学校各部门的鼎力支持和自身优秀的人力资源是息息相关的,于是他们结合自身情况,制定适合的最佳方案,积极挖掘学院人才,努力争取各部门的支持。

一个新的团队正在得到整合,一股新的力量正在崛起。

未来展望

若有人问毕业后你能将冬行映像带出校园吗？他们的回答也是肯定的。经验、技术可以在在校创业期间得到历练学习,团队的默契是需要时间来培养的,若你能带走原有团队那就再好不过了,若不能,你有足够的资金和时间来重新打造一个团队也是可行的。

冬行映像还有很长的路要走,还有应履行的责任和义务。

未来冬行映像会在梧州学院以另一种形式存在,并且能更好地服务学院广大师生,回馈学院。分享、传承、奉献,这才是冬行映像的精神理念。

成功案例(部分)

梧州学院 2010 年毕业晚会

梧州学院 2010 年毕业典礼

梧州学院 2010 年迎新生晚会

工商管理系第一届达人秀

梧州学院经济系 2010 - 2012 元旦晚会

梧州学院电子系 2012 元旦晚会

第七届梧州国际宝石节宝石设计加工技能比赛颁奖晚会

第二届广西高校教职工羽毛球锦标赛开、闭幕式

梧州学院庆建党 90 周年唱红歌大赛

梧州学院电台 7 周年庆典晚会

梧州学院报 7 周年庆典晚会

溜达乐队"梦想起飞"原创音乐会

"青春的足迹"杨贻钧个人摄影展

梧州学院 2011 毕业生毕业合影

梧州学院 2011 级新生开学典礼 & 入学教育

梧州学院 2011 级新生军训合影

梧州学院中文系 2011 年迎新生晚会

广西区高校朗诵比赛梧州学院选送篇目

广西民族教育研究院 2011 年"名师论坛"梧州站

梧州学院 2011 年优秀教职工表彰大会

梧州学院第五届社团活动月开幕式

梧州学院 2011 年校园十佳歌手总决赛

梧州学院(璀璨梧州·文化校园)文艺汇报演出暨 2012 新年音乐

梧州学院本科教学合格评估视频介绍片 2013 年

翱翔苍穹　乘龙起飞*

——微型企业翱龙广告策划有限公司

　　走进翱龙广告策划有限公司（下文简称"翱龙策划"）的办公室,墙上挂着的数十个相框吸引了我们的视线,这些相片记录了翱龙策划成长路上的点点滴滴。翱龙策划总经理、工商管理系2010级学生吴昌耀指着最大的相片解释道:"这是我们公司的'七匹狼'。"这张照片中的七个人咧嘴而笑,脸上布满阳光。

狼性团队

　　翱龙策划是大学生综合发展中心一个新兴的微型企业,这是一家集广告活动策划、现场执行和网络媒介整合推广于一体的专业公司。

---

* 本文作者:罗翔、邱群、杨五妹。

积极酝酿做出特色

吴昌耀大一上学期进入梧州学院院报外联部,一年后担任副社长。他说道,他在梧州学院院报收获了待人处事、拉赞助等方面的能力,受益匪浅。大一下学期,他跟同班同学苏鸣翔一起创办了翔泰文化传媒有限责任公司,策划过一些商业活动,从中积累了不少经验,也为成立翱龙策划奠定了基础。

2012 年初,吴昌耀和另外 6 个志同道合的朋友怀揣着创业的梦想聚到一起,筹备创办微型企业。春节前,他们筹备参加【春节 show】联通沃潮·2012 梧州漫联纯基动漫展(下文简称"漫展")。大年初四,当人们都沉浸在节日的喜庆中时,吴昌耀带着满腔的热情参与漫展的筹备工作。他认真学习主办方举办该活动的"台前幕后",为今后承办此类业务做好铺垫。经历漫展后,吴昌耀再次萌生了创立广告公司的念头,经过三个多月的筹备,2012 年 4 月 18 日,翱龙广告策划有限公司在大学生综合发展中心应运而生。

翱龙策划在宣传方面做足功夫,力争打造出自己的宣传特色。鉴于网络具有覆盖面广、影响深、持续性久等特点,翱龙策划以独具匠心的思维把目光投向网络宣传。翱龙策划与梧州汽车网、梧州易手网、梧州网站联盟等梧州本地 12 家网站建立了长期的战略合作伙伴关系,还在梧州市的 20 个合作网吧的累计 3000 余台电脑主页上插入了公司的网页,拥有强大的网络宣传平台。翱龙策划与梧州《时空快讯 DM 报》确定战略合作伙伴关系,运用其覆盖面广的优势;同时,翱龙策划通过手机报进行实时宣传等等。"这些宣传资源在梧州市整个广告行业可谓独一无二。"吴昌耀自豪地说。真枪实干步步为营,"体验式创业不是我的风格,只有真枪实弹去干,才能尝尽创业的酸甜苦辣。"这是吴昌耀对自己创业的"定位"。他表示,翱龙策划所承接的每一个业务都要当成长远目标实打实干去做好,坚持"一切以满足客户需求为先"的服务理念,做到"策划好活动,执行好活动和推广好活动",给客户尽善尽美的结果。

2012 年 3 月 10 日,翱龙策划筹办了学校黑人外教 Fred 新书发布会,打响了自我宣传的"第一炮"。他们用一周时间完成了整个活动的策划、招商、宣传预热、嘉宾邀请和会场布置等一系列工作,在网络论坛上发布"飞人乔丹即将来梧参加 Fred 新书发布会"的信息引起梧州社会各界的极大关注,西江都市报记者孔妮闻讯前来采访此事,活动还吸引了梧州市十几个摄影师前来捧场。

提及 5 月 25 日至 27 日的梧州首届十大车模网络选秀大赛(下文简称"车模大

赛"），吴昌耀甚是兴奋。4月初，吴昌耀了解到梧州市汽车行业协会将联手20家汽车行举办汽车展，他想可以借助这次车展提升车模大赛影响力，于是积极策划了车模大赛。"跟商家洽谈要锲而不舍，一定要持续的跟进，沟通、交流好，打入商家内心深处。"副经理党健珑说道。他们"初生牛犊不怕虎"，跟点睛、同创等多家本地知名广告策划公司竞争。经过一个月的洽谈，最终以独特的创意和宣传优势成功承接该业务。

车模大赛的校内宣传，翱龙策划采取设点宣传报名和到校礼仪队宣传鼓动相结合；校外宣传，翱龙策划充分利用网络和《时空快讯DM报》等资源。"海选当天有173人报名参加，前来拍照的摄影师达80多位，现场气氛火爆。"吴昌耀说道。邀请嘉宾、布置会场、维护现场秩序等，他们忙得不可开交。"活动那三天我们晚上两点多钟才能睡觉，早上七点钟又要爬起来继续工作，每天只能草草地吃两餐饭。"吴昌耀回忆道。活动过程，他们充分利用网络资源实时宣传活动进展；活动结束后，他们整合好网络资源继续进行后续宣传，把活动的热度持续下去。

"从这个活动中我们发现自己存在经验缺乏、设备不足等情况，下一步我们会集中优势力量，各个击破。"党健珑说道。"我们还缺乏实战的洗礼，但我们尽心尽力做好每一个细节，一步一个脚印，步步为营。"吴昌耀总结道。初出茅庐的翱龙策划目前已拥有完善的执行团队、健全的活动配套设施、庞大的演员等资源，同时还拥有强大的网络媒体和报纸媒体的资源，能为各大中小企业和企事业单位举办庆典策划、活动策划、礼仪服务等活动。

翱龙策划积极寻求合作机会，力争建立长期合作伙伴关系。校内的艺术系第七届"零点起飞"时装秀、梧州学院报首届网络文化节暨第三届读者节颁奖晚会等，校外的广汇电脑电器城开业庆典、体育局第三十届青年运动会广告招商等，翱龙策划在一次次实践中不断的历练和成长。"在成长的路上我们会遇到很多困难和挫折，但是我们永不放弃。"吴昌耀说道。

"态度诚恳，诚信做人。"这是翱龙广告策划有限公司的核心价值观。吴昌耀解释公司"狼性管理与数字管理相结合的结果为导向"的管理理念：工作上要严格、严谨、负责任、细心等，要有狼的拼劲、狠劲；生活中则让每一个员工在这个集体都能找到家的归属感。"公司的管理不只是靠制定规章制度来约束的，而是要让大家把心融入进来。"他说道。党健珑回想起在公司经历的点点滴滴感动地说："我们公司的成员一起吃饭，一起喝茶，一起看电影，一起流汗……"

"成功源于专注，专注彰显专业！"吴昌耀表示，翱龙策划力求打造出一个执行力与凝聚力超强的高效团队，怀着一颗感恩的心，真心地为客户服务。

企业虽"微"梦想很大*

——微型企业翔泰传媒广告有限责任公司

"智慧点燃事业,心灵关怀社会"(A head for business, A heart for the society),这是翔泰传媒广告有限责任公司(下文简称"翔泰")的标语。翔泰于2011年6月借助大学生综合发展中心这个平台应运而生,位于中心的创业区,享受广西区微型企业的扶持政策。

翔泰自成立以来积极拓展校外业务,与广西绿生源生物科技有限公司、国际典范、米兰国际等10多家企业保持长期合作关系,11月份营业额突破9万。翔泰总经理、工商管理系2010级工本1班的苏鸣翔目标是:打造一支高质量、可持续发展、有影响力的工作团队。创业之路曲折、艰辛,每一个成功的企业都有一段鲜为人知的故事,翔泰也一样。

苏鸣翔大一的时候曾在梧州市某大型广告公司做兼职,他在工作中发现:很多活动由大广告公司接手后再分配到小的广告公司,如果商家要求不高,95%的小公司都会来学校寻找客户资源,比如一些简单的礼仪和歌舞表演等。他想,创办微型企业可将学校资源进行整合,招揽业务不需要借助中介的力量,于是萌生了创办公司的念头。2011年5月他与志同道合的伙伴吴昌耀一起在我院大学生综合发展中心创业发展区成立了自己的工作基地——S演绎工作室。

S演绎工作室在毫无社会根基的情况下,由苏鸣翔带领团队人员从基本业务做起,在承接礼仪、主持节目的活动中慢慢发展并逐渐壮大。5月21日,由贺州电影公司投资的梧州中影星河数字影城在梧州市正式开业,此次的开业典礼部分工作由S演绎工作室承办,这是他们承接的第一项业务。活动结束后梧州和贺州市政府的相关领导对S演绎工作室的表现给予了高度赞赏:这个工作室的工作人员

---

* 本文作者:罗翔、刘虹秀、苏宇晴。

虽然是学生却尽心尽力,虽初出茅庐却是工作出色。"得到了政府领导和星河影城负责人的鼓励和支持,我们更加有信心和勇气继续完成我们创业的梦想。"苏鸣翔坚定地说道。

"爱拼才会赢""付出总有回报"苏鸣翔和同事一直坚信这两句话。在成功承接第一项业务后,他们又顺利承办了东风雪铁龙车展,同样得到了客户的一致好评。时值我院大学生综合发展中心发展的"黄金时期",苏鸣翔带领项目团队为创办微型公司全力以赴。工商局、律师事务所、市政办证大厅、公安局……他们马不停蹄的奔波终于将微型企业成功注册。

2011年6月10日,S演绎工作室在"梧州学院扶持大学生自主创业政策"的支持和工作室全体成员的共同努力下,正式改名为梧州市翔泰传媒广告有限责任公司,在校外主要承办开张庆典活动,提供礼仪、平面模特、摄影模特,策划各种活动方案等;在校内致力于创办大学生校园主题阅读刊物,承接喷绘写真广告、宣传横幅的制作等。作为在校大学生自主创办的微型企业,翔泰在建立初期可谓步履维艰。一些商家客户因为翔泰的经验不足,资金短缺等原因,对他的实力持怀疑的态度,不相信他有能力把事情做好。翔泰员工在困难面前从容面对,积极地与商家多次洽谈,在实践中不断总结和提高自己。"创办企业过程中,我没有向家里要一分钱,靠的是之前在广告公司做兼职、两份家教和向朋友借得的资金。"苏鸣翔自豪地说。

"谈业务需要耐心和智慧。"苏鸣翔道出了谈业务的"秘诀"。梧州市玛丽娅妇产医院曾与多家广告公司有过业务往来,翔泰得知其将要举办一个大型活动需要广告公司协助宣传的消息后,在强劲的竞争对手面前没有退缩,带着"初生牛犊不怕虎"的豪情先后5次与相关负责人洽谈,最终承接了此项业务,并获得客户好评。"我们在价格方面有优势,加上我们敢于创新有亮点,所以我们成功了。"苏鸣翔解释道。他特别提到,后期服务对于一个公司的发展至关重要,他们投入大量精力做好后期的服务工作,用细节打动客户。"我们分工明确,各司其职,能够高效率地完成工作。"

翔泰经历半年的挫折与磨炼,日益发展壮大,目前有3个在读大学生员工和5个校外全职人员,在校外有自己的工作室。"我们所取得的成绩离不开学院和梧州市政府的支持。"苏鸣翔感慨道。他以成本价为我院师生制作喷绘写真广告、名片、宣传横幅等;提供8个勤工俭学岗位,聘请家庭困难学生到工作室值班;如今正筹备大学生校园文化杂志,给学院师生免费发放……翔泰秉承着"智慧点燃事业,心灵关怀社会"的理念,立志把微型企业做大做强。

在《中国日报》《南国今报》《香港商报》等多家媒体上都能看到关于翔泰的报道,他成了我院微型企业成功的例子之一。发展中心负责人李德华老师谈及翔泰时赞赏道:这个团队创业热情高,敢于尝试,大胆创新;市场定位准确,是创办微型企业的模范。

路漫漫其修远兮,苏鸣翔对翔泰的未来充满信心。他说,力争把公司的业务做全做精,将团队打造成一支在梧州有名气的广告创新队伍。翔泰的目标是2012年的营业额突破80万,3年后在梧州占领20%的广告业务市场。

因为专注所以专业 *

——what 华泽创意工作室创业经历

美国哈佛大学图书馆墙上有句训言为："没有艰辛,便无所获。"用这句话形容 what 华泽创意工作室(以下简称华泽工作室)最适合不过了,在这个拥有 3 名资深专业指导老师和 9 名优秀的专业开发设计人员的工作室里,你能看到一种勤恳踏实、严细认真、精益求精的精神。

what 华泽创意工作室成员在工作中

一个好汉三个帮

2011 年 8 月,距离第八届广西高等教育教学软件大赛还有两个多月的时间,

---

* 本文作者:梁海浪、邱群。

计算机科学系暑假软件开发培训班的学生除了上培训课，更多了一项"工作"——参与制作学校教师参赛所要用的课程网络课件、学科精品网站、单机版 PPT 等。what 华泽工作室现任项目负责人李林宝便是学习班中的一员。在培训中计算机科学系分团委书记李泽庆意外地发现李林宝等学生不仅能熟练地掌握编程技巧，全 flash 炫目网站、视频后期制作、办公自动化软件开发等他们也样样在行，他便鼓励这几个学生创办一个工作室："目前梧州很缺专业的软件开发公司，你们不缺技术，只要再锻炼一两年，一定能在梧州软件开发行业占有一席之地"。老师的肯定给了这些原本就有创业想法的学生极大的动力。

有了想法就行动，正值微型企业蓬勃发展时期，他们随即筹备成立工作室。国家对大学生创业的政策支持，大学生综合发展中心免费给创业的大学生提供办公场地，为华泽工作室的创立提供了有利条件。2011 年 9 月 20 日，华泽工作室成立。

作为一家专门为广大客户提供软件开发、多媒体制作和培训、平面设计的工作室，华泽工作室成立不久，深圳市烈火数码科技有限公司便亲自找上门，主动要求在华泽工作室建立实习实训基地，并免费提供办公设备。

把握成功"金钥匙"

2011 年 10 月，华泽工作室接到了一个 5 万元的项目——给梧州市工商局研究开发梧州市微型企业信息服务跟踪平台。从需求分析、概要设计、详细设计、编码到单元测试、集成测试、发布，华泽工作室的 6 名核心编程人员在编写程序以及调试的过程遇到了不少困难，经过他们不厌其烦的一次又一次调试、修改又修改之后，耗时 3 个月，微型企业信息服务跟踪平台终于得以运行。这个平台的研发，便捷了梧州市 7000 多家微型企业和工商、税务、人社、科技等部门的咨询沟通联系，提高了行政效能，深化了服务水平。微型企业者可以足不出户，只要一开电脑，登录服务跟踪平台，就可以向有关部门咨询创办微型企业的各种优惠政策及措施，就像用 QQ 和朋友聊天一样方便。

华泽工作室还研发了中国移动梧州分公司抽奖系统、梧州学院大学生综合发展中心网站等，逐渐在圈内小有名气，也让更多的人记住了这个由一群朝气蓬勃、创意十足的大学生组成的团体。大学生综合发展中心负责人李德华老师说："华泽创意工作室是为提升学生计算机实际操作能力而创立的，发展至今，华泽工作室的软件开发技术和制作水平已经比较成熟，得到梧州市工商局、梧州市微型企业办公室、中国移动梧州分公司等的认同和肯定。"

"沟通很重要"这是人事经理陈娇在分享创业经验时，反复强调的一句话。李林宝说："有一次，客户给了我们一串代码要我们找出一首极其罕见的80年代革命歌曲，但这个代码极难识别。客户不能理解，态度立刻就变了，我们心平气和地同他解释了一番，最终通过电脑搜索找到了这首革命老歌，我们的办事能力也得到了客户的认可。"

"我们会尽最大的努力来满足客户的需求。我们是生产方，不是销售方，我们的任务就是研发出顾客满意的产品，根据顾客的要求进行需求分析，再制作出模型给他们参考。在研发过程中，我们一边开发一边与顾客沟通，以便能及时了解客户需求，在产品售出后我们还有后期的维护。与其说我们是在出售软件，还不如说我们是在出售服务。"李林宝深有感触地说道。

征服困难就是一种娱乐

华泽工作室大致被分为两个组———美工组和代码组，美工组需要有较强的设计能力、审美能力及创新能力。美工组的组长王文珍说道："我们每天必不可少的一件事情就是浏览各种不同的网站，从中寻找设计灵感。""每天都这么看，不累吗？"记者有点好奇。"不累啊，我们已经习惯了。"王文珍耸了耸肩，一脸习以为常的样子。不管是哪个组，都必须熟练地掌握各类设计软件、制图软件、网页制作工具、Web前端或者后台程序的框架设计和开发技巧。要学会这些，就意味着他们必须花比别人更多的时间来学习。除了必要的上课时间，工作室的大部分成员都会聚集在一起交流学习。

在研发软件系统之余，他们偶尔会打打球、玩玩游戏。谈到没有过多的休闲娱乐活动，是否会认为大学生活单调时，王文珍很诚实地回答：偶尔。陈娇则笑着说："做技术活挺辛苦的，经常要熬夜，有时临睡前突然来了灵感，我们又会爬起来赶工。遇到难以解决的问题，经过团队的讨论之后，就豁然开朗。这种感觉很美妙，我们会很有成就感，就像是一种娱乐。"

李林宝说，在提高研发技能的同时，华泽工作室也在完善自身的经营管理水平。虽然现在公司规模较小，但他相信信息化时代软件的发展会给他们公司带来更为广阔的商机，做软件行业的没有地域限制，除了在梧州软件开发行业占有一席之地外，他们还想进军泛珠三角地区。

灵感来自于旅行*

——非悦户外用品工作室

从大二起就开始创业,起初在宿舍楼里经营,在兄弟朋友驴友间口口相传做生意,后来学校建立了大学生创业发展中心,我们几个一合计,就向学校申请了创业场地,获得通过后正式搬进发展中心,并于 2010 年 11 月正式工商注册为"非悦户外用品工作室"微企。

2010 年在南宁旅行时,我选择了自己喜欢的旅行方式微户外旅行,不喜欢大城市的喧嚣,热爱古朴的大自然感受,在山上一边搭帐篷一边制作 DIY 伙食,享受亲近大自然的感觉。由于行程上人员的增加,导致我们本身带来的帐篷不够用,于是就到处打听找帐篷租借。找了很久都没有找到这类型的户外店,最后托了一个在南宁读书的驴友才在他那里拿了两顶帐篷。需求决定消费,于是我就萌生了户外创业的想法。

回来后我和几个爱好户外旅行运动的朋友一起合计集资购买了一批户外装备,先是通过朋友间口口相传在宿舍经营,开展了第一步租借的业务。然后进驻了大学生发展中心。进驻后的第一个月我们就盈利了 2500 元,初战告捷,事业有了一个好的开头。

第二个月的主营业务还依旧是租借业务,我们明显地意识到光是发展租借业务还是不够的,所以我们借鉴了很多户外驴友的进言以及一些户外店的经验,开始发展户外用品的出售业务。同时纵观国家规划对旅游业的扶持方向以及广西大力发展"西江黄金水道"的战略布局,还增加了汽车营地以及江、湖边宿营地的发展策划项目。

为了节约成本,我们 4 个创始人没有招收员工,各种事都亲力亲为。随着事

---

* 本文作者:吴愿。

54

务的增多,由开始的 4 人组合逐渐发展到现在的广西梧州地区 8 名正式员工、海南省海口市 3 名合作员工、海南省五指山市 2 名合作员工(兼职员工不包括)。我们的定位方略是广泛撒网,以点带面共同创业。

相信很多家长都会劝说自己的孩子毕业后能找一份稳定的工作好好过日子,当教师、考公务员等等,我家人也不例外,一直是这么劝说我的。但是我喜欢激情而富有挑战性的生活,我相信"心有多大,舞台就有多大",从"励志哥"何龙祥的成功来说就变成了"人生的梦想有多大,舞台就有多大!我相信梦想,更相信奇迹!"

经验告诉我们,我们还年轻、还能奋斗、还能拼搏、还有年轻的资本,哪怕头破血流也要做好迎难而上的心理准备,过了这个坎就会一切都好了。

中国户外事业处于刚起步阶段,中国户外用品产业的发展,年增速 50%。中国户外用品市场一致被国内外专家和业界人士看好。进入我国运动面料市场十几年的德国戈尔公司负责人曾做出判断,在 5 年内,中国户外用品产业 50% 以上增速不会改变。中国消费者对户外运动的认识仍处启蒙阶段,家庭户外运动逐渐流行,这都预示着大陆户外用品市场"钱力"巨大。

我们有足够的精力以及完备的团队体系去期待和迎接这天的到来。"天高任鸟'非',海阔凭鱼'悦'",这是我们的信仰和追求。

企业文化

公司宗旨:运动 快乐 梦想

公司使命:销售优质户外运动用品,鼓励和帮助人们走向户外,运动健康,并全力践行人与自然和谐相处的生活理念。

核心价值观:诚信——诚实正直守信;服务——用心服务顾客;责任——敬业自律担当;学习——学习改进提高;运动——热爱户外运动;环保——爱护地球家园;团队——信任沟通关爱。

公司战略:以点带面广泛撒网寻求共赢。

品牌定位:非悦户外—户外装备首选专家。

经营理念:诚信经营,保证售后;按需提供,保证性价。

创业路上显非凡*

——仁民公设文化传播公司

2011 年 3 月 8 日上午刚上班不久，学校党委副书记陈爱民从南宁打来电话，自豪地说："我们设计的标识得到了教育厅领导认可，不仅这次比赛用，以后永久使用！"这个消息不胫而走，迅速传遍校园。

（广西高校教职工第二届羽毛球锦标赛标志设计理念：标志采用抽象的表现手法，由字母"G"变形的"凤凰"代表广西"高校"形成羽毛球的头部，"广西高校教职工"每个字的第一个大写字母变形形成羽毛球的羽毛，生动地表现了羽毛球的形象。颜色采用黄、橙、红、紫色的过度手法表现了广西高校教职工积极向上、健康和热情的形象。

广西高校教职工第二届羽毛球锦标赛志愿者标志设计理念：标志采用抽象的表现手法，"心"形代表志愿者，字母"G"变形的"心形凤凰"代表广西"高校"，由以上两种元素结合形成抽象的"羽毛球"。颜色采用玫瑰红、黄色、橙色、绿色代表志愿者积极向上、热情、健康和乐于奉献的形象。）

---

* 本文作者：李雪、吴锡龙、余晓欣。

"我们都很兴奋,很受鼓舞。""仁民公设"的指导老师罗程飞和同学们一起分享着这份快乐!"不用修改,一次性通过,这是我们没有料到的。""我们看重的是努力过程中的收获,至于结果,那并不是最重要的。"公司的总经理、大三的学生潘镱匀说道。

成功貌似偶然,实则源于实力

广西高校教职工第二届羽毛球锦标赛即将在梧州学院举行。大学生综合发展中心创业团队仁民公设文化传播公司很荣幸地接到大赛组委会委派的工作任务:进行大赛标识、志愿者标识、开闭幕式舞台背景及引导牌等设计任务。

放假前,大伙儿一边忙着准备期末考试,一边出台设计方案。为了更好地表现大赛的内涵和意义,他们认真研究与大赛相关的资料,即便放假回家也丝毫不懈怠:积极关注国家、世界级的锦标赛,借鉴优秀作品寻找灵感;别人忙着聚会,他们就在 Q 群上"相聚",就标志的构架、颜色等激烈讨论。

然而别人的设计看多了,自己也会产生视觉疲劳,没有新的灵感,设计无从下手。但他们从不气馁。"每天进步一小步,几天进步一大步。"这是潘镱匀灌输给团队的信念。凭着这样的信念,他们从一个小小的灵感开始,把构思一点一滴用图形呈现。有时会产生好几个设计雏形,他们便从每个雏形中汇集各个新颖的设计点,再将各种设计元素融入其中,讨论它们的优劣、如何美化等。

"我们希望设计的标志能达到让别人过目不忘的效果,别人一看就知道它的意义和内涵,让人产生共鸣。"在罗老师的指导下,经过对作品的不断修改和完善,代表广西高校教职工羽毛球锦标赛特色的羽毛球形赛标就这样应运而生。

敢于接受挑战,追求不断进步

其实成功早已汇聚在他们点点滴滴的努力之中。作为经济系学生,他们没有绘画功底,从未接触过专业的设计知识,但是他们有一股勤奋好学、不怕苦、不怕累的精神。在工作室里,每天都能看到团队人员学习探讨的身影。他们积极地参与院内外各大型活动的舞台设计,并从中积累经验。在承接学院 2010 年迎新生晚会舞台设计时,需要把木板切割成牡丹花的形状,团队成员却没有人会使用切割机,他们只能在罗程飞老师的指导下一步步去尝试,部分成员甚至直接坐在地上剪花的图案。"他们做的很多工作都是在做苦力,不管加班加点工作多累,从来没有人向我抱怨过。"罗老师看着他们努力的点点滴滴,既感动又自豪。

虽然获得了成绩,但他们依然淡定。"这只是我们的一个起点,我们会继续学习和接受挑战,向更高的目标出发。"

此前,该团队曾承担梧州市纪检监察系统首届职工运动会标志设计及广告设计制作、第七届梧州国际宝石节宝石加工设计技能大赛颁奖晚会舞美设计、经济系 2011 年元旦晚会舞美设计等并获得好评。如今这一成绩的取得,再一次体现了这个团队的水平和实力。

他们是一群非艺术类专业学生,却能在艺术文化行业打造属于自己的一片天地。他们是一群步入大学校门不久的孩子,却能在创业的舞台上绽放光芒。拥有"财富"是他们的梦想,丰富人生是他们的希望。在创业的道路上,他们的青春开始闪闪发光。

"异"样眼光　交织时尚新"元素"*

——微型企业异元素服饰销售中心

"我们想订班服,不知道有什么新颖的款式呢?"

"这是我们的新款式,衣服的布料是纯棉的,质感很柔软,那件双翻领衫是丝光棉的,款式和色泽都很好……"

这熟悉的场景不是发生在某服装店,而是在大学生综合发展中心的异元素服饰销售中心。

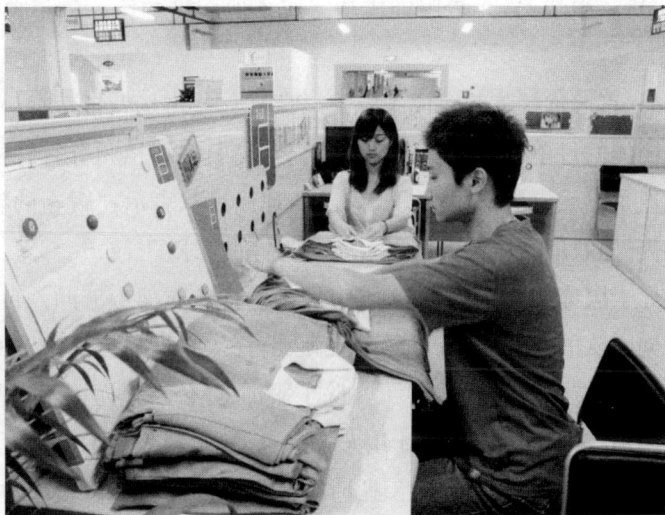

异元素服饰销售中心

梧州市异元素服饰销售中心(简称异元素服饰)成立于2010年12月8日,专业经营团体服装,为广大客户提供设计、制作和运输的一条龙便捷服务,现已成为

---

* 本文作者:黄政柳、谭意连、吕子辉、陈旖旎。

一个总营业额超过 15 万元的企业。创业初始肖振川是异元素服饰的总经理,在一次给宿舍制作舍服的时候看到了商机——将个性标志印在衣服上以彰显不同团队的特色。当时这种做法在学院很少见,具有商业敏感性的他开始酝酿成立一个专门定制和销售团体服装的企业。英雄所见略同,这一想法得到了室友等 8 个同学的支持,于是这 8 个人组成了异元素服饰的第一批骨干,开始了他们的经商路。

对于白手起家的他们来说,创业并非轻而易举。学院大学生综合发展中心助了他们"一臂之力"。场地的问题解决了,产品经营的操作难度大、创业资金不足、商家资源难觅等一系列问题接踵而至。异元素服饰运营初期,肖振川和他的战友张晓亮、靳晓杰等利用课余时间,通过摆点的形式拿着样品和宣传单来回做宣传。为了寻找合适的供货商,他们曾经跑了许多梧州的厂家,并到广州出差。身为大学生的他们却因得不到厂家的信任屡屡碰壁,但他们没有放弃,通过自主搜索以及朋友的引荐,最终找到合适的厂家,并以完善的市场规划、清晰的发展思路打动了商家。商家与异元素服饰签订了合作协议书,同意为异元素服饰长期提供稳定、优惠的供货。很快,异元素服饰成功完成了他们接的第一笔订单——120 件衬衫。

之后,异元素服饰接下并完成了院报、舞蹈协会、市场营销学会、梧州高中某班级等学生团体的订单,共青团梧州市委员会、交通银行梧州分行等梧州大型企事业单位也成了异元素服饰的客户。副总经理徐远双表示:"现在的客户对设计要求越来越高,但我们会尽最大努力去满足他们的需求。"

走进异元素服饰的工作室,映入眼帘的是垂挂在衣架上五颜六色的衣服,衣服上印着不同团队的标志,还有可爱的漫画、公仔等。据异元素服饰的员工覃斌华介绍,衣服的价位一般在 20 - 40 元。除了服饰,办公室里还摆着一些精巧的杯子、纪念品等,别有特色的 DIY 设计让人眼前一亮。"我们走的是多元化路线,但服饰是我们的主流方向。"徐副总经理介绍道,学院的一些班级班服、社团的社服很多都是他们设计制作的,他们也会到梧州高中、梧州职业学院等校外单位进行业务推广,学生常被颇有特色的衣服吸引。

"让客户满意"是他们的服务宗旨,为市场营销学会制订服装时,在手工制作部分,由于图案之间的缝隙过于细小,并且颜料的渗透难以控制,造成了一部分成品相对粗糙,市场营销协会对此有些不满意。异元素采取了各种补救措施:一方面先与市场营销协会详细地解释原因,另一方面马上联系厂方商讨补救的办法,他们希望厂方重新印制图案,并愿意全额支付这笔加工费用,却被厂方告知这个方法可能会令图案更加粗糙。经过将近两个星期不厌其烦地解释和道歉,他们最终得到了客户的谅解。

异元素服饰的各种规章制度逐渐趋于完善,他们会定期对员工进行设计软件使用、基本业务知识和接待礼仪等方面的培训。徐副总经理说,他们每周都会召开一次例会,将不同的意见搬到台面,大家一起寻找解决办法,经商讨后的决定,员工便要无条件服从。梧州大大小小的服装厂很多,一个由大学生创办的服饰中心如何能在梧州市扎稳根基呢?徐副总经理认为他们的优势在于专业知识的运用和良好的营销策略。面对竞争压力,他表现得非常理性:"不必狭隘地想要打败对手,转变思维把自己武装得更加强大才是最重要的。"为了使自己的武装更强大,异元素服饰改变陈旧的思想,不断摸索发展企业的道路,并在创业中提高自身能力,将所学知识运用于企业运营中。

由刚开始的 6000 元创业资金到现在注册资金的 10 万元,异元素服饰收获的不仅是资金的增加,还有眼界的开阔。2011 年,因朋友需要外出经商,异元素服饰趁着机会全资收购了其店面——梧州市卡玛影像制品商店,买下包括设备、材料、网站等一整套制作个性马克杯的体系。为保证该"子公司"作为异元素服饰经营DIY 马克杯实现自产自销,异元素服饰成立了专门的负责团队。现在,异元素服饰进入了网络营销模式的后期建设阶段,开辟旗下的班服网站——梧州班服网。他们打出"买班服,就上梧州班服网"的口号,投入大量精力进行网络营销。异元素服饰还与淘宝网、拍拍网、当当网等国内主流电商网站合作,创办网店,面向全国市场,他们还将拥有自己的网上服装商城——"异元素服饰"。

"异元素服饰"即在服装及设计上寻找不同、开拓创新之意。"Makedifferent-Makefuture",这句印在他们服装商标上的语句,见证了他们的成长。

擦亮眼睛,我帮您"找找"*

——微型企业广西找找网

"擦亮眼睛,http://www.58099.cc——我帮您找找"。广西找找网(以下简称"找找网")的 logo 是两只红红的大九和一个微笑的嘴巴,两个九除像一双眼睛外,还蕴意着:广大市民在找找网里查找到了自己想要的信息而绽放出的灿烂笑容。"网罗民生信息,服务广西人民"是他们的宗旨。

找找网梧州运营中心

"找找网"自2010年12月进驻我院大学生综合发展中心以来,小到一张个人名片的制作,大到怡景酒店的整体装修,他们都以创新、专业、诚信和贴心的服务,尽最大努力让客户满意。"其实我们只是把自己的工作做好罢了,只有这样网站的知名度才会提上去。"市场部经理莫万振说道。萌生想法源于一次偶然的机会,

---

* 本文作者:陈翠丽、甘丹、徐秋媚。

"找找网"总经理李利权了解到，现在的团购网站较多，而地方性门户网站较少，应该会有良好的发展前景，于是他萌生了创立地方性门户网站的念头。然而一个人势单力薄，于是他开始寻觅并找到了"同道中人"——曾和他交流过此想法的校友莫万振和李宗恩。

万事开头难。虽然有了想法和构思，但毫无经验的他们在网站建立之初困难重重。作为在校大学生，资金不足是首要难题，为了不给家里增加负担，他们自己掏钱并向同学、朋友暂借。接下来，没有业务来源又成了拦路虎。李总经理忽然想起自己在外联部拉赞助时认识很多企事业单位负责人，于是他亲自走访这些企事业单位，争取与他们合作的机会。凭着学院良好的声誉及李总经理的诚恳态度，欧派橱柜衣柜的老板答应与他们合作，这是他们接到的第一个订单。

资金和订单问题初步解决后，"落脚点"成为一大难题。正当他们束手无策时，学院大学生综合发展中心成立，给自主创业的在校大学生免费提供场地。这场"及时雨"让他们重新燃起希望。在学院领导老师的指导和鼓励下，他们大胆构思，公司名称、logo以及网站板块等每一个细节都经过反复推敲、深思熟虑后做出决定。随后，"找找网"于2010年12月应运而生。脚踏实地，从小事做起，创业之路布满荆棘。起初"找找网"遇到知名度低、浏览量低、管理不善等众多困难，但是他们没有气馁，尽量扩大业务范围，不管多小的业务他们都会去承接。宣传单、名片等制作也乐此不疲。渐渐地，网站日点击率从100多次上升到5000-6000次。2010年10月，网站承包了怡景酒店房间牌号的安装工作，他们按照怡景酒店提供的安装方案准时完成了工作，但是酒店负责人在验收时却提出了重新调整房间牌号的高度以及统一间隔的要求。面对这个情况，他们并没有抱怨，而是微笑着按新的修改方案投入到修改工作中。"当看到负责人满意的笑容时，我们觉得一切都是值得的。"技术部经理李宗恩回忆时开心地说道。

公司的正常运营必须拥有一个完整的体系。"找找网"紧紧围绕服务好、设计棒和效率高三方面，给客户提供优质的服务。他们实施分工合作、分类管理方案，目的就是人尽其才、才尽其用，让员工专注于自己擅长的领域，把自己得心应手的工作做到最好。互补不足，共同成长，在这个狭小的20平方米的工作室里，网站成员的心紧紧地相依在一起。他们利用各自的优势，共同完成他们的创业梦想。

李宗恩对电脑技术和网站建设方面非常熟悉；莫万振擅长与人交流，在跑市场上有自己的一门技巧；总经理李利权则是他们的调和剂，能合理处理团队出现的矛盾，营造一个轻松的工作环境。面对网站点击率低的窘境，他们一起出谋划策,通过免费帮学生维修电脑在同学心目中树立好口碑,提升网站名气;陷入资金短缺困境时,他们互相鼓励,通过帮助宣传传统广告,如制作名片等来缓解资金紧张的局面。"主动性"是李宗恩工作了一年多总结出来的经验。"看着网站一天天步上正轨,我坚信未来能够发展得更好,它不仅是我的创业基地,也将会是我的守业基地。"李宗恩感慨道。

"找找网"现已慢慢进入市场。最近"找找网"与梧州市问道传媒有限公司、梧州市晋远文化传媒有限责任公司一起合作拍摄微电影,"找找网"作为微电影海选指定的官方网站,在网站开辟网络海选赛区、投票专区等区域,面向广西公开招募六大主演,如"茶女孩""茶男孩"等角色,拍摄全国首部反映六堡茶文化的微电影《春茶姑娘》。同时,找找网还承接了网上报名业务,并且通过努力洽谈,成功负责微电影的3D广告制作,活动、项目创意新闻的新浪报道,对电影艺人的形象包装等项目。"不管大事小事,我们找找网都力求做到尽善尽美,不辜负合作商对我们的期望和信任。"总经理李利权微笑着说。

在网络日益迅速发展的时代,"找找网"并没有停止前进的步伐,虽然处在信息时代,但是我们网站并不是单一依靠网络发展,而是坚持传统媒体和新媒体相融合的特点,提出"一条龙"服务的原则,立足梧州市,从广西出发,最后遍及全国,以点带面,稳抓稳干,步步实现网站的发展和壮大。对于未来,李总经理显得信心十足。

从"灵"开始，点缀世界*

——微型企业灵点设计服务有限公司

3月17日，在好歌城KTV为市场部成员陆静庆祝生日。

3月25日，召开全体会议，会议中心围绕"团队建设""企业形象建设""制度的完善""业务的培训""业务心理分析""业务标准""企业发展方向及目标"等问题进行讨论。（黄立营经理主持）

3月28日，《梧州市大学生微型企业孵化园企业荟萃》画册定稿，全册36页，包含17个项目。

——3月工作总结栏

这是每个月都会出现在公司门口的工作总结。走进灵点设计服务有限公司（简称"灵点"）的办公室，第一排书桌前醒目的贴着"灵点设计服务有限公司欢迎您"的字样，两排办公桌，四块蓝色的牌子上分别写着行政部、市场部、设计部和财务部，一眼望去，办公室显得井然有序。

2011年10月，"灵点"借助我院大学生综合发展中心这个平台应运而生，它是梧州市首批获得国家政策重点扶持的微型企业之一，同时也是梧州学院鼓励大学生创业重点扶持项目之一。公司副总经理刘忠辉因为兴趣进了广告公司跑业务，其间，刘忠辉对广告公司内部运作有了大致的了解，同时掌握了寻找客户的一些"小秘诀"，于是萌发了创业的念头。然而一个人的力量始终是薄弱的，踌躇之际，他遇上了两个志同道合的学长——陶贤帆和黄立营，于是他们决心一起创业。

理想很丰满，现实很骨感。刘忠辉说："刚出社会，很多'规矩'都不懂，这些教训就当交学费吧，毕竟刚开始时我们是'扫街'式的寻找客户。"在创业过程中总会遇到各种问题。公司刚起步，和商家洽谈时会遇上比较刁钻的客户或是"耍大牌"

---

* 本文作者：王亚军、邓雪婷、苏宇晴。

的商家,对价格不满意或是"不认账"的客户,困难面前,灵点员工仍旧以礼相待,积极与商家洽谈。

"以前在外面跑业务,做好自己本分工作就行了。"刘忠辉说,"现在自己是公司骨干,就要承担责任,要让商家认可你的公司。"在对外交流的过程中,讲的都是利益,这让他们在复杂的社会环境的摸索过程中,懂得了要以什么样的方式和商家打交道,自己所做的代表着整个公司的水平,因此不能怠慢。

以诚相待 收获赞许

面对众多的广告公司,一个完全由大学生创办的微型企业如何在市场上站稳脚跟,刘忠辉认为最重要的是以诚相待,搞好各方面的人际关系。在办公室内,大大小小的标语挂满了墙,"诚信经营、质量保证、服务至上",这是公司的宗旨;"创新、改进、超越",这是公司的理念;"生存、发展、壮大"这是公司的目标……刘忠辉觉得,虽然公司相较于校外的大中型广告公司还存在一些不足,但也有自己的优势和特色。"我们有价格优势,在工作上满足客户要求,站在客户角度为他们省钱,不断创新和改进!"

凭借诚恳的服务态度,灵点接下了梧州好歌城 KTV 开幕式宣传的大单子。仅宣传工作就需要两天,但仪式活动包括会场布置、人员安排、舞台设计、联系演员等全部由他们负责。两天时间远远不够,全体员工只好连夜加班,终于赶在规定时间内按质按量完成了工作。此外,灵点还跟进了仪式的后期工作直到第二天中午 12 点。好歌城 KTV 负责人欣慰地说道:"你们做出的效果远远超出了我的想象。""听了这话,当时真的很激动,虽然很累,但还是觉得很开心。"刘忠辉说道。他们的努力也印证了公司的口号:顾客的需求,是我们努力的方向;顾客的满意,是我们工作的标准。

继好歌城 KTV 业务之后,桂东大药房主动联系灵点,希望与他们合作。他们又接下了这笔单子,为大药房做招牌和宣传单设计及其制作,并负责大药房的开业典礼的工作。目前为止,与灵点长期合作的商家有梧州好歌城 KTV、桂东大药房、广州本田、北京现代和顾家家居等 20 多个。

亲如一家　共创蓝图

在经历了那么多的风雨历程过后，公司成长起来了，个人的心智和思想都和以前大不一样。在努力修好"外功"的同时他们也重视"内功"的培养。公司有个约定，在员工生日的时候，公司出钱给员工庆祝生日；假期一起游玩，好歌城KTV、知青农庄等都是他们团建的好地方，当作是公司给员工的福利，同时也增进了员工间的友谊与默契。

办公室的门边有一个圆盘飞镖，刘忠辉说："这个飞镖是供员工在工作劳累时放松自己的一种娱乐休闲方式。"这个不太宽敞却很温馨的办公室给人一种家的感觉。在团队里，每个人都开心的为这个"家"服务，想着"家"美好的明天。

看着灵点发展越来越好，刘忠辉表示，过去"走街串巷"找客户的艰难日子锻炼了他们的耐心与坚毅，更为公司的明天打下坚实的基础。公司计划在未来一年内在校外成立自己的店面，目前正在筹备中。公司会在老客户的基础上，有针对性地选择合作商家，同时也能不断增强公司的实力。校外的环境自由、灵活性强，他们希望公司能在社会的大环境中发展壮大。

带着 1000 元钱就冲进来了[*]

——微型企业卓跃教育信息咨询中心

"当时我们带着 1000 块钱就冲进来了。8 个月过去了,目前营业额已达 6 万元。"说起自己的创业经历,微型企业老板、卓跃教育信息咨询中心(简称"卓跃教育")总经理施伟健笑着说。

这个工商管理系的大三学生,牛仔裤、格子衫,大学生、老板。他的理智、从容以及清晰的逻辑思维,初显他的老板"范儿"。2011 年 4 月,施伟健给校外一家培训机构做招生业务员。第一次接触这类工作,他的心里就冒出了想法:现在只有校外的考证培训机构在招生,他们的培训地点都在校外,对学员来说不便利也不安全。如果我在校内创办一个培训机构,是不是能更好地占有校内市场呢? 奔着这个念头,他开始寻找合伙人,为创业做准备。

2011 年 9 月 1 日,卓越校园培训机构在大学生综合发展中心成立。当时的施总对创业并没有深刻的认识,他与公司创始人之一、副总经理吴环筹集了 1000 块钱,就开始了他们的创业之路。

"我们当时太天真了,把创业想得太简单。"施伟健说,自己刚开始就像一个热血青年,一心想着到发展中心闯一下,体验一番,"憧憬着进来就能当老板,能赚钱"。

但是,老板并不好当。作为一所针对学生自考难、通过率低而设立的专业考证培训机构,公司一成立就要面临与招生有关的各种事务。

2011 年 9 月,施伟健与公司的吴环、韦姣成、韦晓晨等 8 人,一边为公司做宣传,一边忙于 11 月的会计从业资格考试和次年 3 月全国计算机二级考试的培训招生业务。制作宣传单、海报、横幅,确定培训科目、寻找培训教师、物色培训教

---

* 本文作者:李雪、黎玲、苏宇晴。

68

材……这群初入创业之路的"热血青年"走了不少弯路,在创业之路上交了不少学费。在制作横幅、打印传单以及采购培训教材的过程中,由于不懂市场,没有资源,他们花费的成本几乎是正常成本的两倍。"别人说多少就是多少。"他们为创业准备的1000块钱,对于创业的需要而言,也只是杯水车薪,他们只好再次筹集资金,以维持业务需要。

经过一个月的努力,"卓跃教育"第一期培训班成功开班,招到全国计算机二级考试培训学员45人和会计从业资格培训学员44人,营业额达到2万多元。

在校内,"卓跃教育"是唯一一家从事考证培训的公司,但这并不代表他们就能垄断行业。2012年1月,"卓跃教育"开始第二期培训招生,与之竞争的校外一家培训机构为了获得更多生源,与他们打起了"价格战"。施伟健想:"卓跃教育"不能跟着压低价格。价格降低,品质也会降低。他思考着,如果能为在培训后考试通过的学员提供实习岗位,这无疑是竞争的一大特色。第二期培训,他们在保持原价的基础上,通过打造为获证学员推荐实习岗位这一特色来吸引学员。"卓跃教育"第二期会计从业资格培训成功开班,共招收学员70多人,且不少同学还预定了下期的培训名额。

"还是学生,学习不能丢。"作为大学生老板,他肩负着双重重任。学习上,他从未挂过科;在发展中心,面对众多微企,他也时刻保持着学习的心态。"发展不可能只靠自己,要善于向别人学习。"发展中心召开项目负责人会议时,他认真听取其他企业负责人的经验之谈,吸收他们的创业经验,学习他们的商业理念和经营策略。他说:"学院让我们做的不是去赚钱,而是展示自己。"

创业的过程不仅让这个老板发现了自己的长处,积累了创业经验,"最重要的一点,是将自己的想法更系统化。"他坦言,"创业改变了我很多观念。"发展中心指导老师李德华曾跟他说过:"公司要集中精力扎稳核心业务,之后再去考虑其他业务的发展。"其他项目负责人也有"小企业应该有核心竞争力"的经验之谈。他对打造公司特色的决定,正源于他对这些话的思考。

他意识到,小企业要学会借助外力来发展自己,而不是光靠自己蛮干。今年寒假期间,他专门到图书市场,对英语四、六级资料进行了解,并与星火集团广西区总代理签订合作协议,代理"星火"资料在学院的销售。但是,仅靠公司业务员,销售量达不到预期效果,他又与发展中心的梧州市酷购商贸中心(原乐淘淘中心)项目负责人寻求合作,通过合作,"星火"资料从2011—2012学年第2学期开学到3月底就销售出近600套。

　　在稳住校内市场之后,施伟健开始思考如何让"卓跃教育"发展壮大。他通过承接校外业务,对校外人员进行培训,让"卓跃教育"走出去;与广西大学等高校进行全日制本科自考招生合作;为梧州市思培人才辅导中心中小学辅导班、兴趣班招生;与上海交大合作,帮助上海交大、英、美、北欧世界百强高校(本科、硕士)留学预科班招生……公司也因业务范围扩大而增加了黄俊文、马福芬、陈丽芳 3 名核心成员,有效提高团队的工作效率。

　　"创业应尽量做一些别人没有做的市场。"这是施伟健对创业的理解。

　　"'卓跃教育'虽然起步晚,但发展速度很快,公司领导者很有魄力,敢于积极调整经营模式,是个很有潜力的公司!"这是李德华老师对他们的肯定。

不为失败找借口　只为成功找方法[*]

——微型企业梧州市阿里星信息咨询服务中心

"一个在青团网总部工作的朋友和我聊起了大学生消费方面的企业发展状况（注：青团网总部属于杨凌罗文科技有限公司旗下，该公司获得 2012 年陕西大学生创业明星企业荣誉称号），这让有自主创业想法的我很感兴趣。就这样，我和同班的李永开始接触青团网。"——阿里星的创始人这样轻描淡写地陈述他的创业初衷。

阿里星全家福

他们从各方面考虑了学校对自主创业学生的支持政策及场地优势等，经过市场分析并与朋友商量后，2014 年 6 月份正式注册成立梧州市阿里星信息咨询服务中心，8 月份正式运营。

"不弃不馁积累经验，每一个企业，都有一个艰难的开始，磨炼着每一个团

队。"创始人潘廷星说道。

阿里星也不例外,招兵买马扩大队伍、寻找合作商家推广业务是当务之急。"连续摆点两天,一个人都没招到,这无疑是晴天霹雳。后来,学校规划微型企业统一地点摆点招新,加上我们微信平台不断打出优惠策略吸引学生,才渐渐得到学生的关注,心才有了点儿底子。"当时负责公司人力资源管理的李永感慨地说道。

公司法人代表潘廷星,是计算机科学系2010级计算机本科班的学生,主要负责外出跟商家洽谈业务,每次他总是信心满满地和商家介绍青团网,但结果都不如意,大都失望而归,但是,他不断激励自己说:这条路走得艰难,说明我在走上坡路,再艰难也要不弃不馁,不为失败找借口只为成功找方法。于是,他又带着自信的笑容再次出发。

终于在拜访广西亿健茶叶有限公司的老板时有了转机,"当时简单的交流后,他就让我留下联系方式说再联系。那时心想,这次又不成了!很失落地回来。没想到,过了两天他真的就联系我了,还很爽快地跟我签了约。"潘廷星笑着说。好的开始激励着团队,经过不断努力,商家慢慢多起来,口碑传开来,品牌树起来,跑了100多个商家,与37个商家签订了合作协议。

后来,阿里星团队渐渐地发现,光从大学生的吃喝玩乐这方面找合作商家,靠广告业务来维持经营,很难发展壮大。于是,开始探索从技术型向业务型转变的道路。他们找到了微网站这个突破口,利用微信公众平台,面向社会推出合作推广业务。主要业务有微信营销、网站团购、宣传策划、驾校代理等,运营梧州学院百事通、梧州大学生活圈两个微信公众号,打造让生活中有趣的东西变成为同学们服务的平台。

阿里星团队预见到,微信公众号未来更可能发展成为用户的个性化定制的资讯信息场和企业的在线服务平台,所以他们根据腾讯微信的开发者接口文档自行研发了微信公众平台"梧州大学生活圈",这是当时梧州学院第一个多功能、多互动、最活跃的微信公众平台。平台开发有车讯查询、成绩查询、新闻、微笑墙、微信墙、快递、生活导航、旅游景点、百度搜索等大大小小几十种功能。

阿里星的目标是让圈子来代替软件、门户网站,成为沟通、查成绩、找优惠、订餐、选课交流、获取学校动态的快捷工具,做到"微信一下,你就知道"。阿里星正在策划进一步拓展旗下品牌:青团网梧州站,致力于为梧州学院师生以及梧州市民提供更优惠、更便捷的服务。

在阿里星,虽有上下级分工,但他们更像是一家人一样,为共同的梦想走到一起,守护他们创造的城堡——阿里星。

"交流后发现彼此性格很合得来,他有北方人的豪爽,对待同学朋友都很真诚。我们的兄弟情谊通过几年的积累更加深厚,相互信任,很有默契。我是技术出身,他管理和公关能力比我强,他办事,我放心。"潘廷星这样评价他的好友兼合伙人李永。

阿里星特色品牌微信项目的带头人之一、技术部经理覃金燕,是经济系2010级电子商务专业班的女生,她喜欢玩微信,而这一简单的爱好让她对微信更加着迷,她决心自己也要办一个微信公众号。于是,艰难的钻研过程开始了。得知微信公众号需要编写代码、PHP程序的等相关计算机方向的知识,非计算机专业的她,天天上图书馆研究相关书籍,经过一周的时间,终于办出了微信公众号。"一周的时间在旁人看来是不可能的,但是她确确实实为阿里星做到了。"潘廷星说。

后来的阿里星,从零发展到了48人,在总经理下面设置运营总监及市场部、行政部、技术部、广告部、财务部、人事部6个部门,各部门团结协作,合理分工,各尽所能。"Anything you want, everything for you!"这是阿里星打出的口号,希望团队所有人都能以"一心为服务客户为己任"的宗旨,立足梧州,服务梧州,成就自我。

Action！艾克森兄弟[*]

趁着天气正好，"艾克森"兄弟背上"三件套"：摄像机、脚架、补光灯，正前往"片场"。

今年5月，我校信息与电子工程学院2013级数字媒体技术专业的韦乃忠、梁万新、卢秋树的创业梦实现了。入驻大学生发展中心的第一天，他们就把自己亲手设计的招牌挂在了工作室的墙上，于是，艾克森文化传播有限公司就成立了。

我喜欢自己当导演

"1、2、3，action！"听着自己开拍打板的声音，看着每一个片段都像是在看一部新上映的电影。在工作闲暇之余，他们就会播放他们大三时自编自导自演的微电影《绿动大学》的每一个镜头。"从那时候开始，同学们更偏爱叫我卢导。"

早在大二时，他们就萌发了创业的念头。只因那时候"'年少轻狂'，没有坚持自己的想法。"从大三开始，在专业老师的指导下学习了影视制作、动画设计等技能。

"是时候要做出点成绩了。"卢秋树说。说做就做，借参加第九届全国大学生计算机设计大赛的东风，他们自编的微电影《绿动大学》开拍，扛着大小不一但都沉甸甸的设备，在学校里取景拍摄。那时候他们对各种设备的操作不熟悉，在进行航拍的时候"差点几千元钱的设备就撞在山上了"。拍回来的效果却达不到老师的要求，"场景对比不够丰富，回去再改改吧。"于是，小组的5个人斟酌了一夜，把原先设定的场景改了又改，改到第3遍，终于定型。大三那年的暑假，《绿动大学》在全国赛上斩获全国二等奖。

---

* 本文作者：吴嘉恩。

74

"从制作这部微电影开始，就喜欢上了影视传媒，喜欢自己当导演。"韦乃忠说。

就算吃土，我也要创业

大四下学期，同学们都纷纷寻找适合自己的实习单位。韦乃忠和梁万新在传媒公司实习，卢秋树则去了广西电视台当实习生。

因为喜欢影视传媒，同时作为我校第一届数字媒体技术专业的学生，他们也想立足本专业，为专业做宣传，于是韦乃忠便和梁万新商量着在梧州"自己干"。

韦乃忠在宿舍群里说了自己要创业的决定，"准备开始创业前期的吃土生活了。"卢秋树看到这样的信息后，他在群里发出了一行字："我也想回去。"

坐上了南宁到梧州的动车，"本来以为以后没事都不会回来了，"他没想过自己会回梧州创业，只是"因为还年轻，再搏一下"，他就回来了。

回来的第二天，又一部微电影就开始策划了。在网上下载了大量关于茶文化研究的文章，翻看了类似的视频，卢秋树才开始写拍摄计划与剧本创作。把镜头脚本写出来；检查分镜头，结合故事剧情进行适当调整；挑出分镜中的重要场次搭成基本框架，然后再将次要内容、镜头景别、镜头内容等总结出来，最后就形成一个完整的分镜头剧本。

"分镜第一版""分镜改""分镜二改"……越来越多的文档被放置在电脑桌面上，为了达到拍摄的效果，他们还找来了学校茶艺队的同学到工作室里现场泡茶，观察泡茶的动作，以便更好地拍摄出具备画面感的镜头。

正当3个人在热火朝天地拍微电影时，梁万新却接到通知要去贵港市港北区为扶贫攻坚可视化系统录入精准数据。背上无人机，他就出发了。

在港北区，梁万新操纵着"飞机"，走过了港北区的32个贫困村，把村公所、医务室、各种各样的产业通过照片、视频的形式记录下来。"走进来拍吧，效果可能会更好点。"一个养蛇的农场主把他招呼进养蛇棚里，翻开在地上铺着的棉被，就看到了地上密密麻麻的蛇在缓缓爬动，"只能硬着头皮进去拍了"，梁万新想。

每天早上7点就跟着当地的工作人员到村里进行当天的拍摄任务，遇上颠簸的山路只能靠步行。在港北区工作的一周时间里，每一天微信运动里记录的步数都达到了2万以上。"创业，就要让自己身上没展现的激情迸发出来。"

我还年轻，更要坚持

2017 年 5 月 24 日，梧州市艾克森文化传播有限公司的营业执照亮堂堂地立在了"艾克森"兄弟的合照旁。主营业务主要为摄影服务、动漫设计、广告设计、软件开发等。

把营业执照的复印本还有公司的印章放在抽屉后，他们又开始了新的项目。在美食节的广场上连续拍摄 6 个小时；早上 5 点出发到山顶拍日出；通宵 2 个晚上剪辑视频；一天修 300 多张照片做成了 VR 全景梧州学院……6 月底，是他们 3 人的毕业季。"我们想用自己学到的技能为青春、为大学留下属于数媒人的记忆。"他们用 3 天的时间拍了毕业视频，镜头记录了同学们因为不舍而抱团一起流泪的场景，在剪辑视频的时候他们"剪不下去了"，眼泪就在眼眶里打转。

"我们就像在校生一样，把他们一个个都送走了。"留在梧州的 3 人挥挥手和共度 4 年大学时光的同学说再见。"我有时也很羡慕他们有稳定的工作环境，稳定的工资收入。但是还年轻，总要做点自己真正喜欢的事情。"卢秋树说。

"目前最紧缺的是资金。"韦乃忠说。"但是我们不会放弃，刚开始创业总是要靠坚持的。"

"小熊"的创业发展旅程[*]

广西小熊信息科技有限公司,是梧州学院学生创办的科技企业,是大学生综合发展中心第三家注资超过百万的企业。科技、创新、引领是它的宗旨,不断地为广大师生及各界人士提供高品质的服务是它的目标。

2014年10月,信息与电子工程学院2014级计算机科学与技术班的熊起桥、冯烈鹏、余德勇、柳均鹏、黎桂运、龙金宏和经济管理学院2014级市场营销班的刘金凤以及师范学院2014级学前教育班的杨玲玲8个人创办了梧州市乐维科技工作室(广西小熊信息科技有限公司前身),2016年3月25日正式注册为小熊科技信息有限公司,法定代表人为熊起桥。

从想法到实践

"其实我从高中开始就有自己创业的想法了。"熊起桥说。掌握一定电脑维修技能的熊起桥,看到大学生综合发展中心做电脑的企业发展前景很好,同时他认为自己比较适合走创业这一条路。于是他去大学生综合发展中心了解情况,得知企业可以在大学生综合发展中心孵化,便萌生了创业开公司的念头。想法有了,他就开始寻找一群志同道合的伙伴跟自己一起干。

"当时我们在上大一,课程不是很多,整个宿舍的人都特别闲。熊总看到我们这样就建议说要不一起创业吧。然后我们兄弟几个都同意了,于是就这样跟着他干了。"小熊科技技术部负责人余德勇说。于是同班同宿舍的6位主创人员,再加上另外两个成员的加入形成最初的创业团队。

当时6个男生每人出1000元钱作为最原始的创业基金,"因为另外两个是女

---

* 本文作者:李晓燕、曾靖霖、蔡雨婷。

77

生，我们不让她们来筹这个基金。"熊起桥说。团队组建好了，创业也就开始实践。"我们最初的目标是希望能入驻大学生发展中心。"熊起桥说。之后就是各种手续的办理和申请，但当学校把项目建设文件发给他们时，他们发现里面的东西从来没有接触过，完全超出了他们自身的能力范围。他们成功申请到了办公室以后，决定找宫海晓老师、李宁老师、李德华老师对他们进行指导，在老师的指导和帮助下解决了许多问题。"老师们的出现都很关键，李德华老师还教会我们如何找准方向。"熊起桥说道。

从稚嫩到成长

乐维科技工作室成立后，主要以硬件维修和销售业务为主，取得不错的成绩后，乐维科技原创团队决定转型。因为没有太多公司注册方面的知识，熊起桥到梧州市工商局了解公司注册情况，本来打算以两万元的资金直接注册，后来觉得团队还不够成熟就没有进行注册。

回学校以后，乐维科技团队在梧州博策管理咨询有限公司负责人王昌尹的引导下，参与承办了以"不忘初心，不惧未来"为主题的梧州学院首届创业青年2016跨界年度峰会。在这个峰会中，团队学到了许多东西，这给正在转型的乐维科技成员们带来了许多信心。"当时我们觉得要做就往好的方面去做，于是我就在万秀区科技中心注册了资金300万的公司，也就是现在的广西小熊信息科技有限公司。"熊起桥说。企业在2016年3月25日成功注册以后，业务逐渐向软件开发转型。小熊科技也从原来8个人的团队变成了一家拥有50个人的企业。

在莫智懿以及庞光垚老师的帮助下公司以软件开发为核心转型成功之后，小熊科技信息有限公司的业务逐渐增多。业务的增多也使小熊科技遇到了一些问题。"印象最深的是和梧州学院中国移动签订的移动业务。"熊起桥说。为了提供2016级新生的宽带需求，移动公司向小熊团队预约了1000个路由器，小熊科技团队向厂家订购路由器后用物流从深圳运到梧州。让人始料不及的是，当时刚好赶上中秋节，物流公司放假，另一边移动公司又在催货。熊起桥打电话给中介和商家催货，两者都说货物已发出在路上，于是熊起桥每天早上六点钟就去等物流车的到来，可事实上货物还在仓库内未发货。由于新生开学季，移动公司对于路由器的需求量大，但是物流又赶不及。为了保证效率和诚信，熊起桥只能每天早上去梧州广汇电脑城把同一个品牌的路由器全部买回来顶替使用。才勉强撑过了中秋节放假最缺货的日子。等到中秋节过后,熊起桥问了物流公司准确的到货时间,之后又是提前到快递公司门口候着。到点时物流车还没到,熊起桥又给快递公司打电话,最后快递公司只能把司机的电话给熊起桥,当熊起桥得知了司机的位置后才松一口气。

"小熊"的现在与未来

成功转型后的小熊科技因为招收了 50 位成员,公司的规模也比以前大了许多,但是由于缺乏企业管理经验,导致了团队整体松散,不够一致。"因为最原始的团队人比较少,大家也熟,现在人多了,公司管理经验不够,整个团队就像一盘散沙。"余德勇说。后来团队慢慢开始不断地完善,部门与部门之间联系更加紧密,团队也更加团结了。

小熊科技团队 2016 年承办了梧州市长洲区政府的微信公众号的技术搭建,也给一些淘宝商家搭建了平台,后来又在做一个贵港市港北区的招商公众号。此外,小熊科技也正在给中国邮政储蓄银行梧州分行做办公 OA 系统,主要优化邮政银行 PC 端的办公流程,解决方案已提交给对方等待审批。

从 2017 年 3 月起,小熊科技团队开始策划"基于精准产业扶贫的微信电商平台建设与运营"项目。该项目主要针对农村农户在政府扶贫支持下的实业所遇到有关产品销路难的问题,旨在帮助扶贫工作者与农户之间搭建一个沟通的桥梁,建立一项"线上+线下"的微信平台,实现"线下生产,线上销售",从而实现农产品多渠道销售的路径。为此,小熊科技团队去了港北区进行实地考察。期间,他们对当地农户进行考察,但因为沟通出现障碍,没能理解农民的想法,农民们也对科技网络一窍不通,不太信任他们的做法。他们找到村干部与他们沟通,并一遍遍地向农民解释这个项目的运营流程和平台搭建。

对于小熊科技的未来,团队原创成员大都表示可以一起拼下去。"作为团队的负责人,眼光必须要看远一点,你才知道以后的路怎么走。"熊起桥说,"我们的目标不再局限于为学生服务,小熊科技还可以走出去拓展更多的业务。""在大学期间能有一群兄弟一起创业我真的很高兴,以后也会跟着小熊科技继续做下去,把小熊科技做得更好也是我们的心愿。"余德勇说。他们未来的目标是:脚踏实地,逐渐积累经验,把小熊科技做大做强。

校园最后一公里的"快递员"*

　　一本 16 开的信笺纸,上面密密麻麻地记录了一长串人的姓名、联系方式、宿舍号和快件所属快递公司等信息——这是我校学生宿舍楼 A11 栋 - A412 宿舍劳小玲的业务记录本。本子上记录了从 2015 年 10 月 26 日到 2016 年 3 月底以来的业务信息共有 800 多条。

　　劳小玲是经济管理学院 2015 级物流管理专业的学生,她和宿舍的另外 7 名女孩子在入学后不久,便共同合议利用课余时间当校园里"最后一公里"的快递员:为不便领取快递或不想出门领取快递的同学代劳,并收取一定的服务费。这个想法源于物流专业课上老师的一句"有需求就有市场"的话,于是几个女孩子立即行动,说干就干。

　　在劳小玲看来,虽然这个行动只是简单的体力活,但是在自己还没有能力创业之前,通过这样的方式积累经验、了解快递和物流市场也是一种学习,况且还可以做兼职补贴生活费呢。于是她们给自己的团队起了名字"跑女速送",同时上网查询从事这些事务可能存在的风险,并用了一个晚上时间,8 个人就把业务方案和宣传定了下来。

　　她们首先仔细了解学校发放快递的地点,并计算出一条从宿舍到不同地点之间最佳路径。她们坚定承诺,无论什么节日,什么时间,只要她们有人在学校,有人需要她们便出动。有时候,一些同学因为要出去实习或放假不在学校而无法及时领快递的时候就会打电话给她们,她们也会妥善保护好并且在约定时间送货上门,"有的一放就是一个假期,不过也从未打电话来询问快递有没有损坏或丢失的情况,或许是她们信任我们吧!"成员之一黄美琪说道。

　　快递业务的开展,渐渐改变着这 8 个女孩的生活。宿舍里最文静的邹华芸在

---

* 本文作者:张洁茵、唐柳梅、陈树君。

80

接送快递中与更多的人接触和交往,渐渐变得开朗和健谈;何叶青在刚入学时找不到努力的方向,并失去对学习的兴趣,在宿友的带动下积极加入快递业务,在其中找到成就感,找到学习目标。

在接送快递当中,她们渐渐了解到快递行业的资讯,让她们更明确了专业学习的方向和目标。物流管理专业张晓磊老师评价道:"她们宿舍每次上课都坐在前排,可能与她们创业带给她们的自信有关,每次课堂互动她们都能积极配合,并且专业成绩总体在良好以上。"

黄美琪说,提前体验了一把工作的艰辛,让她们更懂父母的不易。"从前跟父母交流三言两语之后就没话说了,但做了快递业务以后,与父母可以交流的事多了,感情也加深了。"

"接触了不同性格的顾客以后,也学到了更多为人处事的道理。"还没做业务前,她们也曾埋怨过校园快递,"打电话来的时候,刚好在上课或者在忙事情,过一个小时后再去快递员已经走了"。现在,她们也理解了快递员的难处。"他们每天来来回回地跑,风雨无阻,工资不高而且又很辛苦。"黄美琪感同身受地说。

她们做业务赚来的钱,除去宿舍每月水电费的开销,当她们看到有捐款倡议时候,也会从这些钱中用一部分去帮助有需要的同学。"虽然我们捐得不多,但这是我们小小的一份心意和祝福。"黄美琪说道。

劳小玲坦言:"一开始我们宿舍都是抱着给自己一个锻炼的心态鼓起勇气参与的。其实我们不在乎赚多少钱,我们只想大学生活丰富些,给自己多积累些专业就职经验,拓宽自己的交际圈。"

小小的业务里,有他们的梦想。现在她们正在计划和学校附近的快递公司谈合作,争取直接承接快递公司代理业务,并且在校内实现送货上门。她们说:"毕业后,希望8个人能够一起创业!"

"大学生"企业招聘大学生 *

12月10日,梧州学院体育馆内人头攒动,梧州学院2011年冬季毕业生大型双选会在此拉开帷幕。3072名2012届普通本专科毕业生,踌躇满志地与心仪的企业进行零距离接触。

招聘现场发现,很多毕业学子的就业有了新的"风向",在考虑薪酬、工作地外,应聘学子对企业能否帮助自己提高能力也越加重视,而一些大学生创业者也来到招聘会现场招聘大学生人才。

据了解,本次招聘会上共有来自广东、广西、湖南、福建、北京、山东、上海等省、市、自治区的116家单位参会,提供工作岗位3400多个,是近年来冬季双选会参会最多的一次。招聘单位涉及行业非常广,主要有宝石加工、保险、金融、通信、工程机械、汽车销售和运输、医药、茶叶销售、有色金属、电子、房地产、中小教育、食品等多个行业领域。

在招聘会现场,梧州市佳极装饰设计工作室、梧州市异元素服饰销售中心、广西找找网、梧州灵点设计服务有限公司4家来自梧州学院大学生微型企业孵化园的招聘企业尤其显得特别,大学生创业者也来到招聘会现场招聘工作人员。广西找找网的有关负责人李宗恩是梧州学院工商管理系大四的学生,与以往不一样的是,这一次他不是以应聘者的身份出现,而是作为公司招聘者来到招聘现场。李宗恩告诉记者,公司扩大经营,急需相关的人才,所以也来到招聘会上寻找合适的人才。作为招聘者,他最看重的是应聘者的兴趣、态度、技能,在招聘会上也收到了很多校友投放的简历,其中有不少都符合公司的要求,回去将再作进一步筛选。

在采访中,记者发现,业务员、工厂技术工种等以往不太受大学生青睐的岗位,在本次招聘会现场却引来了不少学生前来咨询。在广东中山奥马电气集团的

---

* 本文作者:孔妮、韦德华。

82

招聘摊位前,记者看到从招聘会开始一直到结束,应聘人员走了一拨又来一拨,该集团招聘的是电子机械工等多个技术工种岗位。来自河南的梧州学院电子系大四学生秦双成告诉记者,虽然都是最基础的工作岗位,但是这些工作岗位与他的专业相符,企业也将提供相关的培训,还是有一定的发展前景,而自己的能力也可以得到提高,所以就选择了这家企业。而工作地倒不是看得太重,希望自己在毕业后的几年时间里,能够尽快积蓄能量,为以后的发展做好准备。

"学生老板"开学"淘金"记[*]

"大甩卖咯,大甩卖咯,多买多优惠。""叔叔阿姨、学弟学妹,来这边看,生活用品和学习用品应有尽有,买得多价格优惠……"为了方便 2014 级新生购买生活必需品,从 9 月 17 日开始,在梧州学院周边有 30 多个摊位沿着几条小道一一排开,五颜六色的帐篷,新生所需用品琳琅满目。新生开学这几天,"学生老板"们不停地在朝新生及家长吆喝、不停地在和学弟学妹们讨价还价。

"学妹,这边来看看,买得多不仅优惠还送货上门哦。"黄同学成功地将 3 名新生揽到自己的摊位前,最终卖出 200 元的用品并提供送货上门服务。送货上门的贴心服务也为黄同学吸引了不少新生顾客。"老板"们都使出浑身解数,吸引学弟学妹们的眼球。有悬挂醒目对联"便宜小表弟,优惠小表妹"的大表哥专卖;有买生活用品送梧州学院明信片、明星海报或者空气清新剂等小物件的摊铺;还有的摊位特意针对省外的新生准备了床垫、褥子等在广西很少用到的用品来吸引外省的新生……"老板"们的"花招"既让他们的生意红火,也让新生们得到方便、周到的服务。

新生们在购置日用品的过程中,有学长、学姐、家长在质量和价格上严格把关。他们东挑挑,西看看,货比三家,激烈地与"老板"砍价,而梧州学院的"学生老板"总是耐心地解答,热心、微笑地服务。一位来自天津的家长在得知这些"老板"均是梧州学院学生时,对他们的行为感到很惊讶。他在为女儿购买生活用品后还给"老板"提供了一些自己开店进货的经验。而对于在梧州学院旧食堂销售生活用品的"学生老板"的服务态度和职业道德,许多家长和新生都纷纷点赞。一位新生告诉记者,他到店里不小心挑选到一个有质量问题的桶,在结账时老板发现了桶有问题,便及时让他重新选购。

---

* 本文作者:秦玉清。

做生意总会存在风险。一些"学生老板"表示今年摊位很多,竞争压力大。"今天一个上午我只卖出了一个桶和一双拖鞋。"第一次摆摊的小黎同学说。傍晚生意红火,许多"老板"却表示新生家长们"砍价"功夫了得,卖出一件商品赢利极少。但也有摊主表示,更好的服务态度和过硬的质量保证能吸引更多的顾客,为自己赚得一笔可观的生活费。

据了解,大部分的"学生老板"抓住开学时机做生意,都是为了减轻家里的经济负担,赚取自己的生活费,同时也为了锻炼自己,体验生活。"我从来没有做过什么兼职,这是第一次与同学合伙摆小地摊,其中真的经历了许多的酸甜苦辣,这也会为毕业以后进入社会积累一定的经验吧。"小黎同学说。

机械自动化让人工宝石走上快车道*

"如果不用机械,现在磨宝石很难赚到钱。"蒙汉坤是梧州旺铺镇人,1995 年来到市里开始从事宝石行业,从起初纯手工到现在实现机械自动化磨石,可以说是亲历了梧州宝石产业的发展。

从手工到机械生产

这些年宝石行业也处于一个转型期,一方面原料及劳动成本的增加,另一方面竞争使加工费走低,再加上订单时多时少,许多产业工人都转行做其他的了。蒙汉坤想如果有一种机器能代替人工磨石就好了。2010 年底,蒙汉坤听说梧州学院的科研人员研发生产了半自动化的宝石机,他立马进行考察和测算。2011 年 3 月份以每台 1500 元的价钱购买了 10 台全数控技术宝石研磨与抛光机。

在他的工厂,一个十多平方米的空间里,除了人就是机器,还有成排、成堆、成桶的铁棒,铁棒的顶端是一粒粒细小的原石或者是红得透亮的加工后的红宝石。他雇佣三名女工,一人在粘石、反石,一人打磨平面,还有一人独自操作三台全数控宝石打磨和抛光机,只见她将铁棒插上和取下,不一会工夫一粒粒晶光灿灿的宝石就出来了。操作机器的工人小王说,这机器可以磨 32 种形状的宝石,只要用遥控器输入相应的参数,所要的宝石形状就毫不费神地被机器生产出来了。相对于过去需要左、右手不停地在砂盘上转动,现在就是在"看风景"了。她的老板蒙汉坤说:"以前宝石加工是全手工操作,不仅效率低下、工人费力,而且加工出来的宝石很难达到统一的标准;自从去年购进这批机器投入生产后,每天每人生产的宝石从 100 粒左右提高到将近 400 粒以上,不仅生产效率提高了将近 4 倍,而且加

工出来的宝石质量稳定,达到 A 级以上标准。"

这机器的研发人之一,梧州学院高级工程师黄永庆经常来回访,看看机器的使用情况。蒙汉坤还根据自己的实践经验向他提出机械改良的建议,也被采纳了。改进后的机器更是得心应手,达到了机人合一的状态。

科研助推地方产业发展

人工宝石产业作为梧州市的一个特色产业,2008 年以前,宝石加工多以手工操作为主,随着劳动成本的不断攀升与产品销售价格竞争的下滑,造成了利润空间减少。从 2008 年开始,梧州学院为了服务地方经济社会发展,依托该院的人工宝石设计与加工实验室、信号处理实验室等科研平台,组织以高级工程师陈炳忠为首的 18 人科研攻关小组,他们是来自机械、计算机、电子工程、信号处理、艺术设计等专业和领域的教授、工程师和教师。他们向自治区科技厅申报并承担了"人工宝石粘石、反石、自动刻磨技术及设备研发"课题,开启了研发之路。

在梧州学院的人工宝石设计与加工实验室,笔者看到了两台研发成功的最新型号的宝石加工快速粘反石机和宝石自动刻磨抛光机。陈炳忠介绍说,这些最新型号的宝石加工快速粘反石机每小时可粘石坯 8000 粒、反石坯 4800 粒,比手工操作分别提高 20 倍和 10 倍以上;宝石自动刻磨抛光机不仅比手工快了 5 倍以上,而且加强了精度控制,使产品质量达到 AAA 级以上。

陈炳忠边演示边说,自动粘反石机主要由铁棒自动输送装置、胶水定量释放装置、石坯自动输送装置、胶水自动烘干装置以及半成品反转装置等组成。该系统在粘石运转过程中,能一次性将几百支铁棒与几百粒石坯准确对接并自动黏合一起、烘干成型;并将已磨好的半成品与铁棒分离后,系统调整半成品反石装置,重复粘石运转过程完成反石工序。它可以解决手工粘反石点胶水慢效率低、无法控制胶水定量易脱石、无法准确定位、精度低等问题。自动刻磨抛光机以机电一体化对设备的转速、转角、倾角、压力、位移等参数进行控制,实现机械手模仿八角手宝石机手工操作的全过程,使精度提高、产品质量大幅度提高。

迄今,"人工宝石粘石、反石、自动刻磨技术及设备研发"项目小组已经成功研发了两种型号的"刻面宝石加工快速粘反石机"、三种型号的"高精度宝石自动刻磨抛光机"以及配套设备。宝石加工快速粘反石机的两种型号分别为第一、二代,其中一代机已经销售 700 台。自动刻磨抛光机已生产了三代,第一、二代机已经在市场推广销售了350台;第三代机DPGM－2双工位刻面宝石自动刻磨抛光机已研制成功。此外,该项目小组在研发过程中,已申报4项专利,其中"宝石石坯研磨床"和"圆形宝石冠角亭角自动研磨床"已获得国家知识产权局的实用新型专利授权。

三年了,陈炳忠和他的研发团队不畏困难、越挫越勇,朝着既定的目标奋进。市场的需求和行业的发展是研发小组夜以继日坚守实验室的动力。芯片烧了不计其数,机器的设计无数次修改,驱动IC莫明其妙烧坏,数据设置按键经常失灵,数控编程遇到磨出的宝石板位不够精确、机器稳定性不高。最大的困难就是机器的稳定性,磨石的过程一时高一时低。磨宝石的时候压的力气不到位就磨不好,压得力气太大了也不行,磨出来的面就不均匀,所以力气的控制精度要很准才行。所有这些都足以让技术人员废寝忘食、夜以继日地攻关,最终达到了以机械手实现宝石加工,以控制机械手代替传统手工对各种宝石进行研磨和抛光的技术转变,即研发成功粘反石宝石设备以及人工宝石自动刻磨设备的总体目标。

"该项目具有先进的设计理念,尤其是自主开发独特的控制算法与加工数据结构,提出控制程序与加工数据分离的设计方案,使得该技术及设备发明达到了国内领先水平。"这是2012年3月26日,广西壮族自治区科技厅专家组对梧州学院"人工宝石粘石、反石、自动刻磨技术及设备研发"项目的鉴定评价,并一次通过验收。

"直到有一天,宝石加工不再是年轻人的活计,妇孺孩童都可以,喝着咖啡、吹着空调、手拿遥控器……由一个中央控制系统来控制所有的机械,这样就可以实现大规模的机械化生产了。"这是陈炳忠,这位与宝石打了24年交道的元老级人物,为笔者描绘的宝石加工产业的宏伟蓝图,这也是他为之奋斗的终极目标。

让精准扶贫更精准*

——梧州学院扶贫辅助系统上线运行

2016 年 9 月中旬以来,贵港市港北区中里乡龙山村第一书记臧源献进村入户抓精准扶贫便捷多了:只需用手机打开"贵港市港北区扶贫辅助系统"软件 APP,扫描一下二维码,便可登录帮扶户的信息页面,录入更新信息。这项工作,他可以在手机上完成,也可以在电脑的 PC 端更新。

这种借助"扶贫辅助系统"进行信息录入的工作方式,正在港北区中里乡进行试点。该乡 843 名帮扶干部与 1041 户贫困户建立了结对帮扶关系,帮扶干部以往手工数据填报的方式正在被信息化替代,村乡区三级管理人员只要打开手机或者电脑登录该信息平台,所有数据就会一目了然。

该区扶贫办的龚健说:"以前常常忙于收集各种数据向上级部门汇报,很烦琐,周期长。这个系统使用后,让我们从过去状态中解放出来,可以做更多的实事。"

据悉,这一系统由梧州学院软件开发中心研发,是该校智力扶贫的一项成果。从 8 月 30 日开始,由该校 10 多名老师和上百名学生组成的项目组开始运作,从早上 8 时到晚上 11 时,他们都忙碌在实验室里,沟通、讨论、写代码……与该校派往贵港市港北区挂职副区长的邹木春实行远程、实时沟通、修正。有时一个简易的架构图,就要用多组数据和各种技术手段进行体现。

项目负责人莫智懿说:"该系统还有另外一个重要功能,即可让县乡两级政府各部门实现贫困户和扶贫信息共享,全方位、全过程监管帮扶情况和帮扶成效,实现了精准帮扶、精准管理和精准考核。"

日前,梧州学院软件开发中心项目组将系统雏形交给港北区测试使用,并在

---

* 本文作者:谭永军、郑文锋。

实际应用中不断完善,下一步将在整个港北区推广使用。

邹木春表示:"做这个软件系统,我们是奔着'精准'两字去的。根据'互联网+精准扶贫'理念,实现对数据、人员、资金、项目动态监测,推动扶贫政策和扶贫资源投向更精准、扶贫管理更精准,打造'精准扶贫'大格局。"

校地合作共建创新创业孵化基地*

2016 年 7 月 8 日上午,梧州学院与梧州市工业园区共建的创新创业孵化基地揭牌成立。副校长林基明,梧州工业园区工委书记吴舒沁、副主任祝楚良,梧州市科协主席李巧杨,入驻基地的梧州市相关企业领导、兄弟院校代表及我校相关部门领导、机化学院师生代表参加揭牌仪式。

校地领导为创新创业孵化基地揭牌

揭牌仪式结束后,现场人员共同参观了新落成的创新创业孵化基地。

该基地采取"1 + 1 + N"(梧州学院 + 梧州工业园区管理委员会 + 合作单位)合作发展模式,充分发挥工业园区引进企业能力优势,加强校地、校企合作,提高高校服务地方经济发展的主动性,深化教学改革,培养学生创新创业精神和实践能力。

机化学院副院长(主持工作)钟山教授表示,该基地将其功能主要定位为:学

---

* 本文作者:郑文锋、梁媛媛。

生科技创新和创业基地、校企合作培养人才平台、校企合作研究中心和相关专业学生的实践实训基地。

据了解,基地位于梧州工业园星华小区 B3 大楼一楼、二楼,面积达 4000 多平方米。一楼为梧州学院模具技术基础教学与工程研发中心,二楼为梧州学院特色天然产物研究与开发中心。基地主要开展科技创新创业人才、团队和优质科技成果的引进和孵化,不断培养学生的创新精神、创新意识和创新能力,同时扩大地方高新技术企业的发展空间和创新平台。目前建有"机械模具研发、机械产品检测、工业产品设计、智能化产品研发、新能源研发、中药提取、六堡茶研究、化工环境检测"等八大领域的公共技术创新服务平台,已引进合作企业包括无人机研发公司、新能源汽车研究公司、六堡茶研究院公司和环保评估公司等。

萌狮勇拼创青赛 公益助飞创业梦[*]

在 2016 年"创青春"全国大学生创业大赛上,梧州学院创新项目《"萌狮行动"公益项目》获广西赛区银奖,与其他高校的 3 个项目一起代表广西进入全国总决赛。11 月中旬,2016 年"创青春"全国大学生创业大赛终审决赛在四川成都电子科技大学落下帷幕。梧州学院《"萌狮行动"公益项目》夺得全国银奖。

大学生学舞狮

咚咚锵,咚咚锵,咚咚咚咚咚咚锵……在一片震天的锣鼓声中,一头栩栩如生的狮子神气十足地出现在观众面前。雄狮凌空而举,追逐嬉戏,动作行云流水,舞姿勇猛威严,形态惟妙惟肖……赢得同学们阵阵掌声。这是梧州学院经济管理学院龙狮队开展"舞狮文化进校园"活动中的一幕。

萌狮到社区进行公益活动

---

* 本文作者:唐雯雯、陆年琼。

在 2016 年"创青春"全国大学生创业大赛广西赛区决赛中，经过梧州学院推报、专家复评、集中展示、现场答辩等环节，梧州学院经济管理学院的《"萌狮行动"公益项目》晋级 2016 年"创青春"全国大学生创业大赛国赛。

刻苦训练打造创意项目。2016 年 3 月，由龙狮队发起的公益活动——萌狮行动正式启动。来自经济管理学院 2013 级国际与经济贸易班的龙狮队负责人翁德杰介绍了"萌狮行动"名字的由来："一是让大家萌发了解舞狮文化的想法；二是培养正处于学习萌芽阶段的小朋友对舞狮文化的兴趣爱好。"近日，龙狮队也开展了"舞狮文化进校园"活动，先后在梧州市内的一些幼儿园、小学和社区，通过表演舞狮和教授舞狮技巧宣传醒狮文化，同时也是对传统文化的传承，受到当地人们的热烈欢迎，但龙狮队背后的付出却鲜为人知。

2015 年 7 月，经济管理学院正式成立龙狮队并创办了龙狮文化工作室，由经管学院党委副书记唐仁杰和经管学院分团委书记罗程飞带队，向专业狮队订制舞狮的服装道具，并和当地的智州广告策划公司合作，旨在传承、发扬传统文化和开发文化创意。2015 年暑假期间，在指导老师罗程飞的带领下，龙狮队 18 位同学一同前往梧州藤县禤洲岛，考察岛上禤洲狮队培训基地和拜师学艺。岛上物资匮乏，交通不便，再加上高温酷暑、蚊虫叮咬，这些都没有浇灭同学们学习舞狮的热情。他们每天早上 6 点起床晨跑 3 公里，晨跑结束后从最基本的扎马步开始练起，每次扎马步时长为 1 个小时，之后就是向禤洲狮团教练学习传统狮、鼓、镲的基本套路。舞狮属于民间体育运动，它是在武术的基础上发展起来的，没有一点武术基础的同学们，只能一次又一次重复练习师傅教授的套路，直到步伐和动作熟练才能进行下一部分内容的学习，直到晚上 7 点半结束。平均每天 8 个小时的训练时长，每天衣服都会被汗浸湿，都要换两套衣服以上。包括舞狮的动作、套路和队员的体能训练，在为期半个月高强度和长时间的训练下，最终同学们学会了舞狮的基本技巧。

在参加全区创青赛后，龙狮队仍坚持每天下午 5 点到 7 点在校体育馆前的空地进行训练。每次训练前，翁德杰和其他同学都要绕体育广场前跑三四圈，再做热身运动，之后再徒手练习一些舞龙的基本动作。基本动作是基础，但需要仔细认真和全身心的投入。从最基本的"上步和退步"开始，单脚向前迈步，另一脚跟上，两脚平行站立为上步，反之是退步。这套动作连续重复练 5 分钟，直到动作整齐，没有误差了才能进入下一阶段的练习，训练当中难度和危险系数较高的就是

"连环飞跃",狮头把双脚收起,膝盖碰到自己的胸口;狮尾借助狮头跳跃的惯性把狮头举过自己的头顶,狮尾双手必须撑直,全神贯注,狮头狮尾需要默契配合,经过多次的练习,才能将一只狮子连环飞跃的动作活灵活现地展现出来……梧州的夏日骄阳似火,他们在高温下持续练习着,直至天色渐暗。

公益创业项目"萌狮行动"获 **2016** 年"创青春"全国大学生创业大赛银奖,团中央书记处第一书记秦宜智(右一)慰问项目成员

挖掘醒狮文化

赛前模拟时,梧州学院团委副书记李德华了解到在 5 分钟 PPT 讲解过程中,分别由 5 个同学每人各讲 1 分钟,每个人节奏和逻辑思路都不同,烦琐的讲解方式很容易造成对创业项目的理念表达不清,讲解逻辑性不强等问题。李德华老师建议 5 分钟的 PPT 讲解由团队中最擅长讲解的同学独立完成,其他 3 位同学则协作回答评委的提问。在李德华老师看来,创业,不仅使同学们的综合能力得到提高,同时还实现了就业。近几年来,学校团委以"提高学生创新能力"和"促进学生就业创业"为重点,积极响应"大众创业,万众创新"的号召,以"创青春"大赛为牵动,全力以赴为广大青年学生提供更加有力的平台和资源,引导和服务更多的青年学生创新创业。

为让更多的学生在今后活动中了解舞狮文化并参与其中,龙狮队的指导老师罗程飞提出了他们的计划:继续推行龙狮文化进校园活动,从小抓起,让更多的人体验到舞狮的魅力所在;成立龙狮俱乐部,并外聘教授指导志同道合的人交流学习;设立龙狮文化陈列馆;开设关于舞狮的公选课;面向广西全区高校引进舞狮赛事等。

罗程飞老师说:"几乎每所高校都有自己的狮队,但我们却打破传统,把舞狮和公益活动、文化创意开发相结合,传承我国传统文化的同时,也是对创新创业和人才的培养,我觉得这也是我们狮队的特色。我为这帮孩子的进步和成长感到欣慰。"

舞龙舞狮是中华民族的传统文化,梧州学院经管学院龙狮队以"关注民族文化传承发展,公益推动民族文化建设"为宗旨,不仅继承弘扬了传统的民族体育文化,而且将公益与创业创新结合。他们为梧州院学子树立了榜样,展示了梧州学院求是创新的精神!

不做培训，只帮你实现梦想*

——"创青春"全国赛铜奖获得者博策公司

  "我们不做培训，我们只帮你实现梦想！"2016年11月，代表学校参加2016年"创青春"全国大学生创业大赛终审决赛的"广西梧州博策管理咨询有限公司"（以下简称博策公司），凭借"户外拓展培训"项目获得了创业实践挑战赛全国铜奖。

博策公司参赛成员在比赛现场合影

  提起户外拓展培训，也许大多数人会想到《奔跑吧兄弟》《极限挑战》……户外拓展培训又称体验式培训，具有挑战自我、熔炼团队、投入为先等特点。它不是传统的"传帮带"，更注重的是让学员在体验中领悟团队的强大力量，明确自己在团队中的定位，从而找到真正的自己。

  "户外拓展培训主要的工作任务就是人才选拔和让新成员融入。例如在学校

---

  * 本文作者：覃志杰、万柳良。

的组织、社团招新中,我们会设计一个项目来测试新干事的领导能力、胆量等,进而选拔出优秀的人才。"博策公司的负责人、2014级软件工程专业的覃金婷介绍道。

在进行户外拓展培训的过程中,博策公司在课程体系方面特别注重因材施教。针对企事业单位,他们着重于打造团队的核心竞争力;针对在校学生,则希望通过一些活动来激发他们的潜能,将其培养成为应用型和技术型人才,为未来就业打下基础。

为了选拔优质人才和培养团队意识,梧州学院信电学院学生会与博策公司进行过多次合作。"户外拓展培训的方式很新颖,我们想通过这种培训来锻炼成员们的团队意识和选拔高质量的人才,它给我们团队带来的效果都很不错,交流增多了,也更有凝聚力,选拔出来的人才质量也不错。"信电学院学生会主席刘嘉旭说。

以往鉴来,是博策公司一直秉承的做法。博策公司曾参加过全国大学生创业视频大赛、"美莱健"杯广西高校大学生创业邀请赛、梧州学院首届大学生创新创业大赛等,在每一次比赛后,他们会及时总结经验,找出自己的不足之处,并进行修改完善。在全国大学生创业大赛上,博策公司汲取以往参赛的经验,着重在运营模式、发展前景、营销策略、财务管理、盈利模式等方面作介绍,向评委们展示了一个组织框架完整、业务清晰、前途可观的公司,最终在大赛上一展风采。

博策公司创立于2014年6月18日,以4名我校的在校生和毕业生为团队核心。公司以户外拓展培训项目为主营业务,另外还经营着企业管理咨询、大型活动组织和服务、商务信息咨询、市场营销策划等业务。它是梧州市第一家户外拓展培训公司,也是梧州市唯一的专业户外拓展培训公司。

公司成立后,借助学校的创业政策和免费提供的办公地点来节约经营成本,缓解创业资金的压力;通过网站、微信平台、战略合作等平台进行宣传,扩大销售渠道;充分发挥市场定价的优势,优化产品结构,建设了一支囊括户外拓展培训师、人力资源培训师、教育心理学专家、退伍军人、国家级裁判的专业教练团队。

经过了两年多的发展,博策公司拓展培训服务人数超过6000,年营业额达到20多万。它从最初单一的户外拓展培训业务,逐渐形成了户外拓展培训、牵牛花品牌夏令营、指南针职业生涯规划、精锐彩弹四大品牌;服务的区域从学校走向了社会,向梧州市及两广地区拓展;服务或合作过的单位、企业有梧州学院、彰泰集团、梧州工人医院、广东正欣少年国际俱乐部等10多家,涉及教育、医疗、通信、保险、房地产等行业。

　　"目前我们最大的困难就是没有属于自己的基地,这就导致我们的运营成本较高,服务项目单一,品牌推广慢。"公司负责人覃金婷说。

　　对于建设户外培训基地,博策公司计划做到:通过参加比赛来吸引更多客户的关注,以筹集项目融资;通过扩展业务来提高业绩,从而提升盈利水平。在三年内,建成一个"资源整合,产业优化,示范带动"的现代培训窗口;立足梧州,辐射两广,建立一个融入西江经济带的梧州特色培训基地。

现代"码"农养成记[*]

——软件开发中心人才培养侧记

有这样的一群人,或许他们没有文科生的儒雅才情,没有艺术生的多才多艺,也没有体育生的健美体格,他们时常端坐在电脑前,手敲键盘,往往决胜在千里之外,一群"IT"人,谱写着不一样的大学时光。

软件开发中心研发环境

以软件开发培养学生

梧州学院软件开发中心成立于2009年,是梧州学院直属的科研机构,是广西重点培育学科和专业硕士学位培养学科——软件工程学科的主要科研平台,是梧

---

* 本文作者:刘正召。

州市软件开发工程技术研究中心的建设依托单位,也是计算机科学与技术、软件工程等专业主要的实践创新基地。

研发团队主要由原计算机科学系相关专业教师、专职人员和高年级学生组成。软件开发中心建立了从课程实践→项目实训→真实项目开发的实训模式,为学生提供以真实职场为背景的创新开发环境,初步形成了集教学、实训、产品研发和社会服务为一体的人才培养体系。

软件开发中心已经成为梧州学院重要的课外科技创新平台,为计算机科学与技术、软件工程、物联网工程等专业应用型人才培养提供了重要的支撑。有大批本科生参与中心科研项目开发,并完成毕业设计。软件开发中心也成了学生参加各类专业技能竞赛的平台。

每年秋季,软件开发中心会面向信息与电子工程学院全体大二学生招聘助研员,根据报名学生的实际情况,以项目驱动的方式,结合各种实战相关的方法技术,分三阶段进行培训,培训合格的即可参与到项目研发中。每一次研发之前,中心的老师都会设计出架构图,把架构图细分为小任务,分配到每一位参与研发的学生手中,让学生通过做项目,对学习的理论知识进行实践操作,提高动手能力。中心的实验技术人员许传本老师说:"这样的培养模式能够让学生主动参与进来,在学校就可以学到很多软件开发方面的知识,为以后的工作积累经验。"

以精心辅导教会学生

2016 年 8 月,软件开发中心承接了贵港市港北区的一个"扶贫辅助系统",信息与电子工程学院 2013 级软件工程 2 班的丘永康参与了项目的研发,他主要负责扶贫辅助系统的软件 APP 制作。为了更好地完成工作,丘永康在研发工作开始前就对操作方法进行了研究,摸索研发思路。

写代码是研发每一个软件必须要做的,也是最基础的工作。然而想要做好这项工作,并不容易。由于经验不足,在实际操作过程中,可能会因为某一个小疏忽而导致系统无法运行。丘永康在平时写代码时总会感觉自己的代码写得比较长,而别人的比较简洁,针对这一问题,许传本老师就在他身边给予指导,引导并提供给他一些新的思路。"有时候思路改变了,写出来的代码也就会不一样。"丘永康说。

以实践操作锻炼学生

每一个项目的研发都是对学生实践能力的考验，每次写代码都是对学生所学知识的检验，学生要针对每一个项目有不同的操作思路，不仅要能解决问题，还要会发现问题。

丘永康在一次扶贫系统软件研发过程中，当所有的前期工作已经做完，服务器把数据全部传到 APP 软件时，需要反解析进行验证，但是却显示解析错误，导致 APP 无法运行。当天晚上 10 点到 11 点他反复核对，始终找不到原因。

实验楼关门后，丘永康回到宿舍，反复验证自己写的代码，确认代码没有问题，他想：既然代码没有问题，为什么会出现解析错误呢？带着疑问，丘永康开始核对数据，通过对数据的一点点检验，后来在凌晨 1 点的时候，他发现在传过来的数据中有一处多打了一个空格，导致系统不能正常显示。当改过之后，再次解析时系统就能正常运行了。在实践操作中，解决问题并不困难，重要的是要学会发现问题，能在问题中学到经验，保证下一次不在同样的地方犯错误。

除了参与研发扶贫系统之外，丘永康之前还参与过研发双钱智能二维码微信营销平台、智慧微家等项目。在每次的实践中，他都会把自己的专业知识应用到实践中，让自己的个人能力得到锻炼。丘永康说："在这里有很多不懂的问题可以直接问老师，在研发软件的过程中既锻炼了自己的能力，又积累了经验。"

中心的实战培养模式对提升学生的动手操作能力、创新能力都有很大的帮助，许传本老师这样介绍说："参与项目的学生能够把知识学以致用，增加了实践经验，这样在以后的工作中会更容易上手，更有竞争力。"

中心已成为学生参加各类专业技能竞赛的平台，已组织和培训参加全国软件专业人才设计与开发大赛、泛珠三角"安利杯"大学生计算机作品赛和广西高校计算机应用大赛的学生近 200 人次，共获得各级奖项 70 多项，其中获全国软件专业人才设计与开发大赛全国三等奖 3 项、优秀奖 2 项，获广西赛区一等奖 7 项、二等奖 16 项、三等奖 41 项；获泛珠三角"安利杯"大学生计算机作品赛铜奖 2 项；获广西高校计算机应用大赛一等奖 2 项，二等奖 3 项，获奖人数和级别在广西区内高校中名列前茅。经过中心进行实训的学生，普遍受到用人单位的欢迎。

机器人小分队揽国际大奖*

——2016 世界机器人大赛梧州学院获奖团队

2016 年 10 月 21 日至 25 日,由国际水中机器人联盟主办的 2016 世界机器人大赛在北京举行。来自清华大学、北京大学、复旦大学、厦门大学、台湾大学、韩国仁德大学等海内外 109 所学校、531 支队伍的 1300 余名师生参加大赛。据悉,国际水中机器人大赛以智能仿生机器鱼为主体,在水中进行各类竞赛。大赛包括产业类项目及科研类项目,比如石油管道巡检、海陆空联合救援、海参捕捞、水球竞赛、花样游泳等,既有很强的技术挑战性,又有很高的艺术观赏性,是科研与科普的完美结合。

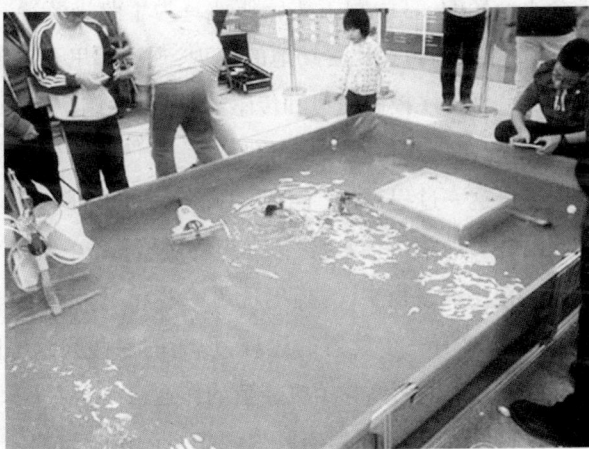

机器人小分队揽国际大奖

由梧州学院机械与材料工程学院、化学工程与资源再利用学院(以下简称机

---

* 本文作者:黄莉、景丽蓉。

化学院)2013级自动化专业的10名同学组成的两支参赛代表队"梧州学院巡检大队"与"梧州学院捞参小队",在此次比赛中分别获得了国际水中机器人大赛工程项目组——输油管巡检技术挑战赛一等奖和海参捕捞项目挑战赛二等奖。

石油巡检智能检测"梧州学院巡检大队"机器人比赛小组由机化学院2013级自动化专业的任建坤、黄志胜、韦鑫、秦小艳、邓毅5名同学组成。谈及参加比赛的原因,黄志胜表示一方面是因为学校的科研方面需要开发和提升技术,另一方面是多参加一些大型的比赛能够在增加阅历的同时培养自己的能力。

石油巡检是对石油管道的侧漏点进行巡检,选择这个项目是因为他们对传感器方面比较熟悉,发挥自己擅长的方面能更有利地完成比赛。他们参加比赛的作品是在对购买的仿生鱼模型加以创新和改造的基础上形成的。考虑到稳定性和实际应用情况,他们在模型上增加了支架以放置传感器,并在支架上放置两个矿泉水瓶作为浮力装置,它们在加固稳定性的同时,也可以调节机器鱼的自身重力。在操作控制上,则是通过程序编程来控制舵机配合传感器一同进行。黄志胜介绍,他们制作的这款水中机器人有多方面特点,首先是结构上比较简易实用,其次是功能良好,可以有效检测石油管道侧漏点,第三是防水性好。

在北京进行赛前调试时,他们发现实际操作上光电门检测漏点在空气中和在水中的测距范围是不一样的,这影响了实施作业。为了改进装置,他们把机器鱼放到水池里试游,并根据机器鱼在比赛场地的表现,观察哪里会出现错误和偏差,然后再根据具体情况调整程序控制舵机和传感器,并手动调整机器鱼的结构和光电门传感器的测量距离、角度和位置,之后再反复实验调试3到5次左右,一直调试到设想状态。仅仅是这一过程,就花了他们整整3周时间。

黄志胜说:"我们在赛前情绪很紧张,特别担心机器鱼会在比赛过程中出现问题而影响实施作业。"在比赛过程中,的确出现了一些状况,由于机器鱼是利用光电门传感器来检测漏点,这有一个反射的过程,现场的一些光线等因素会让它反射得不够明显,检测不出来,因而影响了机器鱼的作业。

对于参加此次比赛最大的收获,黄志胜说:"把自己所学到的知识运用到作品当中是一件很开心的事情,通过团队协作我们可以锻炼沟通交流能力,还能促进相互之间的感情。"

海参捕捞无线控制"梧州学院捞参小队"同样也是由来自机化学院2013级自动化专业的石磊、赵晓峰、张肖、李佳城、黄名永5位同学组成。

不同于巡检大队的机器人作业是通过编写设定好的程序自行运行,捞参小队的模型实施捕捞作业主要是通过手控。据捞参小队的成员之一赵晓峰介绍,他们的作品是深水海参捕捞机器鱼,用手机控制机器鱼在水中的移动是最难解决的,体现在通过手机 wifi 模块对其控制的程序难设计。机器鱼的电路板上有接收和处理信号的程序,对机器鱼的操作控制是利用手机上的 APP——操作方向盘来发送信号。在按下 APP 的虚拟按键时会有一个电压信号,为此,他们先设计了一个程序流程图,对 APP 发出的信号进行编程处理,再根据电压信号运用 C 语言程序对鱼尾舵机的转动进行控制,编好程序后再不断调试鱼尾部分舵机移动速度和角度。

他们小组除了对机器鱼模型进行编程设计改造,还在模型上增加了一个捕捞用的机械手。其工作原理是用手机 APP 操作控制机器鱼的运行,通过颜色传感器寻找识别海参,再用 APP 操作控制鱼的机械手实施捕捞。由于海参是黑色的,因此在程序设定时将颜色识别设定为了黑色。深水海参捕捞机器鱼的优点是可以代替人进行深水捕捞和深水水质检测,利用无线控制更方便;而不足体现在 wifi 模块信号弱,捕捞物体检测反应较慢。

从 2016 年 10 月初开始,他们大概准备了一个月左右。整个团队成员分工合作,石磊和赵晓峰负责调试程序,张肖和李佳城负责做机械手、改造机器鱼,黄名永负责查资料。

他们 10 月 20 日到北京参加比赛,在正式比赛开始前调试机器鱼是正常运行的,但在比赛过程中却出现了因为在水里 wifi 模块接收信号弱而导致机器鱼不受控制的情况,这个问题他们在之前调试的时候没有考虑到。由于信号时强时弱,他们只好把手机 wifi 关掉,再重新打开连接信号,每次信号太弱时需要关掉重新连接 1 到 2 次或 2 到 3 次,就这样不断地关掉开启重新连接信号,他们最后顺利完成了海参捕捞的任务。

谈及参与此次比赛的收获和感受,赵晓峰表示:"通过参加比赛,提高了自己的专业技能,参观了机器人展览会,了解到了一些国外的先进技术和国内各大公司在机器人领域的技术,达到一个怎么样的水平。也见识到了国外的先进技术及其对先进机器人的控制,开阔了自己的视野。"同时,他还表示,这次比赛也提高了他们团队协同合作的能力。

尽管在比赛中取得了不俗的成绩,他们却谦虚地认为比赛重要的不是名次,更重要的是参与的过程和从其中得到的锻炼和收获。

休闲自动象棋机[*]

—— 第五届全国大学生机械创新设计大赛国家二等奖获奖团队

参赛获奖团队与指导老师(左三)合影

2011年12月,第五届全国大学生机械创新设计大赛的比赛通知文件下达梧州学院,电子信息工程系的雷业、吴芬、梁燕发、姜立运和于阳,怀着共同的梦想走到了一起。

为了能按时、按质和按量完成参赛作品的设计和制作,他们勇于创新,敢于挑战自己,开拓出了一条迈向成功的道路。经过多个日夜的奋战,他们最终凭借新颖创新、经济实用的作品,荣获全国二等奖。

方案一次次被否定,意志一次次受挑战。第五届全国大学生机械创新设计大

---

* 本文作者:陈翠丽、黄国航。

赛以"幸福生活——今天和明天"为主题,主要是进行休闲娱乐机械和家用机械的设计和制作。

2011年12月,经过严格笔试、面试等层层选拔,电子信息工程系2009级的雷业、吴芬、梁燕发和姜立运以及2010级的于阳脱颖而出,经过相互认识后达成共识,他们5人组成机械设计小组,开始为2012年5月的区级比赛备战。

第一次参加这类比赛,他们有的只是五颗激情澎湃、敢于创新的心。正所谓万事开头难,初次参赛,碰壁在所难免。没有足够的实践经验,这5个人只能慢慢摸索。课余时间以及周末,他们都会不约而同地到实验室,共同讨论参赛的作品方案。经过数天的讨论,最终得出了多自由度机器人、两栖野战车和脚踏式跑步机等方案,由于此类作品存在制造加工难度大、可操作性不高和系统不稳定等因素,彼此萌发出来的想法一一被否决。雷业说:"我们呈报给老师的方案'多功能健身机',由于技术和实用性的问题,最终也被老师讨论后否定了。""对于他们的作品,我们会让他们在队伍中讨论并制定方案然后上交给我们,我们帮忙分析方案的实施难度和可行性,综合各项因素才决定是否给予通过。"指导老师吴家杰说。

困难面前,他们不退缩,而是咬紧牙关继续想方案。一次偶然的机会,吴芬提到:现在很多人玩自动麻将机,我们可以设计一个自动象棋机,为棋艺爱好者提供便利。有了新想法,他们随即邀请指导老师一起讨论。经过一番分析,他们最终确定了方案的实用性、创新性和可操作性,敲定了制作休闲娱乐的机械"休闲自动象棋机",参赛作品方案就此产生。

团结一致动手做,紧要关头要淡定。有了明确的方案,他们便团结一致脚踏实地地去落实。2012年寒假,他们提前10多天回到学校,投入比赛的准备工作中。5个人密切配合,分工完成作品材料的购买、电线电路和编写程序等,对于机器的检测、自动装拨、运棋和拨棋等部分的设计和制作,他们更是有条不紊地实践制作。为方便参赛者进行作品的制作和演练,学院领导为机械电子设计的同学安排了机械实训基地,参赛所需要的材料和实践操作所用的设备等费用,学校也给予了一定的帮忙和支持,为比赛保驾护航。

经过小组成员的不懈努力和学院、指导老师的帮助,2012年5月8日,他们的参赛作品——"休闲自动象棋机"终于制作完成,大家开心地演练了几次,但是他们发现作品的功能实现和方案还有出入,作品仍需完善和改进。"我们还记得参加区级比赛的前一晚,因为机器的细节问题,我们加班到凌晨三四点钟,力求达到最好的功能和效果。"姜立运说。于阳也说道:"制作过程中,有时候精确度要求很高,如位置精确度等,这时我们的制作就会很吃力。"

参加比赛动力很大,然而困难也不少。梁燕发说,参加区级比赛时,由于作品的体积过于庞大,上火车检票员不允许带进去,最后他们拆了部分零件才勉强上火车。零件的拆除,加之运输途中的磕碰,到了比赛现场,他们还在为零件的部分损坏做最后修补。凭借扎实的专业知识和过硬的动手操作能力,在比赛前15分钟,5个人终于完成了作品的修补工作,从容淡定地参加比赛。

而后的全国比赛,他们在区级作品的基础上,运用铝材制作,不仅体积缩小了,同时作品的精度、耐用性、抗压性都比原来的作品好很多,选材的改变让作品效果更胜一筹。

付出得到了回报。经过近半年的构思、选材、设计和不断地动手操作演练,加之指导老师的协调分析,从比赛的全局到细节一点点完善。半年的相处和合作,彼此的默契配合、相互鼓励让他们信心满满,有了战胜一切困难的信心和勇气。最终,他们呈报的作品"休闲自动象棋机"凭借自动化程度高、识别棋子准确、运输棋子速度快和效率高等特点,从众多参赛作品中脱颖而出,一举获得广西赛区一等奖的好成绩,并在全国大学生机械创新设计大赛中摘取二等奖,为学院创造了新的纪录。

比赛的成功,是他们日夜奋战和精心准备的见证,是对我院校训"明德·博学·求是·创新"的最好诠释,同时也离不开学院和老师的支持和帮助。让他们记忆最深的是,临近比赛时,韦衡冰老师几乎每天都会亲临现场指导和看望他们。此外,学院一直在资金、设备等方面对他们鼎力相助。"非常感谢学院为我们所做的一切,非常感谢韦衡冰、李国伟和吴家杰老师对我们的指导和帮助。"简单的几句话,道出了参加选手们内心深处对学院和老师的深深感激之情。

"他们取得这样的成绩,是我们老师预料之外的,比赛证明了他们专业知识学得够扎实,所学知识真正是应用到实践当中了,他们的头脑很灵活,敢于创新和开拓,创新性和积极性都很高。"吴家杰老师评价道。

创新赛道上的无碳小车[*]

  2017 年 5 月 12—14 日,第五届全国大学生工程训练综合能力竞赛(合肥赛)在合肥工业大学翡翠湖校区举行"电控组"项目竞赛,来自全国 26 个省、市、自治区、直辖市的 93 所高校共 104 支大学生代表队近千名师生共同参加了这两年一次的竞技盛会。我校机械与工程学院、化学工程与资源再利用学院(以下简称:机化学院)代表队经过自主设计,独立制作出 1 台参赛小车,参加本次国赛。经过第一轮小车避障行驶竞赛、主控电路板焊接及调试、小车行进轮的设计及激光切割、参赛小车机械拆卸、小车机电联合调试、第二轮小车避障行驶竞赛、现场问辩、方案评审共八个环节的激烈角逐,我校学生林滋钧、周钊旺、苏金豪组成的团队荣获全国二等奖。

  全国大学生工程训练综合能力竞赛是国家级大学生科技创新竞赛项目之一,竞赛以"重在实践,鼓励创新"为指导思想,旨在加强大学生工程实践能力、思维创新意识和团队合作精神,推动高等教育人才培养模式和实践教学的改革,不断提高人才培养的质量,是最具影响力的全国性大学生赛事之一。

  2016 年 10 月 1 日,林滋钧、周钊旺、苏金豪三人组成团队报名参加"电控组"比赛,本次比赛的主题是基于单片机控制的自动识别、越障无碳小车。"这是一个依靠重力势能驱动的自控性小车越障竞赛,在重力势能一定的情况下,主要比谁的车摩擦小,自动识别障碍的能力强。"2013 级机械自动化 2 班的林滋钧介绍道。报完名后三个人就聚在一起讨论方案,并准备针对方案购买"无碳小车"各部件和对小车进行设计、加工与调试。比赛共分为初赛和决赛两个阶段,从 2016 年 10 月份报名到 12 月份初赛,林滋钧三人一到没课的时候,就自发地去实验室制作和调试小车,从早上 8 点多到实验室,晚上 12 点多才离开。准备初赛不是一个人的战

---

  * 本文作者:秦广炎、景丽蓉。

斗,本次比赛我校共有七个团队参加比赛,七支队伍都日日埋首于实验室,"大家在一起工作时会讨论作品加工技术,也互借工具和材料,互相帮忙做零件。"苏金豪回忆道。

在团队里,林滋钧负责机械设计,周钊旺负责电路设计,苏金豪同时负责电路与机械的设计和协助工作。在准备初赛期间,没有搭建赛道的木板,林滋钧团队在校内也没有找到相关的材料,所以前期的赛道他们只能用 A0 纸折出来。"由于经费有限,外出购买希望不大,只能寄希望于学校提供。"林滋钧说道。黄燕钧老师得知了这个情况,建议他们在学校的 A10 对面的实验室看看能不能找到适合的材料,他们最终在实验室找到了木板,木板的问题解决了,但是在小车的加工与制作上,他们又遇到了新的问题。

小车的制作组装、后期运作效果是否良好,取决于零件的精度是否合格。林滋钧团队常常遇到因为加工精度问题,导致小车的装卸出现困难、轴承与轴装匹配不上或装配过松,也遇到过小车跑着跑着轮子就掉出来等问题。团队成员面对一次又一次的失败,自我反思,自我总结,他们请教老师、查找资料、不断调试和试验。随之,他们的三维仿真和 3D 打印技术运用水平不断提高,"参加比赛前我们对三维仿真和 3D 打印技术很生疏,参加比赛前期间不会的都要自己去找资料来学,慢慢地就熟练了。"林滋钧感慨,"就像吃饭慢慢长大一样,每天都在进步,每天都在长大"。

工程训练综合能力竞赛的主题每一届都不同,本次比赛的主题是重力势能驱动的自控小车越障竞赛。他们设计的小车上坡能换挡,下坡能控制住砝码不往下掉(相当于踩离合),除此之外,他们还充分考虑了小车的减震避震性能。"并且我们还设计了变速机构,采用了已经集成模数转换的单机片,这是我们不同于别人的地方,也是我们的创新之处。"苏金豪说道。"机械结构效率较高,控制电路稳定可靠,程序算法实时性好。"谈及林滋钧团队制作的无碳小车,指导老师刘玉周这样评价。

然而即使付出再多的努力,突发性情况依旧不可避免。林滋钧表示,在决赛中他们并没有完全发挥在校训练的实力:"学校的场地是板砖,比赛时的场地是木质地板,这两者之间的摩擦系数不一样,导致跑起来的阻力也不一样。"这对于他们这个没有在木质地板上跑过的队伍来说,显然很吃亏。他希望学校能够建立起专业的比赛跑道,有助于以后取得更好的成绩。比赛结束后队员紧绷的心终于放下来了,没有完全发挥实力的他们获得了二等奖。"结果有好也有坏,但重要的是我们体验过,那个过程更值得我们回忆。"周钊旺说道。

"纸币展平分拣计数器"竞赛团队[*]

2016 年 7 月 26 日至 29 日,第七届全国大学生机械创新设计大赛全国决赛于山东省济南市举行。来自梧州学院机械与材料工程学院、化学工程与资源再利用学院的沈丰旋等同学制作的"纸币展平分拣计数器"荣获一等奖。

爱拼就会赢

全国大学生机械创新设计大赛是国内机械学科最具权威、影响力最大、最具难度和挑战的大学生竞赛项目,本届大赛共计 4154 项作品参赛。

梧州学院学生发明设计的纸币展平分拣计数器获第七届
(2016 年)全国大学生机械创新设计大赛全国决赛一等奖

* 本文作者:曹菁、覃霜琼。

梧州学院曾勇谋老师和申毅莉老师指导、沈丰旋等同学制作的"纸币展平分拣计数器"曾获得了第七届全国大学生机械创新设计大赛广西赛区一等奖。该小组成员有机械与材料工程学院2013级机械制造及其自动化1班的沈丰旋、宋远韬、李林恒,2013级机电一体化班的杨文豪,2013级自动化班的任建坤。

沈丰旋他们根据本届大赛的主题"服务社会——高效、便利、个性化",从三大内容里选择做钱币的分类、清点、整理机械装置。他们分工合作,各取所长:沈丰旋负责组织以及作品说明书、演讲 PPT、CAD 图的制作;宋远韬、李林恒分别负责展平装置、分类收集装置的主要设计、PROE 建模和部分简易加工;任建坤负责电控以及纸币的识别;杨文豪则负责辅助曾老师对精度要求高的零件进行加工。从3月开学的第一天起,经过35天的紧张筹备,他们终于完成作品"纸币展平分拣计数器"参加广西赛区竞赛。

"纸币展平分拣计数器"是一款专门针对小面额纸币进行展平、分类、计数并收集的清点计数机器。该机器操作简单、工作稳定可靠、效率高、所需成本低、有效地减少人力劳动强度。曾勇谋老师说,目前在银行柜台和公交车公司经常有大批量小面额纸币要清点与计数,纸币纸质轻薄、易皱褶、难平整,需要人工进行清点展平,计数效率和准确率低。目前市面上并没有针对小面额钞票的清点计数机器,而且机器难以平整纸币,所以该项设计的创意具有实践性。

广西赛区比赛结束后,他们提交新的国赛材料给广西大学组委会审批,再发到国家组委会进行材料处理。6月15日全国组委会公布参加决赛名单,这时,距离国赛时间只有40余天。

与时间赛跑

在参加决赛前,沈丰旋等人在机器的稳定性和外观美化方面进行改进,纸币展平分拣计数器包括进钞装置、展平装置、识别计数装置、分类收集装置等,机器由梯形箱、小矩形、大矩形从上至下叠加,主要采用了铝型材和木质材料,而在最下方木质大矩形的侧面巧妙形成的表情为机器增添了一丝灵动。他们采用一些不易生锈、光泽度比较好、外表光滑的材料作为包装,并优化纸币展平装置,在连接部分采用了3D打印技术。3D打印是快速成型技术的一种,它是一种以数字模型文件为基础,运用粉末状金属或塑料等可黏合材料,通过逐层打印的方式来构造物体的技术,这就使得连接部分很光滑。

在对机器进行改进优化时,原本的经费指标是 1000 元,但沈丰旋等人实际改进机器花费了 2500 元,在经费方面指导老师给予了他们很大帮助,"曾勇谋老师和申毅莉老师表示他们会为筹集资金想办法,让我们放心大胆地尝试改进。在机器外观美化方面,机器的外观原打算用硬度大、极尽美观的金属材料,最终因加工难度大、费时而采用了木质材料。"沈丰旋说。

从 6 月 11 日得到决赛通知到 7 月 24 日出发去比赛,这段时间正好与期末考试复习时间冲突。要改进设计图、加工材料,平时还要上课忙课程设计,整个团队都处于忙碌的状态。机械的同学共有 4 门考试,其中有一门考试还包含有实际操作考核,有两门带有课程设计(设计花的时间比较多,每个设计预计用时大概一周,老师给的时间是两周。沈丰旋等人都是利用设计空余时间完成),还有为期一周的企业参观培训,那一周每个早上到中午都是在企业车间渡过,下午和晚上才能在实验室工作。机器改造从收到通知起直到 22 号完成,一共花了 41 天时间,其中部分机器不包括区赛的设计时间。沈丰旋等人就根据精神状态合理分配了复习与工作的时间,在有限时间内发挥最大的效果,他们在精力充沛的早上复习专业知识,提高复习效率;中午趁着实验室开门就去加工机器零件;在晚上复习效率低的时候就进行绘制设计图和改进文档资料。每天基本上都是 7 点起床就直接赶往实验室,中午和下午会统一定外卖,然后一直到晚上 11:50 保安叔叔来催促才回去休息。

吸取之前参加区赛时的经验教训,沈丰旋他们在演讲、现场问辩等方面都加强了练习,这些方面在黄燕钧副院长、曾勇谋老师、申毅莉老师充当评委的情况下做了很多次练习。韦衡冰书记和邓小林老师也提供了很多比赛意见和帮助,使沈丰旋他们在问辩和演讲方面有很大提高。在济南参赛的时候,队员杨文豪作为团队演讲代表每天都会拿着 19 页的 PPT 资料背诵练习。比赛程序是各参赛队布展,作品现场参观、问辩、分组答辩、部分作品第二次问辩等环节。第二次问辩因为事关最终成绩,当时的评委是由 4 小组评委分两批进行问辩,每一批评委人数比第一次问辩多了一倍。

对努力负责

参加比赛前还出现了一个小插曲:7 月 25 日到达济南的那天晚上,沈丰旋等人调试检查机器状态,没有出现问题,第二天将机器搬去会展的展厅时检查机器也很正常。但在评比当天,宋远韬和任建坤调试机器时纸币不能顺利地通过展平,当时杨文豪在练习演讲,而指导老师和团队其他人在体育馆参加开幕仪式。宋远韬他们赶紧打了电话,沈丰旋等人接到电话第一时间便赶到了现场,他们惊慌但却没有发现哪里出现了问题,最后虚惊一场,曾勇谋老师发现原来是机器在加工时有一些金属边掉了进去导致纸币在进入展平装置时出现卡币,于是用润滑油和棉签进行了清理,机器又恢复了正常。沈丰旋说:"我们已经做出了最大的努力,成果也让自己满意。"在展示作品时,有些企业代表也给他们提出了改进的意见和建议,让他们获益匪浅。

关于作品的亮点,申毅莉老师表示:"机器结构紧凑,并且能完成对市面上常见的面额较小的带折角的纸币进行展平分拣计数,比较便利,而且机器体积较小,不会占用太多地方,除了银行、公车站等地方外也便于一些小型个体商户使用。"

现在,对于沈丰旋等人来说,比赛已经告一段落,而他们对自己的学习也有了新的计划——提高自己的能力,多考一些证书,为自己的就业打下坚实的基础。

"钞票分拣打包一体机"竞赛团队 *

2016 年 4 月,梧州学院机械与材料工程学院、化学工程与资源再利用学院的郑钰枫、陈炳良、陶镇、丘全青等同学设计的作品"钞票分拣打包一体机"参加全国大学生机械创新设计大赛广西赛区竞赛,获全区第 12 名。

一心一意就想完成作品

"钞票分拣打包一体机"是根据本届大赛主题"服务社会——高效、便利、个性化"内容之———钱币分类、清点、整理机械装置内容设计的。它以公交车纸币市场为基点,作品集分类、计数、打包于一体,主要面向每天获取大量的一元、五角钞票并需进行分拣的单位。

"人工进行钱币分拣费时费力,公交公司在这方面很头痛,由于原来是靠人工分拣,现在就想用机器代替人工,提高效率。"郑钰枫解释说。团队的 4 名成员都是工程材料 CAX 实验室的成员,这是他们第一次组队参加全国性的、针对机械专业竞技类比赛。他们分工明确,配合默契:郑钰枫提出方案并负责零件图绘制;陈炳良负责三维图建模;陶镇负责零件加工;丘全青负责编写说明书。机器的装配,则是组员一起努力完成。

在今年寒假期间,郑钰枫他们通过 Q 讨论组对初步方案的问题进行沟通讨论。一开始他们打算做转盘式的分拣机:用一个回转盘来接收钱,通过圆筒旋转来实现分币。但是最终由于机器不稳定,效果不好,只能选择更改方案,也因此浪费了一个月的时间。

开学进行方案的修改之后,从 3 月 25 日到 4 月 16 日参赛,22 天的紧张筹备,

时间紧迫,他们不得不加快进度。除了上课外,他们基本都待在加工房里,一直到夜里 12 点,被门卫催促了才离开。7 天的清明小长假成了他们黄金时间,从早到晚,作息完全打乱,紧张的劳作让他们常忘记吃饭。历时 22 天,他们终于完成了作品"钞票分拣打包一体机"。

精益求精为了不留遗憾

"钞票分拣打包一体机"采用流水线模型,主要由控制系统、进钱装置、输送装置、识别分类装置、收集装置 5 个部分组成。

采用输送带以流水线模式利用气动装置进行分离并对纸币进行运送,用颜色传感器和光感传感器等辅助电子器件对钞票进行分类和计数。在识别的同时进行分类收集,并采用丝杆装置对不同的纸币进行归类,当累积到一定数额时进行半自动打包。

作品的主要优势在于它拥有精准的识别率。利用颜色传感器识别纸币,误差率较低;采用输送带组合运输能保证机器运作比较平稳和快速。他们的作品在众多参赛作品中脱颖而出。

由于技术难度问题,产品的打包功能需要花费很多时间,而时间紧迫,不能很快完整地做好,又要保证机器的轻便与简洁。开始时陈炳良提出用木片试验打包,但木片的强度和刚度都不够,容易变形达不到效果。最后,郑钰枫想到利用橡皮筋进行半打包。在正方形钱盒的四个点上安装了四根圆棒,在钱箱的底部制作了一个钩板。把橡皮筋放在钱盒的四根圆棒上,再把钱盒放到钱箱里的时候,因为钱箱留有位置,所以当钱盒一放到钱箱里,下面的钩板就会勾住钱盒底部撑开的橡皮筋,当钱币达到打包张数后,只需将钱盒在钱箱里向后轻轻一拉钩板会勾住下面的橡皮筋,同时把上面圆棒上的橡皮筋拉脱离下来,橡皮筋收紧就会打包收紧钱币了。

电机的控制是他们小组在制作作品过程中遇到的比较大的难题,如何控制转速? 转得快,钱币容易飞出来;转得慢,效率又赶不上。加上整个安装都是组员自己加工零件,就会出现不够标准,平整度不够等问题。后来组员们一起讨论研究,进行了 4 次实验,最终得出解决方案:用砂纸进行抛光,同时加大电压让电流转速快一点,克服摩擦力。郑钰枫他们刚开始做的滚筒是没有挡边的,方便加工也可以减少安装的长度距离,后来因为没有挡边的原因,导致皮带会打滑而且会因为轴的加工不均匀问题发生偏移。而郑钰枫他们又不想浪费这根已经加工好的轴，就考虑在滚筒边自己安装挡圈，后来挡圈做出来也不理想，刚度不够，安装位置也发生了偏差，于是他们放弃了挡圈这个想法。开始重新减少轴的直径同时用砂纸对轴进行抛光使之各点均匀受力，这样皮带轮就能很好地在轴上滚动运行，在轴的一端安装一对啮合齿轮使它们的转速一致。这样两根皮带轮就能很好地进行工作，一开始没有那对齿轮，就是靠 2 根皮带间的摩擦来工作，后来增加了齿轮并减少滚筒的直径，皮带间的空隙就多了一点点，大概 0.5 毫米，这样能平稳运行，且不会发生因为摩擦而导致的皮带位置偏移的情况。

"到了这一步，只想努力做得更好，不留遗憾。"郑钰枫说。他们的努力最终也获得了成效，全区共有 26 所高校的 222 件作品参赛，只有 17 组作品出线进入国赛，郑钰枫他们获得了全国大学生机械创新设计大赛广西赛区第 12 名，成功晋级全国总决赛。

再接再厉为更好做准备

"动手做一件事情，收获肯定是有的，只是大小不同而已。只要你肯做，把想法付诸行动，不要害怕别人否定你，因为你不做就永远不会知道结果怎样。"郑钰枫说。比赛让他们开阔眼界，增强认识的同时也让他们组员之间更加团结，更认识到了团队合作的重要性。

自治区比赛结束回来之后，郑钰枫他们开始研究比赛时发现的进钱速度慢的问题，评委老师也反映了这个问题。他们又继续投身到对作品进钱和收钱装置的改进中，初步预计，他们的作品在完成改进后，将会达到一秒钟运作一张纸币的效果。

对于学生的表现，指导老师李国伟说："他们团队比较积极，独立能力也比较强，准备比赛过程中都是他们自己在做。就目前学生掌握的知识和技术来看，作品还是不错的。该作品应用到实际，是履行流水线工作，只需要几个人员把折叠的钞票展开就可以了，可以比原来减少 2/3 人工进行分类、点数和打包的工作人员。"同时他也建议同学们多在知识和社会实际应用方面开拓思维，多接触社会市场。

"硬币分拣技术包装机"竞赛团队 *

2016年4月15—17日,梧州学院机械与材料工程学院、化学工程与资源再利用学院(简称:"机化学院")王廷武、唐琳、石磊、玉冬丽、苏阳等同学设计的作品"硬币分拣计数包装机"参加了第七届全国大学生机械创新设计大赛广西赛区竞赛,该作品全区排名第四,成功进入全国总决赛。

硬币分拣技术包装机成果图

不同专业之间相互合作,取长补短发挥优势

在选题的时候,王廷武他们根据大赛给出的主题,一开始便选择了硬币分拣类。"选择硬币分拣计数包装机设计,是因为我们对硬币比较熟悉,而且硬币的特

* 本文作者:覃霜琼、曹菁。

征明显,易于整理,但难度是包装,且目前市面上硬币包装类机器少。"王廷武说。因此,他们便抓住硬币的这一特点来设计出了有3种功能的硬币机。这个方案的提出,也得到了老师的认可,在学校选拔的时候一次性就通过了。团队的5位成员都是产品数字化建模与设计实验室的成员,第一次组队参加全国性的、针对机械专业竞技类比赛的他们相互取长补短,互相合作:王廷武负责项目主持、整机设计与装配;唐琳负责工程图设计以及配合王廷武进行整机设计与装配;苏阳负责三维图建模、材料购置;玉冬丽负责零件图绘制、配合苏阳进行三维图建模;而擅长电路控制方面的石磊则负责控制系统设计。从3月中旬到4月份参赛,经过1个多月的紧张筹备,他们的作品"硬币分拣计数包装机"就"出炉"了。这是一款根据硬币的特性、直径大小进行分拣、计数和包装的清点计数包装机器。平时除了上课和休息外,他们基本都是待在产品数据化建模与设计实验室里,午休时间也是如此,偶尔太累才会在实验室里打个盹儿,吃饭也是在实验室解决,一直做到23:30才离开。而周末待在实验室的时间则超过了11个小时,甚至7天的清明小长假他们都是在实验室里陪着他们的作品一起度过的。对于他们而言,时间是紧迫的,为了更好更快地完成作品,他们争分夺秒,努力完成每天制定的计划,有时当天完成不了,第二天他们便会起得更早,平常8点到实验室就改为7点半到达实验室进行工作。

所有努力的付出只为了台上几分钟能够表现得更好

"硬币分拣技术包装机"的功能运作过程主要包括:硬币从入料口进入分拣箱,通过分拣盘逆转将3种不同规格面值的硬币分拣,分拣盘正转通过离心力使硬币进入直线传送装置,带动硬币通过光电传感器计算硬币数量后,再进行二次计数传感器进行包装前的计数,利用直线传送装置将硬币送入包装硬币筒,硬币达到30枚,硬币包装盘会旋转90度,完成下一个入料包装工序。

作品的主要优势和特点在于拥有包装和计算面积总额两大功能。据了解,在广西所有钱币分拣类的88组参赛作品中,除纸币分拣外,只有3组作品有包装功能。而他们作品的最大亮点——计算面积总额,是所有硬币分拣类作品中唯一一组具有此项功能的作品。这个创新点也是由组员石磊想出来的,由于硬币分拣完后,通常不知道它的总额,这样计算起来也略显麻烦。硬币分拣和包装是间歇连续的,包装硬币达到一定的数量后硬币盘会旋转90度进行再次包装,控制入料和分拣两部分分开,硬币进入入料口进行分拣也起到了节能环保的作用。经过多方面的思考后,他们便开始投入制作作品中,最终"硬币分拣计数包装机"也在众多参赛作品中成功脱颖而出。

在设计作品的过程中,困难也会接踵而来,为此他们也遇到了一些问题:如何对硬币进行分拣以及制作分拣方案?只有做好分拣,其他步骤才能顺利地做下去。他们最初的方案是将分拣盘外置,但因外置的统筹度问题,旋转过程中分拣盘不太平稳,硬币会从周围掉下来,达不到想要的效果,于是组员们一起思考、讨论,最后一致决定改成内置。此外,针对分拣过程中的卡币、出币时进行计数等问题他们也进行了改进。在分拣过程的设计上他们也花费了两个多星期的时间来进行制作,邓小林、谢开泉等指导老师除了上课时间外,平时都会到实验室对学生进行指导,学生作品的制作过程他们也都看在眼里。"在制作过程中如果没有人跟进,老师会认为我们的态度不认真,老师很注重做事的态度,并且会反复查看比赛公告,画出要点并强调我们认真看。"王廷武说。对此,邓小林老师表示:"我对学生的要求往往是比较高的,如果学生达不到要求,我会提出来在哪个方面怎么改,让他们在一个时间段内改好,我会过来检查,力求做到最好。"学生有时候不太注意文件要求,为避免差错带来麻烦,就要认真理解相关要求。邓小林老师表示:"我一般会看5—10遍,把重点内容挑出来,先自己理解再告诉他们。"

正是指导老师这样严格细致的要求,才让作品更完善,准备也更充分。初赛第一天,各项环节都进行得比较顺利。晚上10点半,接到消息,作品出线进入二次答辩,组员们开心的同时也不敢掉以轻心,马上准备PPT,修改答辩讲稿,邓小林老师全程陪着,细心指导PPT制作以及如何去表达,大家一起忙碌到凌晨5点多。6点10分便要起床,赶往比赛学校做准备。那天,只有短短半个小时的休息时间。"所有努力的付出只为了台上几分钟能够表现得更好,不管多累,都要坚持下去。"

只要尽自己最大的努力,无论结果如何都会有不同的收获

作品的完成离不开每个成员的努力。有时因为任务暂时完成不了或者出现一点小失误,他们常常会专注地去想如何解决,没有心思休息。制作过程中,他们认真而专注。有一次,王廷武在加工过程中不小心被机器划伤了手指,鲜血染在手上,他浑然不知。有组员看到以为是红油,便打趣道:"咦,你手上怎么会有红油?""红油就红油,管它干什么,先弄好机器再说。"直到去洗手的时候才发现,原来是一个一个的小伤口。

比赛也让他们收获了许多意想不到的东西,王廷武说:"由开始选题到制作过程,自己动手,自主创新制作一件作品,收获的不仅仅是荣誉,更多的是经验的积累和专业知识的完善。只要尽自己最大的努力,我认真做了,无论结果如何都会有不同的收获。"不仅如此,他们在这过程中还和小伙伴增进友谊,并且还获得了和不同学校不同专业同学沟通交流的机会。

对于学生的表现,指导老师邓小林表示,虽然时间紧迫,学生做出作品是值得肯定的,但在一些细节问题上还需要改进,比如说明书、图纸和视频这些方面,还要花时间有针对性地培养。

参加自治区比赛回来两天后,王廷武的小组成员就开始准备国赛的报名材料,对说明书、图纸和包装进行完善以及零件材料的改造等。"国赛是不能出现失误的,光说明书的修改就改了七八遍。"邓小林老师说。6月20日将会公布全国比赛的审核结果,如果审核通过,王廷武等人将于7月20日去山东参加全国比赛。现在他们依然在为作品材料换新、功能扩展等方面做准备。"尽量做好准备,不至于在后期处于被动状态。"

这群梧院学子从未停止前进的脚步,他们仍走在努力拼搏地路上,为梦想、为执着的信念,更为了他们无悔的青春。

大学生管警察的事*

——研发"警用训练场景规划系统"

最初,梧州市公安局联系梧州学院老师希望解决暂无软件辅助实训场景搭建的问题。于是在老师组织下信息与电子工程学院 2014 级数字媒体技术班 4 名学生组成团队开始研发"警用训练场景规划系统",并获得梧州学院第二届大学生创新创业大赛特等奖。

从 2016 年 10 月份开始,队员们分别负责项目整体统筹规划、三维演示模块、场景美化、系统集成等工作。刚开始接触 Unity 时,队员们对这一软件了解较少,她们先是看关于 Unity 的书本,并做书本上的例题、看相关视频,遇到不会的就查 Unity 的 api 文档去了解一些函数的使用方法和说明,相互交流讨论,算法编程实在解决不了就请教老师、学长学姐。

后来成员们每天只要有时间就待在实验室里做图形、学算法、反复修改代码以完成功能的实现。白天待在实验室、晚上就在寝室继续对着电脑工作。每天工作到晚上十一二点,有时甚至通宵工作。项目中最难的是输入训练场地的实际尺寸和基本地形,以挑选适用的模板和墙板供搭建人员选择,然后迅速生成三维效果实训场景的效果。团队间在三四个月时间里不断沟通,反复修改代码,修改小程序的代码需要几百次,而功能的实现建立在完成各类小程序的基础上,"算不清修改了几次。"卓艳玲说。

"警用训练场景规划系统"可以很好地解决公安部门暂无软件辅助实训场景搭建的问题。并且,三维效果实训场景可以具体显示出每面墙使用的墙板数量、各种脚架数量、间隔之间的距离、场地利用率等信息。

---

* 本文作者:杨鑫娟。

不再需要手动设计、手动计算,做到明确所需材料、明确搭建效果。"我们的系统可以做到软件在手、场景立现的效果。"卓艳玲表示下一步系统还将实现为标准件替换皮肤、添加窗户、设置楼层等功能,并用于消防演练、大型场景的展板布置。

以赛促学　理论实践双丰收 *

在 2016 年全国大学生工业设计大赛广西区的竞赛中,来自全区 1000 多件作品中,梧州学院 17 个作品获奖,获得 1 个一等奖,6 个二等奖,10 个三等奖,并继去年之后再次获得优秀组织奖。

梧州学院机械与材料工程学院、化学工程与资源再利用学院(以下简称:机化学院)以比赛的形式来提升学生的实践能力,让学生通过比赛将课堂理论应用于实际生活中。

赛前厉兵秣马

全国大学生工业设计大赛两年一次,而广西区政府为了鼓励学生、锻炼学生也举办两年一次的区级大学生工业设计大赛。两者时间错开,给学生更多的锻炼机会。本次参赛由机化学院颜克春老师带队,"今年我们要求工业设计 2013 级的学生都要准备作品,学院再选拔出作品去参加工业设计大赛"。

从 4 月开始进行图纸设计,6 月开始征集作品。学生们自主寻找队友、确定设计作品并寻找指导老师,老师也会把自己的想法跟学生探讨,这是一个双向交流过程。

学生队伍不分年级高低组合,只有进行这样一个团队组合才能让低年级的同学也加入学习,把比赛传承下去,一年比一年好。同时,为了保证校内选拔的公平公正,明年比赛计划进行网络评选,让更多的同学拥有展示自己的机会。"去年选拔了 15 个作品参加广西赛区的比赛,而今年获奖作品就有 17 个了。"颜克春老师说。2016 年参加比赛的作品整体成绩非常不错,各团队的指导老师也很积极。

---

* 本文作者:李晓燕。

实战助成长。王昱曾参加过佛山"市长杯"工业设计大赛,她是 2013 级工业设计 1 班的学生。这次她和伙伴们的作品"吸盘式逃生设备"获得了广西区三等奖。

"这是一个集室内健身与逃生用的设备。"王昱说。作品的灵感来自于蜘蛛爬墙,作品的想法在脑子里徘徊了很久,他们查了很久的资料后才开始动手做。作品以健康与安全为理念。将设备真空吸附在玻璃或地板上后,取下挂钩勾住手握处的缝隙就能够在逃生时有效地进行重复。此外设备还可以放于室内墙壁上用于身体锻炼,稍微变化还可以再放在室内给小朋友荡秋千。

小组成员一共有 5 个人,陈浩负责调查,熊仲强收集资料,谭七新画草图,邱盼建模,王昱则负责渲染、做模型。他们使用 CDA 画尺寸图、用犀牛软件做模型、渲染则使用 keyshot。"我们设计时使用这些 APP 有些不熟练。"王昱说。他们已经差不多一个学期不使用这些软件了,只能边学边画。

实践出真知

"动手制作作品可以检验学生的专业知识,将理论与作品相结合。"颜克春老师说。学生每个学期都会有课程设计作品,以此检验他们一个学期的功课。

除了课程设计作品,他们还参加广西高校大学生创新设计与制作大赛、全国大学生机械创新设计大赛等比赛。同时他们也会参加一些企业举办的比赛,例如佛山"市长杯"、华泰汽车的征集作品比赛等。这些比赛都是面向全国的,参赛作品来自全国各地,数量非常多。以赛促学,以赛促练,不仅使他们的动手能力增强,也巩固了理论知识。

在 2016 年全国大学生工业设计大赛广西区的竞赛中,梧州学院叶家宝、班先红、周志强、叶其武等同学的参赛作品"'网'开一面"斩获一等奖(排名第一),指导老师颜克春;"仿生概念自行车设计""成长伴侣—自行车设计""智能宝石加工一体机设计""'魔速'概念自行车设计""螺韵仿生灯具设计""苦无"6 个作品获二等奖;"空气加湿器的创意设计""海景吊灯""蓝·鲸""旋动插座设计""水中水""可拆装式系列耳机设计"等 10 个作品获三等奖。

"我们学生的专业需要非常强的实践性,只有通过将理论用于制作作品,他们才能学到更多、收获更多。"颜克春老师说。

洁净从抗菌纸开始*

——记"钼酸银抗菌纸的制备及其抗菌性能"项目组

　　将黑曲霉保藏菌接种在 PDA 培养基平板上,置于恒温培养箱28度-30度条件下培养72 小时,使其生产大量黑色的孢子。待霉菌产孢时,向培养基平板加入无菌水,把孢子刮下,倒入已灭菌的三角瓶中……"钼酸银抗菌纸制备及应用研究"的后期工作就是这样在行政楼无机化学实验室完成的。

吴宇林、刘志武做实验

　　2012 年 5 月,机械与材料工程学院、化学工程与资源再利用学院(简称:机化学院)2009 级林产化工专业的于建华发现,随着抗菌塑料、抗菌陶瓷等材料日益增多,作为材料家庭中的主要成员——抗菌纸却并不多见。在生活质量越来越高的今天,不论是生活用纸还是工业用纸,很多场合都要求能够抵御细菌。作为一次

---

　　* 本文作者:何卓颖。

性用品,纸质产品具有极大的竞争力,但纸的抗菌功能却长期得不到开发。于是,在指导老师谢玮的帮助下,于建华开始着手钼酸银抗菌纸的研究,烧杯、玻璃棒、钼酸银抗菌剂悬液也就成了他每天的标配。

"钼酸银抗菌纸制备及应用研究"是一个制备钼酸银抗菌纸,并对其抗菌性能进行研究的一个创新性项目。它的研究内容是将钼酸银抗菌剂采用表面喷涂和浆内添加两种方式与纸浆纤维结合,选择大肠杆菌、黑曲霉菌、金黄色葡萄球菌3种代表性菌种检测其抗菌性能。这种抗菌纸的制作方法是,将少量抗菌剂以喷洒、施胶、涂布等方式添加到普通纸的生产中,制成具有抗菌性能的纸张。而研究钼酸银抗菌纸是为了改善人们的生活和工作环境,预防大家在使用纸张和纸质制品的过程中接触到各种有害的细菌、霉菌,避免有害性的细菌侵入到人们的体内。

2013年3月,钼酸银抗菌纸创新项目基本完成,同年6月,于建华从梧州学院毕业。2015年4月,《钼酸银抗菌纸的制备及其抗菌性能》论文发表在《造纸科学与技术》学术期刊上,说明了钼酸银抗菌纸的研究有一定的实际意义。为了更好地检测抗菌纸的性能,谢玮老师让机化学院2015级林产化工班里平时比较活跃,并且爱动脑勤动手的刘志武、吴宇林二人加入到这个项目中来。而钼酸银抗菌纸的创新团队也由原来的1人变为了3人,于建华主要负责实验方案的制定和抗菌纸的制备,刘志武负责资料的收集和抗菌材料的选取,吴宇林负责实验过程的记录。

对于能够加入这个项目,刘志武说:"刚开始有一点惊讶,以前只是想想这个项目,只是没有想到真的有机会可以让自己亲自动手。"

2个月,先后进出15次无机化学实验室做实验,进行8次抗菌性能测试。只要有空,刘志武和吴宇林都会到实验室按照老师和学长写下的实验步骤进行这个项目的后期研究。"能够参与这个项目,使我真正地感受到做实验是有趣的事,在实验中收获快乐,也让我明白完成一个项目单靠个人的力量是有限的,必须充分发挥团队的力量,还有就是协调好搭档之间的关系,相互配合,彼此对于这个实验都有一种默契来共同完成任务!"刘志武感慨。

谢玮老师说:"创新的技术是项目的研发,创业才是产品的推广。所以我们下一步的计划是把这个技术在推广过程中做成创业项目。"

园韵梦境与现实的结合*

——"园韵——虚拟园林建筑动画表现"项目组

"君到姑苏见,人家尽枕河。故宫闲地少,水港小桥多。"唐代诗人杜荀鹤这样形容苏州园林建筑。

在《园韵——虚拟园林建筑动画表现》作品的视频动画中,从园林大门向内走去,便看到"千里黄云白日曛,北风吹雁雪纷纷"的场景,那时,园林中的建筑、花草、湖面都蒙上一层雪色,亭台、楼宇,入眼之处尽是白茫茫一片。细致看去,单檐攒尖顶的屋檐,檐角顶尖向上翘起,走廊屋檐边上的花纹,大梁、斗拱和开间的设计,屋子的装饰,这些细节的建筑结构非常精细。

《园韵——虚拟园林建筑动画表现》作品,是由梧州学院宝石与艺术设计学院的4位学生——2014届毕业生李珍、2012级动画2班的谢丽琼、2012级广告设计1班的朱家福与2012级视觉传达专业的曾繁共同制作,在第四届广西高校大学生创新设计与制作大赛中获得了一等奖。他们表示,制作作品的初衷并不是为了比赛,而是想要将课程所学与实际操作相结合,与市场技术接轨,这是一个非常好的实践的过程。

苏州园林闻名中外,文化底蕴深厚。李珍以苏州园林建筑景观结构为参考,独立制作出园林模型,庭院中的每一株花草、每一棵树木、湖水、行走或端坐着的人,这些景观设计的内容,都是李珍作为一个"园丁"断断续续地花费了近两个月的时间一点点"栽种"上去的。精致的构造使观众在欣赏的同时产生情感、思维、励志、精神的共鸣。曾繁说:"如今中国对古建筑保护不够完善、了解也不够深入,我们利用中国式园林建筑的风格,以视频的形式,让人们加深对古建筑的了解并进行保护。"

---

* 本文作者:胡桥琤、李春梅。

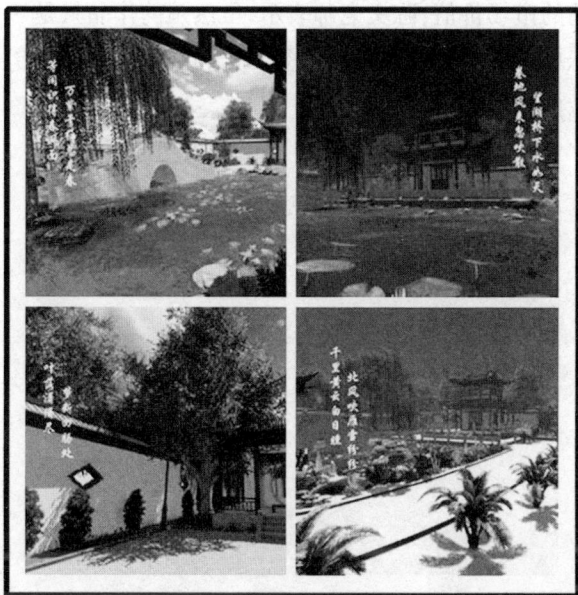

虚拟园林的四季景观

其他3名成员的工作主要为"后期制作",用充实而饱满的镜头语言去表现园林。而在镜头选择方面,指导老师陈文给出了专业意见:一是整体表现,要有体现整个园林的大场景;二是要有表现某个建筑外观的中景;三是要注意建筑和人之间的搭配关系,展现园林中人文风貌。

团队成员们提出构想,在原有效果的展示基础上增加了四季的变化,而后在大量的镜头中筛选最能体现四季变化的园林一角。于是,冬的雪白,春的新绿,夏的灿烂,秋的金黄顺着动画画面依次呈现。还有夜晚的星光和雨中的水滴,都通过镜头画面逐一展示在观众眼前。

宝石与艺术设计学院2012级动画2班的谢丽琼表示,镜头中的色调根据太阳的高度变化而变化。镜头速度的快慢节奏与拍摄高度的选择同样需要进行非常多次的尝试,要在人眼睛所能接受且不会感到疲惫的范围内,将零碎的移动中的场景组接起来,使用或平视、或仰视、或俯视的镜头,从远到近,或从近到远,引导游客游览园林美景。

"整个后期制作,就像是你手上有很多布,通过艺术加工,制作成一件富有创意的服装,简约而不简单。"陈文老师说,"我们做成的这件衣服,是技术和艺术的结合。"

　　而谈到园韵的市场价值,陈文老师表示,虽然园韵作品只是一个样品,但如果根据市场的实际项目例如游戏开发的场景,或者房地产前期开发来进行制作,园韵是具有市场应用价值的。

对抗氧化研究有兴趣[*]

——"响应面微波辅助提取金花茶花多糖工艺研究"项目组

"对抗氧化研究有兴趣的同学,课后可以来找我。"在刘茜老师的引导下,2015年的5月,来自机械与材料工程学院、化学工程与资源再利用学院(以下简称机化学院)2012级制药工程的胡旭飞、潘韦虎、梁宇、陈徐兴,带着对抗氧化研究的兴趣聚在一起,开始研究,他们是同班同学亦是益友。

"抗氧化研究需要对植物进行成分提取,然后进行活性研究。目前对植物成分进行提取的效率很低。"刘茜老师说,响应面方法是把实验中得到的单因素数据输入计算机模拟软件,再通过综合几方面的数据,得出理论产率。通过使用这样的方法节省实验时间,以最优化的方法来对植物进行提取。

什么是微波辅助?"微波辅助,就好像家里的微波炉对食物的加热作用,这里是通过微波对容器里的植物进行作用,使植物里的成分加速溶进溶液里,起到辅助作用。"潘韦虎解释说。

对于抗氧化还不是很了解的他们一开始选择的是查阅文献,对相关内容进行了解,根据文献资料确定实验方法,最后慢慢摸索着手实验。在开始实验之前他们会选取和收集植物,像水蒲桃这些植物他们可以在学校附近找到,"有一次为了摘取茶叶,刘茜老师和梁宇还去到了苍梧县六堡镇黑石村的茶园。"潘韦虎说。对于植物的收集他们还找到了更好的办法,那便是根据植物生长的季节来进行实验,这样不仅可以解决收集不到植物的烦恼,还大大提高了实验的效率。

为了找出最佳提取条件,他们对20多种植物进行实验,包括金花茶、紫荆花、桑叶、水蒲桃、葡萄籽,其中还有一些水果、蔬菜等。20多种植物,每一种植物都需要经过采摘、洗净、烘干、粉碎、装瓶保存一系列烦琐的步骤。"胡旭飞他们几个做

---

* 本文作者:韦瑜玲。

实验很认真,自觉地去摸索实验方法,积极主动,思想也很活跃。"指导老师刘茜这样评价道。

实验过程并非一帆风顺。有时按照文献上的方法来做,却没有做出预期的实验结果。这时他们会和刘茜老师一起共同讨论原因的所在,找出解决的办法。"在溶液浓度的配制高低问题上,文献上的试剂浓度有各种各样,而且不一定都是对的,所以需要阅读大量的文献,再经过长时间的摸索。"梁宇说。在容器里加入试剂要等半个小时的反应时间,实验提取做不好,他们会在实验室里待上一整天,一周里有3—4天是在实验室里度过。相关文献的查阅、实验方法的摸索与确定,需要花费很多的人力和物力。其中,确定一种植物所需的试剂浓度的实验往往会花费他们大半个月的时间。

从2015年的5月开始到2016年1月期末,他们一直在对实验提取方法进行研究。终于,皇天不负有心人,他们最后得出了应用响应面微波辅助提取法能更快、更优、更节约成本地找到最佳提取条件的结论,极大地方便了抗氧化实验的前期提取。

据悉,金花茶是一种极罕见、分布极其狭窄的植物,是世界上稀有的珍贵植物且具有较高的药用价值。刘茜老师说:"如果我们能在金花茶常规药用价值之外,找到抗氧化这方面的突破点,是很有实验研究意义的。"他们的研究成果《响应面微波辅助提取金花茶花多糖工艺研究》论文被《湖南师范大学自然科学学报》采用,在2016年第三期发表。在梧州学院举办首届大学生创新创业大赛暨2016互联网+创新创业大赛中,刘茜老师指导的胡旭飞等4名同学的"梧州特色植物中抗氧化活性成分研究"获得了金奖。

不一样的立体仓库[*]

——"自动化立体仓库"项目组

通过在触摸屏轻轻一点,便可以实现货物自动化存取。梧州学院机械与材料工程学院、化学工程与资源再利用学院(简称机化学院)2012级自动化班的梁翰计、2013级自动化班的石磊、韦雄耀一起研发了这样一套"自动化立体仓库"的模型。

自动化立体仓库研发团队

"自动化立体仓库"是指在不直接进行人工处理的情况下,自动完成物品仓储和取出的系统,它以高层立体货架为主体,以成套搬运设备为基础,是集自动控制技术、通信技术、机电技术于一体的高效率、大容量存储机构。"自动化立体仓库"的研发还有很多现实意义。"自动化立体仓库"通过高层货架存储,提高了空间利

---

* 本文作者:裴超怡。

用率;采用层积式存放,防止货物的自然老化、变质或损坏,提高劳动生产率,降低操作人员劳动强度,同时适应黑暗、低温、污染、有毒和易爆等特殊场合的物品存储需要,促进企业的科学管理。

梁翰计在暑假打工时发现,公司的仓库管理存在一定的问题,放在高层的货物不好找,也不方便拿。梁翰计就思考,结合他所学的专业自动化,在自动化领域中从事自动控制、自动化、信号与数据处理及计算机应用能力的基础上,他应该可以做出一个存取货物更方便快捷的仓库。

有想法就要去勇敢实践。于是他叫上平时一起在电力拖动实验室学习的石磊、韦雄耀,从 2015 年 5 月开始项目设计。

每天的课余时间,他们都会待在实验室里:收集资料、编写程序、组装机件、修改程序参数、调试机器……搭建机械传动机构,做好控制电路组合并完成系统整体硬件制作。在项目制作中,程序参数很重要,如果参数有一点偏差,就会产生连锁反应导致其他的步骤也出现问题,无法达到灵活存取物品的预期效果。由于不知道怎样的参数才是最合适的,他们需要一遍遍地去尝试、去摸索。修改参数、调试机器,再修改参数、再调试机器,增加外围硬件、调试机器,在那几个月里他们进行了无数次尝试。

"那时候每天一醒来就跑到实验室去修改参数,调试机器。总想着怎样才能提高机器的准确性、灵敏度。"石磊说。因为他们是非机械专业的学生,所以机械专业知识有所欠缺,于是在机器制作过程中他们只好自己边学边做,解决遇到的问题。

他们通过上网不停地找相关资料进行参考学习,遇到不会的就去看书本、查资料,有疑惑解决不了就去找老师请教,遇到技术难题就一起商量着想办法解决。

"通过实践,让想法变成现实,从中学到更多知识。"石磊说。他们的实践,让想法变成现实。他们不断摸索,一步步去把他们的想法变成了一个实体——一个由触摸屏、光电传感器、可编程逻辑控制器、限位开关、步进电机驱动继电器、直流电机组成的"自动化立体仓库"模型。

"多实践,多去做项目才能学到更多的东西。通过这个项目,他们已经学习到了很多专业知识,也巩固了所学的知识,那么就可以说这个项目做得很好了。"项目指导老师王彦庆老师说。

实地考察　文影记载 *

——"广西靖西市新靖镇吉坡村壮族婚嫁演变初探
(20 世纪 60 年代至今)"项目组

　　来自文法学院 2013 级汉语言文学(文化传播方向)2 班的刘泳霞、邓春艳、覃凯月、马依霞以《广西靖西市新靖镇吉坡村壮族婚嫁演变初探(20 世纪 60 年代至今)》荣获了梧州学院 2016 年第一届大学生创新创业优秀成果展"优秀奖",并代表梧州学院参加了第二届广西大学生创新创业优秀成果展示会中的"大学生创新学术论坛"组别展示。

　　因为对民俗感兴趣,她们聚到了一起,覃凯月是吉坡村人,有利于了解当地婚俗。因为各有所长,她们合理分工合作:刘泳霞负责写婚俗的采访提纲,并在采访过程中进行文字的记录和整理;覃凯月负责录像、采访、翻译、资料的整理和概括;马依霞负责采访前资料的收集、采访后视频剪辑,并对资料进行整合;邓春艳负责写采访提纲、视频的剪辑制作、资料和文字记录的整合。

新娘在吃汤圆　邓春艳/供图

* 本文作者:黄燕燕。

据了解,广西靖西市新靖镇吉坡村壮族婚俗在此之前并没有被实地考察记录,她们以当地壮族婚俗为题,这是创新点之一;另外她们实地考察,全程参与了吉坡村壮族一对新人的婚礼。

2016年正月初七,她们凌晨4点起床,去到新郎家通过拍照、录像和文字的形式记录了吉坡村现在的婚俗情况:新郎家5:30起床准备纳吉物品,迎亲队伍跟着新郎的轿车去迎亲,双方父母做了简单的祭祀仪式后,新郎经过一轮波折后迎娶到新娘。接着当新娘被迎接到新郎家门时,进门要举行跨火盆仪式,然后新娘新郎共吃汤圆,最后出发到酒店宴请宾客。3天后,新郎新娘回门,即回娘家。新郎新娘、伴娘、伴郎,一起去新娘家,带上肉、酒和喜糖给新娘的亲戚。新娘家则叫家族里的亲戚来吃饭、分糖。走完以上过程后,一个完整的婚礼仪式才算真正的完成。

除了参加婚礼外,她们还对吉坡村的3个老人进行采访,了解吉坡村20世纪60年代的婚俗与现在的婚俗的不同之处,比如穿着和饮食等方面;查看文献《靖西县志》;去到当地民政局和生育局调查人口;发放调查问卷,去图书馆查找资料等。从2015年10月开始收集整理资料、实地考察、撰写调查报告及写论文,前后花费了5个多月,最终完成了论文《广西靖西市新靖镇吉坡村壮族婚嫁演变初探(20世纪60年代至今)》。

由于没有论文写作的经验,最初她们面临着格式和内容脉络不清晰的问题。为此,指导老师岑颖智先是告诉她们论文的基本结构,在内容方面告知她们论文内容应该围绕"提出问题—分析问题—解决问题"的模式来写,多写理论性的内容,少写文学性的内容,多看些民俗书籍。

4月12日,她们收到将要代表学校去南宁参加第二届广西大学生创新创业优秀成果展示会的通知时,既喜又忧。忧的是12日刚收到通知,13日就要上交完整的、符合要求且高度浓缩论文观点的5000字论文。于是,她们从12日中午12点熬到了次日凌晨5点,最终把论文完成。

辛苦但有收获,这很值得。"我们了解了吉坡村60年代之前与现今的婚俗,用文字记载了吉坡村婚俗的变化。同时我们在写论文的时候,运用了民俗学和美学的知识,这让我们对这两门课程也有一定的了解与运用。"刘泳霞说。

"广西是一个少数民族聚居的地区,少数民族文化多彩纷呈,而其中壮族的民族文化最为突出,小组成员以壮族的婚俗为主题,具有地域接近性,且4人都实地调查,运用各种媒介手段全程观察记录了吉坡村一对新人的婚礼,调查做得很细致,成员之间发挥团队精神,认真地完成了整个项目,这是值得赞扬的。"岑颖智老师评价道。

智能机器人　让跨国交流更简单[*]

梧州学院 7 名软件工程专业在校生组成"微图远志"团队,2016 年 9 月 4 日带着自主设计研发的"基于智能应答机器人的东盟语言客服中心",参加第二届中国"互联网+"大学生创新创业大赛广西选拔赛并斩获金奖。

与传统的客服不同,智能客服系统相当于自动问答系统。智能客服能在短时间内根据语言环境以及问题关键字,迅速在问题库中检索出答案。

"我们的系统可以切换多种模式。例如泰国的企业询问一些东盟贸易政策问题,只要他们切换到泰语,系统就会以泰语回答问题。"团队核心成员、2013 级软件工程专业的覃锋锐介绍说。

智能应答机器人以软件服务的方式,提供 1 个英语客服机器人的免费服务,以多个机器人、多语种、更大的问题库容量作为增值服务收取年费。从市场前景,到查看智能应答机器人的技术资料与学习开始搭建系统框架、问答库的整理,到最终的测试系统准确率,历时近 6 个月,经过不断地修改与完善,最终才在大赛上展现风采。

"问题库的容量是存在的最大问题,我们要不断地增加语料,满足客户的需要,并且提高自身的技术,完善智能客服机器人。"项目负责人莫惠诚说。

项目指导老师黄寄洪博士评价道:"做这个项目,对于专业知识的掌握和市场的分析都有很高的要求,这就需要他们用逆向思维去解决,在遇到问题时,要全方位地考虑问题,多想想能不能做、怎么做,对结果有预见性。"

他们计划运用这个系统协助东盟国家高校招收中国留学生,进一步开发东盟跨境电商版本,以及将这个系统嵌入到各种 APP 中去。目前,该系统已支持英语、俄罗斯语、泰语、越南语进行应答,可自动翻译回复问题 1000 多个。

一个 idea 立马换 5000 元[*]

新思维营销策划团队共有 5 个人,团队刚组建时,心理健康咨询中心的石夏莉老师为他们上了一个多小时的创业心理课程,介绍了创业之初必备的心理素质。"上完课了解到创业可能会出现的一些问题,我们提前做好了心理准备。"项目负责人廖玉可说,"有好的心态,才有好的思维。"

2016 年 10 月中旬,团队参加经济管理学院第一届大学生营销创客大赛。开始他们开会讨论,一条条理清楚举办方的要求,在网上搜索不理解的专业术语。除了与指导老师沟通、听取建议,他们有空就上网了解其他项目的思路,思考是否可以作为参照、修改为新的思路。因为成员时间不容易协调,他们大多会在网上交流,遇到问题就截图发到 QQ 群里,其他人搜索到可以解答的内容或较好的思路便会分享链接到群里。基本在晚上进行,有时熬夜到 3 点左右。"晚上心很静、效率比较高",廖玉可说。

一个多月后,他们完成了"一号护工"和六堡茶的营销方案。其中,六堡茶营销方案设计有"茶王大赛",即买六堡茶喝,有机会获得一套房或较大金额的奖金。参赛者要善于品茶必须先去买茶品,梧州人本就喜欢喝六堡茶,也不会觉得吃亏。这样一来,买茶的人多了,茶的销售量随之增加。

构思六堡茶的营销方案时,他们讨论发现梧州六堡茶的营销模式一般只是单纯卖茶,相当于只是卖产品,却没有相关的、新颖的活动。想到喝茶、品茶,他们继而想:不如举办一个比赛。指导老师还建议奖品设置要吸引人,于是他们了解并模仿"拳王大赛",改进成为"茶王大赛",方案还提到引起媒体方面的注意、做相关报道,那么关注的人也会增加。

他们在社会创业成功人士、专家方面的资源较少,但指导老师会介绍身边的

* 本文作者:沈洁白、陈秋月。

朋友看他们的方案、老师的朋友又会介绍其他朋友了解。梧州简捷珠宝有限公司因此了解到他们的策划方案,并付款 5000 元购买。"签约成功的时候很激动,那是被认可的时候。"廖玉可笑着说。

廖玉可表示团队很感谢学校提供创业的平台,并且会很好地利用学校的资源,例如一些创新创业比赛、大学生发展中心及相关的扶持资金,还有学校老师的指导和帮助。目前,他们的团队正筹备成立公司并已向学校提交了大学生综合发展中心学生实践项目申报书。

让地方扶贫信息数据可视化[*]

"这个项目的设计确实方便了扶贫工作的开展。"评委口中的这个项目就是"自主研发扶贫数据可视化系统作品展示",这个项目在第二届大学生创新创业大赛中荣获特等奖。

该项目来源于精准扶贫的实际需求,利用实时地形、Unity 三维可视化技术等设计,实现了贵港市港北区脱贫攻坚数据可视化。该项目的特点是可编辑,数据是实时更新的,可以对接其他的系统接口,目前该项目系统已对接脱贫攻坚数据辅助平台。

该项目创新性高,是没有在市面上出现过的,其中最困难的部分是扶贫数据的收集和地形的构建。在数据收集的过程中,团队的 4 名成员只要没课就待在实验室里筛选整理数据信息,晚上也是踩着门禁时间赶回宿舍,洗漱完又继续通宵工作,时刻盯着电脑,面对着近百份 word 文档,一份份去排查筛选,删除与项目不沾边的数据,而每份文档有将近 3000 字。经过团队成员连续三四天的努力终于把扶贫数据收集完成。项目成员彭臣军说:"只要大家一起齐心协力,什么困难都会过去的。"

从 2016 年的 11 月份开始,4 名数字媒体技术专业的不同年级的学生聚集在一起。他们每天一有空就待在实验室里,做模型,写代码……遇到个人无法解决的问题就说出来,每个人提出自己的看法,一起交流讨论,选出最合适的办法去解决问题。在完成项目的 6 个月中,他们就像家人一般相处着,一起通宵熬夜筛选整理数据,讨论问题;一起订外卖,在办公桌上你吃我的菜,我夹你的肉;累了困了,就一起聊聊天,互相鼓励几句。"在完成项目的过程中,不仅提高了自己的专业技能,更重要的是收获了友情。"项目负责人梁家漫说。

---

[*] 本文作者:薛景。

    目前,项目还在进行中,将实现路网、科教文卫、基础设施、资金政策、扶贫进度、贫困人口构成等数据图形化图表化实时显示,现已完成测试 Demo,预计在 2017 年 5 月底 6 月初全部正式完成。

"白杨计划"践行"白杨精神"*

"一棵呀小白杨,长在哨所旁……"对于不少梧州市民来说,不一定亲眼见过白杨树,但也许听过《小白杨》这首歌,其朴实、坚定的品质,一直被人们所赞誉。

白杨计划教学中

2014年12月5日,是第29个国际志愿者日,由梧州市精神文明建设委员会办公室主办,《梧州学院报》、梧州市长洲区华洋社区承办的"白杨计划"社区公益志愿服务活动,在梧州市华洋社区正式启动。该计划依托社区建立起来的志愿服务工作站,充分利用梧州高校大学生志愿者服务团队的整体优势,援助社区儿童

---

* 本文作者:吴艳虹、秦玉清。

教学,营造良好社会氛围,推广城市精神文明建设的公益项目。

一群以"白杨精神"作为宗旨的梧州学院学生,在华洋社区开办课业辅导班、公益兴趣班,与华洋社区的小朋友们一起学习,一同成长。

"白杨破土"——开办课业辅导班

对于华洋社区部分经济困难的家长来说,家里的孩子下午 4 时左右放学时,他们还在为生计奔忙而"分身乏术",难以接管孩子,更别说课业辅导了。

为了能够给这些小孩子们提供学习的场所和机会,解除家长的后顾之忧,同时,也为了给梧州学院的学生提供接触社会、增强实践能力的机会,使大学生服务社会变成"常态化",从 2014 年 12 月 10 日起,"白杨计划"的"四点半课堂"课业辅导志愿活动开始启动,实现了学校、社区和家庭三位一体的无缝对接。

按照计划,梧州学院的志愿者们在每周的周三和周五下午 4 时 30 分,在华洋社区与这里的小朋友"相约",或是给他们辅导作业、功课,或是跟他们交流谈心,或是开展绘画写字、做游戏、读有益图书等活动……直到晚上 6 时许,家长来把小孩接走并在点名册上签字后,志愿者们才离开。

据"白杨计划"负责人——梧州学院学生周美君介绍,自 2014 年 12 月"白杨计划"启动以来,负责课业辅导的 40 多名志愿者累计辅导 800 多人次,为受助孩子提供了良好的学习环境和氛围,帮助他们学习与成长。

"白杨成长"——增设公益兴趣班

在与孩子们相处的几个月时间里,志愿者们观察到,华洋社区许多小孩子对一些传统艺术和现代文化都有着浓厚的兴趣,但得不到合适的培养机会,家长也没有能力承担孩子上兴趣班的费用。

于是,"白杨计划"的发起者们根据这个情况,决定在社区里开办公益兴趣班,为社区儿童搭建学习的平台,进一步提高孩子的艺术素养,培养其兴趣爱好,增强孩子之间的交流。

2015 年 4 月,志愿者对"白杨计划"活动的内容进行了重新策划,增设了包括主持、书法、绘画、朗诵等 9 门课程的公益兴趣班。公益兴趣班由市文明办筹集资金,《梧州学院报》负责招募志愿者和提供电脑、相机等相关设备。开班时间为每周六、日的上下午。

　　5 月 29 号,"核心价值记心间"庆六一文艺展演暨"白杨计划"汇报展示会在华洋社区举行。来自新兴二路小学四年级的何淑研是音乐班的学生,她说:"我参加音乐班后不仅学会了唱歌,而且学会了与人们和睦相处,老师们很善良,就像我的姐姐和哥哥一样,关心我、教育我,我们都是好朋友。"

　　2016 年,"白杨计划"还将扩大服务范围,让更多的志愿者和社区儿童参与其中,共筑"白杨林"。

慧眼识珠心中有数*

——人工宝石自动分拣计数器研发团队

在 2015 年第四届广西高校大学生创新设计与制作大赛中,他们的作品人工宝石自动分拣计数器在众多高校参赛作品中拔得头筹,荣获机电结合类一等奖;在刚刚结束的梧州学院创新创业成果展中,他们的作品再次脱颖而出得到了评委们的一致认可,获得了创新创业成果展的特等奖。它的发明者是来自梧州学院机械与材料工程学院、化学工程与资源再利用学院 2013 级机械设计制造及其自动化 1 班的王廷武、莫若康、甘镗英以及 2013 级自动化专业自动化班的石磊,还有 2012 级的机械设计及其自动化班的潘家兴。

互联网 + 创新创业大赛颁奖典礼

项目从想法的萌芽到真正完成,他们 5 个人组成的团队总共花了一年多的时

---

* 本文作者:刘馨洁、吴政英、曹菁。

间。前期进行市场调研的两个多月时间里,他们行走在梧州市的各大人工宝石小作坊,宝石城以及两广市场附近的宝石加工作坊,主要是观察宝石的特性和表面特征,晚上回来便查找相关资料。在梧州宝石节的时候了解宝石的规格种类以及特性,同时他们在调研中还得知,现在梧州市人工宝石分拣主要是靠人工在灯光下使用固定网孔来进行的,虽然宝石的体积小,但是会多面反光,宝石反射的强光会对人的眼睛造成伤害,计数效率和准确率都较低。同时委托自治区科学技术情报研究所进行查询,发现目前国内外并没有类似的机器和设备,为了解决宝石分拣计数困难的现状,他们以单人前期调研和市场调研的方式确立了这个方案。它的创新性在于工作过程无污染、对人体无伤害。分拣效率高的产品所用材料成本低、加工简单且效用性高。"宝石自动分拣计数机能大幅度提高现有宝石分拣和计数的效率以及准确性,项目属于原始创新,具有广阔的市场前景和推广应用价值。"指导老师邓小林说。

成功来自时间和心血的堆砌。前期的准备工作完成后,结合他们了解的生产商对机器的要求,他们开始制图、建模型、购买零件、调试、组装等工作。团队中的5个人都有着各自擅长的领域,来自机械设计制造及其自动化专业的王廷武、莫若康、甘镗英就比较擅长机器的建模与设计,而计数显示屏则需要编程和组装很复杂的集成电路,来控制它的振动和运行,"我们只是学习电路基础学,无法完成这样复杂的集成电路。"王廷武说。于是便邀请了自动化专业的石磊加入了他们的团队,解决了电路的问题。同时还邀请了一名2012级的学长潘家兴参与进来共同研发。

该设备主要由分拣装置和计数装置两大部分组成,分拣功能将不同大小和规格的宝石进行分拣,计数功能可实现对宝石的全自动计数,并通过液晶显示界面对宝石的数目进行实时显示。

机器的工作步骤大致分为进料、筛选、排列、传送、计数几个步骤。每次进料的漏斗可容纳上万颗2.5~4.5mm规格不等的宝石,漏斗下设三个筛网,分别是2.5mm、3.5mm、4.5mm。利用偏心震动电机使宝石通过从大到小排序的筛网掉入v型槽,实现宝石的分拣,再利用直线振动电机将宝石在各自的v型槽中排列整齐,并且推动宝石下落至下方的收集槽,在一颗颗下落过程中触碰到传感器,液晶显示屏便开始显示宝石数量,实现计数。

成功路上总是充满荆棘。项目进行到后期,所有的工作都已经完成,下一步就是对机器进行测试。然而,机器在试验中出现了问题,他们遇到了困难。宝石下落速度过快,计数器无法准确地完成计数,分拣和计数没有达到他们预想的效果。当时距离第四届广西高校大学生创新设计与制作大赛仅有不到一个月的时间。

随着比赛时间越来越近,突如其来的问题一下子让他们都焦急了起来。接连四五天,每天他们都会反复地查找问题、改进零件、重新组装、查找资料、单个环节实验、用不同规格的珠宝来进行实验等,每天都会重复实验十几次,但依旧没有任何的头绪。"当时内心很焦虑,一点头绪都没有,努力了那么久都没达到预想的效果,自己的信心也受到打击,很失落。"王廷武说。

虽然没有头绪,但是他们还是很认真地去寻找问题。功夫不负苦心人,他们终于找出了问题的所在,宝石透明无色会反光,光电传感器无法完全遮光,导致计数器计数不准确。经过多次试验,他们改用压电传感器,通过宝石下落振动来计数。然而这样的零件在梧州却很难找到,他们在梧州市找了四五遍,最远的去到了苍梧、龙圩等周边县,也没找到压电传感器,最终只能在网上购买,在比赛前一周,终于达到了他们预期的效果。

"花了那么多时间,做到了这一步,即使是有困难,也不会随随便便说放弃。"王廷武说。在项目的整个过程中,他们遇到的问题还有很多,首先,第一次做项目此前并没有相关的材料可以借鉴,材料零件需要自己挑选、购买;其次,资金相对不足,不少材料和元器件,考虑到成本因素,只能选用相对低廉的材料进行替代。"成员都是我和韦衡冰老师大二选拔进来的产品数字化建模团队成员,前期经过对他们2年多的专业训练,他们已经具备了较强的产品数字化三维建模、仿真、设计和制造能力。"邓小林老师说。产品耗费了学生和老师大量的时间和精力,样机经过测试,各项指标也达到了他们预期要求。"下一步拟对产品分拣尺寸的可调整性、结构的优化和外观设计进一步改进和提高。"邓小林老师表示。

在学校创新创业成果展上,评委对该项目提出了一些建议,要更有力度地推向市场,与企业对接,在技术方面比如送料速度等方面要进行改进。"设备属于自主创新,相比现有的采用人工分拣,设备实现了分拣计数的全自动化,研发成果在现有基础上可大幅度提高宝石分拣计数的效率和水平,分拣和计数技术的创新性可为其他颗粒状产品的分拣和计数提供重要的借鉴和参考价值。"邓小林老师说。同时对分拣和计数的关键技术目前已经申请了2项专利进行保护,下一步希望借助梧州学院的平台对产品进行市场推广应用。王廷武也表示以后要在效率、准确率、材料、电路排布等方面改进。通过项目研究和参加展览,项目小组成员都有所收获。

期待未来的海之韵[*]

——第八届全国三维数字化创新设计大赛上的梧院学子

《海之韵》数字化艺术作品截图

　　无居民岛开发，是党中央和国家海洋局主要旅游景点开发项目之一，国家对无居民岛的开发提上了日程，未来的生活便让人充满了遐想。面对原生态的环境，人类又将如何与之相处呢？未来的生活是否可以面朝大海，春暖花开呢？梧州学院学子将用作品《海之韵》为你展现他们心中未来的人类和海洋。

　　2015年3月，梧州学院宝石与艺术设计学院2012级动画1班的学生严伟明、彭志勤、胡韶文、张惠生组成烛光团队在老师的指导下踊跃报名参加了第八届全国三维数字化创新设计大赛。全国三维数字化创新设计大赛是在国家大力推进创新驱动、实现从"制造大国"到"创造大国"转变的新的时代背景下开展的一项大型公益赛事，体现了科技进步和产业升级的要求，是大众创业、万众创新的新实

---

　　* 本文作者：刘馨洁、何卓颖。

践、新发展。

作为梧州学院唯一参赛的团队,在开放自主命题比赛形式中,他们以未来"海洋与人的和谐相处"为主题创作的数字化艺术作品《海之韵》在广西赛区中脱颖而出,获得大赛数字表现设计方向广西赛区特等奖。据悉,该方向广西赛区的特等奖只有4名。"此次海滨公园规划设计用虚拟的形式来表现海滨公园的优美风景,让人们感受回归自然的意境,最大化地起到了让人们更好地了解海洋文化、保护海洋资源、合理开发海岛资源的宣传和教育作用。"他们的设计说明这样写道。

团结的整体

"我们参赛时已经大三了,想检验一下自己所学知识,看一看和其他高校的学生差距在哪里。"对于参赛原因,严伟明如是说。严伟明、彭志勤、胡韶文、张惠生4人是梧州学院大学生综合发展中心(以下简称:发展中心)原盛维多媒体工作室的成员。在彭志勤的组织下,他们参加了第八届全国三维数字化创新设计大赛,历时2个月终于创作出了他们的参赛作品——《海之韵》。

严伟明等4人是一起工作2年的小伙伴,他们各有所长。今年,他们以团队的形式参赛,每个人的分工都十分明确。严伟明负责建模和材质;彭志勤是联系他们几个人的"纽带",也负责和老师沟通;胡韶文负责后期;严伟明和张惠生则一起负责场景布置。为了能够制作好这部短片,他们去网上查找关于动画设计的教程视频,到图书馆阅读关于建筑动画的书籍,遇到不会的地方他们也会向指导老师李松请教。

作品中有一个镜头是在一片温暖的海域,水里还有人悠闲地游着泳,镜头中蓝色的海面上泛起一层一层海浪似的泡沫,伴随着动画在波动。李松老师看到这里便指出他们的错误:"这样的泡沫只会在水流从高处落下,冲击拍打岩石时才会形成泡沫水花,在海上一般很少会出现。"了解原理后他们便进行了修改。

参加这样的比赛不仅要在软件技术上过关,还要在知识理论层面下功夫。"在自然景观的创作上常常要考虑一些实际性的问题,例如要了解气候类型的分布、当地植被种类以及分布、建筑结构、生物种类等,同时也要处理好光线以及色彩的搭配。"胡韶文说。

努力的团队

从制作模型、上材质、导入 Lumion 软件检查模型是否有问题、摆场景、加镜头、加特效、做渲染到合成，这之中的每一步都需要花费大量的时间。回忆起这 2 个月，他们重复从最初的创作、后来的修改到最终的完善，都离不开辛勤付出。为了争取时间，每天早上 8 点发展中心开门后，他们就来到了这里，开始一天的工作，中午匆忙吃个饭后又回到这里继续工作，直到晚上 11 点多发展中心关门后才离开。

由于前期没有很好地策划，他们在前期上花费了 2 周时间，这就导致了后期可以用的时间也就只有 1 周了。胡韶文说："我从凌晨 12 点到第二天早上 8 点用了 8 个小时的时间来完成渲染。"他还说，制作这部短片最大的困难便是渲染这个步骤，因为有时候画面会出现"黑面"，出现"黑面"的原因也有很多种，如果是特效问题那么就要重新删了特效再重放一遍，如果是模型的问题则需要重新导入，过程十分烦琐。

渲染完后是配音乐，音乐的选择最重要的是节奏与画面律动相吻合，"合适的音乐配上画面能够给人营造一种意境，也使得画面更加的生动形象，视觉加听觉才能更好地体现出作品想要表达的内涵。"胡韶文说。对于完成作品后再配音乐，选择合适的音乐也有一定的难度。光是找音乐他们就花了 4 天的时间，短短 3 分多钟的视频他们配了 3 段音乐，分别营造出水声、静谧、轻快的氛围。严伟明说："通过这次比赛，我们更加了解了园林景观的制作，也掌握了一些地理和生物的知识，同时也对建筑表面结构有了深刻的理解。"

"面朝大海，春暖花开"，烛光团队希望能够在今后看到人与海洋、人与自然和谐相处的景象。

借力微软，孕育"政校企"结晶*

——微软 IT 学院建设

项目来源 2014 年 3 月 28 日，梧州市与微软(中国)有限公司在南宁签署战略合作备忘录。备忘录商定，微软(中国)有限公司将授权许可在梧州设立广西微软创新中心，并与梧州市开展智慧城市(Smart city)项目合作，协助梧州市构建服务于智慧养生养老云平台和智慧城市云平台，授权合格教育机构引入"微软 IT 学院计划"(MicrosoftITA - cademyProgram)，加强本地 IT 人才培养。微软(中国)将通过其关联公司在 3 年内向广西"微软 IT 学院计划"成员单位学生和老师免费提供一定数量的 Office365 教育公有云 A2 功能，扶持新创企业，授权合格教育机构建立"微软技术实践中心"，并且引入了"微软点亮梦想计划"，建立利于本地人才培养的开发测试培训及实践平台。

微软大中华副总在软件开发中心参观

软硬件建设根据梧州市政府工作安排，梧州学院微软 IT 学院筹备工作于 2014 年 11 月开始。筹备期间梧州学院派出专业教师随梧州市政府考察团赴广

---

* 本文作者：信电。

州、西安、秦皇岛等地针对应用型人才培养、微软创新人才培养、智慧城市建设等内容进行考察学习,并在此基础上形成了梧州学院的初步建设方案。

2015 年 3 月,学校领导审定了梧州学院微软 IT 学院建设的总体规划,并决定在梧州学院大学生发展中心规划出 900 余平方米用于建设微软 IT 学院。

梧州市政府、梧州学院高度重视微软 IT 学院建设工作。学校成立了微软 IT 学院项目建设工作领导小组,程道品副校长任组长,教务处戴继明处长、信电学院甘金明院长任副组长。杨奔校长 2 次召开现场办公会议,多次来到施工现场指导工作,程道品副校长更是一天一检查建设进度。

2015 年 5 月 5 日,梧州市市长朱学庆在市委常委、宣传部部长、副市长黄振饶,学校校长杨奔,副校长玉振明、程道品的陪同下,到梧州学院检查微软 IT 学院项目建设进展情况,协调解决项目推进中的困难和问题。

梧州学院从梧州市政府接收了价值 500 余万元的微软正版软件,其中包括开发工具和管理平台、数据库系统、办公软件、多个版本的操作系统等。

微软 IT 学院是微软公司指定的授权培训中心(CPLS)和国际认证考试机构,是培养符合全球 IT 领域需求的高端 IT 技术人才培养基地。目前在全球有 1000 多所分校,中国有 100 多个分校,在读学员 100000 多名,是目前全球规模最大的高端 IT 技术人才培养基地。

为使微软 IT 学院的教学科研能在梧州学院迅速运作起来,信电学院积极与中国电子科技集团下属公司深圳国信安信息产业基地有限公司,以及国家发展改革委——微软软件创新中心深圳分中心(深圳市鹏微软件技术有限公司)等洽谈合作事宜,结成产学研合作联盟,在 IT 高级技术培训、订单式人才培养、学员就业推荐、学科建设、技术科研、信息资源的开发利用等方面展开多领域、多渠道、多方式的合作,为高层次的应用型人才培养和科研开展奠定基础。

梧州学院的微软 IT 学院将致力于为学生提供完整的 IT 学习解决方案和 IT 人才成长晋级之路,所开设的课程是微软凭借自身技术优势和业界经验设计出的一套优质课程,以企业的就业需求为导向,以项目实战为核心,为不同层次的学生提供不同的学习体验。学院将开设软件工程师、网络工程师、网站工程师、3G 工程师、java 工程师、软件测试工程师、android 开发、IT 认证技术培训等精品课程。信电学院通过校企合作、产学研融合的模式凝聚了强大的技术力量和师资团队,并以厂商作为技术支撑,可为在校学生、企业 IT 决策者、项目经理、技术人员、企业 IT 人员等提供优质的培训课程和真实项目实训环境。

"合动力"打造"消防金刚"*

2015 届宝石与艺术设计学院优秀作品展的会场上,3 个外形酷炫、科技感十足的金刚吸引不少同学驻足观看。回想起为玉林消防总队设计"玉林消防金刚"这个作品的经历时,刘浩霖苦笑道:"为了这个主题的动画设计,我们夜以继日地在动画实验室里不断修改、重复制作。作品完成的那一刻,吊在半空整整一个月的心才放了下来,好好地睡上了一个安稳觉"。

刘浩霖口中的"玉林消防金刚"是动画教研室与玉林消防总队的一个合作项目,把消防汽车、消防坦克、消防飞机、消防船作为原模型变形而成的机器金刚,通过机器金刚的主视角制作而成的消防宣传影片。据悉,该项目是由梧州学院宝石与艺术设计学院 2011 级动画设计 2 班的刘文闻、黄志东、许福运、刘浩霖、刘炜浩组建的"合动力"团队完成的。

"别人花三个月的时间设计的作品直接被否定了,现在就剩一个月,怎么办?"黑着眼眶熬着夜,最少的时候一天只睡 3 个小时是他们的真实写照。每天用凉水匆匆洗脸后便奔向实验室,一手拿着包子,一手快速地移动鼠标,开始工作。

"每当我闭上眼,我总是可以看见那些跳动的画面。"刘文闻回忆起自己与伙伴们奋斗的那段时间:面对着委托方的"回炉重造"咬紧牙关,继续遵照委托方要求反复进行修改。最苦的时候,上午在医院打点滴、眯一下眼,下午立马回到电脑前修改作品,正是有了这样永不放弃的精神,终于在 2015 年春节前,他们按时按量向玉林消防总队交付了任务。

---

* 本文作者:黄祖悦、廖英节。

魅力数模　用心在搏[*]

——数学建模协会

　　在梧州学院为数不多的学术性社团中,数学建模协会(以下简称数模协会)是很有代表性的一个。

　　"数学建模",许多非理工科学生或许会对这一概念感到陌生。简单来说,数学建模,即通过构造一个完善的数学模型,利用数学中的原理和方法去解决实际生活中的具体问题。

黎协锐(前中)老师在给数模协会成员做培训

---

　　[*] 本文作者:梁海浪、陈琳、黄国航。

众人合力，一路收获

从 2005 年 12 月 8 日创会至今，数模协会走过了 6 年起起伏伏的发展之路。据数理系应用数学教研室主任黎协锐老师介绍，数模协会的成立旨在引导和组织更多的学生参与全国大学生数学建模竞赛，通过竞赛活动推动我院的数学教学改革，培养学生的综合素质和创新能力。

数模协会自成立至今，有着专业指导团队——数理系黎协锐、刘敏捷、卢振坤等老师担任协会的指导老师，协会还得到学院副院长玉振明、学院原博士生导师苏运霖教授的关注与支持。本届数模协会共有 100 多名成员，协会下设学习部、策划部等 8 个部门，每周都会邀请指导老师或有过参赛经验的同学为成员进行一次数模知识培训。

在平时的培训课中，教室里总是座无虚席，指导老师透彻精辟又风趣幽默的授课，使成员们在轻松的氛围中走进数学建模复杂的思维世界，一道仅仅几行字的题目要经过反复思考和推理验证方能理清头绪，找到解题的突破口。平日里，没事的成员会聚集在一起，讨论交流数学学习的所得所获，成员间会因为一道题意见不同，而争论得面红耳赤。

在指导老师的带领下，数模协会还不定期地开展讲演比赛、数学知识抢答、专家讲座等学术活动，活跃校园学术气氛，同时为参加一年一度全国大学生数学建模竞赛积累知识。数模协会的指导老师，坚守工作岗位，尽其所能为数模协会提供帮助，现任会长吴家荣说："有一次，覃桂荘老师为了让我们顺利申请到多媒体教室上课，不辞辛苦从太阳广场赶回来帮我们拿多媒体教室的钥匙"。

在全国大学生数学建模大赛中，数模协会先后七次参赛，共获得 38 个全国和广西赛区的各项大奖，其中有 6 个全国二等奖，7 个广西赛区一等奖。在 2009 年，黎协锐老师指导的参赛队的获奖论文入选广西赛区优秀论文集，这是从年度广西赛区参赛的将近 500 篇论文中选出的 8 篇优秀论文之一。

魅力数模，精益求精

数学建模竞赛前的培训流程主要以集训为主，参赛的数模协会成员从每年的 3 月份便着手准备，在赛前的建模强化训练阶段（炎热的暑假期间），大部分成员会自觉的留校培训。在一个多月的魔鬼式训练中,有时要从早上8点多开始集训,一直做到晚上10点多,有的同学甚至做到晚上12点。现任副会长庞贤和在集训之余还去图书馆借了10多本相关书籍来阅读,为比赛打基础。

比赛的那三天,要求3名选手组成一队,从网上下载试题,利用计算机在3天3夜的时间内完成一篇论文,然后邮寄到竞赛主委会,参加评选。选手在找到合适的题目后,就开始紧锣密鼓地搜集材料,团队的三个人根据各自所长解决不同问题,遇到棘手的问题则集思广益、共同探讨,找出最佳答案。3天里,他们几乎没有休息时间,面对着电脑,看得眼睛发酸、头发晕是很正常的。为了节约时间,数模的有些成员索性就把枕头、被子带到机房打地铺,这三天是对他们生理和心理的双重考验,也是对他们耐力和毅力极限的挑战。

原数模协会成员韦星光自2008年参加全国大学生数学建模竞赛以来,连续三年获奖,其中,2009年和2010年均获得全国二等奖和广西区一等奖。在覃桂莊老师的回忆里,每次培训他总是第一个来,最后一个走。在课余时间,他亦会自觉去图书馆借阅相关书籍,遇到不懂的便去办公室请教老师,许多培训课上涉及的知识他都提前学习过了。

刻苦训练,永不言弃

与记者言谈中,吴家荣不时流露出对"手下干将"们的肯定:"他们大部分都是理工专业的学生,对数学有着极大的热情,具有很强的学习能力和工作能力。"

前任会长韦昌来说:"研究数模,不仅能锻炼我们查阅文献、收集资料的能力,也能提高我们的文字表达水平。更重要的是,同舟共济的团队精神和组织协调的能力能使我们终身受益。"数模协会第5届副会长萧集祥现为大学生综合发展中心优雅科技公司的销售经理,他表示:"能成为销售经理,这和我在数模协会中所学到的扎实知识以及团队合作意识是分不开的。"

在外行人看来,能够静心钻研、埋头苦干的人应该是男生,但数模协会目前却以女生居多,她们中的大部分都对数模有崇高而亲切的感觉。韦雪萍、陈欢、黄秀深等3位女生不约而同地表示:"数学建模不仅能改变我们的思维方式甚至能改变我们的生活方式。"覃桂莊老师也告诉记者:"在数理系每年评出的优秀论文中,作者大部分都是从数模协会走出来的学生,他们一般都具有较强的创新能力和逻辑能力。"

　　"坚韧不拔,永不言弃,刻苦训练,再创辉煌"是建模人不懈的追求。数模协会在对自身的宣传显得略为低调,他们的大部分时间都用于开讲座、上培训课,平时的财务支出大部分也是用于购买、打印各种培训资料。作为一个学术性质的协会,数模协会力求引导学生参与到数学问题的解决中,感受数学带来的快乐与魅力。

　　学院团委韩小平副书记谈及数模协会被评为"广西高校优秀大学生社团"称号时表示:"数模协会的大部分成员都参加过全国大学生数学建模竞赛,获得了许多奖项,为学院争得了荣誉。而且他们举办的很多活动都具有创新性,这对学生能力的培养乃至学院的发展都具有非常重要的意义。"

动漫"国度"的动漫人 *

——梧州学院 CACK 动漫社

你是否记得 2011 年 12 月 28 日的动漫电子竞技大赛及动漫有奖竞答活动？

你是否偶尔被校道上、A4 篮球场里的 COS 人员所吸引而感到新奇呢？

你是否曾注意到校园里经常出现 3 辆一模一样可爱的鹅黄色自行车上,贴着"钓鱼岛是中国的"呢？

……没错,它们就是梧州学院富有年轻活力的社团——CACK 动漫社的"杰作"。

炫漫之夜晚会现场

---

* 本文作者:吕子辉、邓雪婷。

有想法就要去行动

2011 年秋季,艺术系 2011 级动画专业的粟志娟、韦凤等 10 多名学生,在各社团招新活动中走了一圈,发现学校没有动漫社团,感到很讶异。她们便萌生出创立动漫社的想法。授课的陈文等几位老师对他们的想法也大为赞同,并鼓励他们尝试创立动漫社。

在他们筹备之际,经老师牵线,她们与电信梧州分公司合作推广一款游戏。于是,电子竞技大赛决赛在 A4 球场激烈上演,内容有动漫知识有奖竞答、电子竞技《实况足球》《狂野飙车 6》《太鼓达人》等。大赛收到了意想不到的效果,创建动漫社到了水到渠成、信心满满的节点上。

经过几个月的筹备,2012 年 4 月 8 日,CACK 动漫社正式成立。以艺术系 2010 级首饰专业班的于艺贤社长为骨干的 25 名学子组成了第一届 CACK 动漫社。

那么何为"CACK"? 其实,每个英文字母都有自己含义,4 个英文字母分别代表大学、动画、漫画和国度。他们认为,动漫具有国际化和潮流性的特点,为了阐释他们打造动漫国度的理想,最终他们确定给动漫社命名为"CACK"。

谈起一起为梦想而奋斗的日子,策划部部长粟志娟感慨颇多。社团成立之初,骨干们基本没有什么经验,为了签个动漫社成立的章程,他们反反复复修改了 20 多次,历时将近三个月。动漫社成立后举办第一个大型活动,资金十分紧缺。为了筹备资金,社员们跑遍了梧州大街小巷去拉赞助。不清楚场地如何申请、会场如何布置,也不了解灯光怎样控制、人员怎样安排……在筹备晚会工作中他们四处碰壁。很多时候,他们还常因意见分歧而"争吵"……但每一次活动都能产生能力和友谊的叠加效果。

有创新就要去展示

2012 年 5 月 17 日,CACK 动漫社举办了成立后的第一场晚会———第一届动漫配音大赛暨 CACK 动漫社诞生庆典活动。

2012 年 12 月 16 日,CACK 动漫社举办了第一届动漫画展及"炫漫之夜"晚会。

每次活动,他们都力求与众不同、突破自我,用创意彰显闪光点,以其独特的风格和方式传达着动漫的理念和乐趣。就连艺术系主任杨杰都赞同道:"动漫社的活动办得很不错,既能活跃校园氛围,又可带动专业学习。"

在社员培养方面,他们也力求让大家娱乐学习两不误。干部们鼓励社员踊跃参加演出或者走秀,社员的胆量和勇气在各种活动中得到锻炼。鉴于部分社员是非动画专业的,动漫社邀请艺术系齐晨老师给社员上《动漫日语教学课程》培训课,加强学科知识的学习,增强社员对时新动漫的了解。

在宣传招新方面,他们别具特色,cos 动漫角色、模仿动漫人物的语调等形式,在校道上成为一道独特的风景,社员人数也迅速扩展到 170 多人。

有追求就不要止步

随着团队的日益壮大,CACK 动漫社开始把目光投向校外。

2012 年十月份,动漫社接到了桂林创意文化节的邀请函。最后三天,在老师的鼓励下,他们决定参赛。第一天将剧本初稿完成;第二天马不停蹄地准备道具和进行彩排;第三天他们踏上了桂林之旅。两天时间创作出来的《动漫好声音》表现突出,在文化节上大放异彩。当晚他们还接受了桂林电视台的采访。

今年宝石节期间,市里的一家新店开张,动漫社 cosplay 也应邀参加庆祝了。"每一次演出,我们都会发现很多不足之处,但是这也是我们努力的方向。"粟志娟说。

12 月 16 日,动漫社举办了第一届"展个人魅力,秀动漫风采"画展,"当我一走进报告厅,看到活泼可爱的 cosplay 人员,我就有一种特别的感觉,那就是时尚动感,我整个人都兴奋起来了。"杨杰主任说。晚会还邀请了玉林师范学院的学子前来参展,迈开了与其他高校合作的第一步。当晚,梧州高中、梧州一中和梧州二中不少学子也慕名而来,部分学生还参与了当晚节目的 COS 表演。

谈到未来的发展,他们心中有很多想法:举办一次高校画展、动漫游园活动、将动漫社打造成工作室……相信这个有创新与活力的新生团队可以走得更远!

一个党员　一面旗帜*

——梧州学院把党支部设在大学生社团和创新创业项目上

在梧州学院大学生综合发展中心社会角色体验区,有一个办公区域与其他创业项目办公室相比有些与众不同:鲜红色的背景墙上镶嵌"梧州学院大学生党建管理服务中心"几个大字,大字下面贴着社会主义核心价值观24字的基本内容的标语。该办公室虽然只有十多平方米,但是这里却是管理和服务全校800多名在校学生党员的学生组织机构。

近年来,梧州学院为了加强基层党建工作,通过建立大学生党建管理服务中心、学生党员先锋示范岗,利用新媒体推进党建等措施,从党员管理和服务层面、学习和生活层面做出规范和引导。

学生党员自我管理服务。2014级法学班的韩强强是党建服务中心第2届的主任,那时,他和另外9名干部组成了该中心。他说,服务中心每年组织以"中国梦·我的梦""梦想之行启于梧院"等为主题的优秀学生事迹宣讲会;组织大学生党员到梧州市社区开展关爱帮扶活动,为家境贫困的儿童义务家教等服务活动,协助学校党委开展全校性大学生主题实践教育活动,对二级学院学生党建中心、学生党支部、学生党员发展情况进行检查。

* 本文作者:谭永军、郑文锋。

学生党员在中心工作

2013 年以来,每逢"七一"建党节之际,党建管理服务中心利用党的节日组织党员代表开展"喜迎七一,为梦想聚集正能量""建党海报评比活动"、重温入党誓词等主题活动,在传统节日添加新元素以提高党员意识。学校党委组织部部长李海林介绍说,党建管理服务中心有效地弥补了学生支部书记任期短、缺乏党务工作经验、容易出现交流沟通的不足,促进了党员培养考察工作的延续性、完善学生党员后续教育机制。

一块党牌,一面旗帜。每个党员都挂一张牌公开个人信息,接受同学们的监督。这一举措在该校经济管理学院已经实施了近 5 年。该措施以发挥学生党员先锋模范作用为目标,实施学生党员先锋示范岗,使得学生党建工作开展有声有色。

"这不是一块简单的牌。"该二级学院挂牌党员卢佩霞在谈挂牌感受时说道:"在没有挂牌以前,自己非常期待能够参加挂牌,然而挂牌之后才清楚地知道这也是一个警示牌,因此每当不想上课,学习、生活作风懒散的时候,看到这个牌就会激励自己,并提醒着自己作为一名中共党员,要时刻做好先锋模范作用。"

该二级学院将学生党员先锋示范岗作为学生党建工作的一个品牌活动,组织该系学生党员和预备党员在自己宿舍的床位上挂牌,在各宿舍楼设立监督岗,接受全校学生的监督与考察。对生活作风不符合党员标准的进行批评,严重者则取消挂牌资格;对于成绩优秀、生活作风严谨的学生党员授予"十佳学生党员学习示范标兵""十佳学生党员宿舍示范岗"等荣誉称号,并在校园主干道的宣传窗展示学生党员先锋示范岗。

新媒体提高党员教育实效。"党员必须履行下列义务……""社会主义核心价值观内涵包括……"该校2012级小学教育专业的李梅的手机经常收到诸如此类的信息。预备党员的她休息前习惯性地掏出手机浏览信息时,会先打开飞信收件箱,阅读"口袋党课"栏目发送的信息。这个飞信群里有60多名成员,包括所有学生党员和负责指导工作的教师。

"口袋党课"给群成员发送的信息除了党的知识普及外,还有时政热点、党员活动通知、党支部工作安排等,这些信息通过飞信发送到每一个人的手机上。2014年的"口袋"党课,以飞信为形式来开展,已为成员发送了1464条"口袋"小党课。

这是该二级学院推行党员教育管理"2网合一"新模式。制定"2网"机制,即通过互联网的博客、邮箱、QQ群等网络工具实现对党员的管理;通过手机网开展"口袋"党课、党员服务令,实现党员的理论教育。

李梅说,身边的党员同学和她一样经常手机不离手,通过手机就可以阅读和了解各类与党有关的知识和工作安排,非常方便和高效。

据了解,该校还将党支部设在大学生社团和创新创业项目上,发挥大学生党员创业的带头先锋作用。在该校大学生综合发展中心的创新项目中,一些标杆性的项目,如冬行映像文化传播工作室、异元素服饰销售中心、酷购商贸中心、仁民公设广告设计工作室等,都是学生党员在起主导作用。得益于党员的先锋示范作用,党组织对在校大学生的感染力和吸引力不断增加,2014级新闻学专业班申请入党人数占全班学生62%。

挑起大梁，挑战自我*

——大学生综合发展中心管理办公室学生助理团队

陈燕燕/供图

"同学，请问这儿有梯子吗?""同学，可以帮我搬运一些东西吗?""同学，请问去哪儿申请展厅?"……下午3点，梧州学院大学生综合发展中心（以下简称发展中心）管理办公室的学生助理们又开始了日常忙碌的工作。他们脚步匆匆，不时地为发展中心来访的同学们解决问题。现在，让我们走近他们，走进繁忙的中心，感受他们对于工作的热情。

---

* 本文作者：胡桥玲、黄淑萍。

一曰统筹:认真负责

"通常我会在办公室做一些烦琐的工作。例如明天要开创业论坛会,那我今天就要在办公室收集人员名单、安排场地、调整人员座位等。"经济管理学院 2013 级金融工程班的陈燕燕道。与其他部门的成员相比,作为发展中心副主任,陈燕燕的工作十分繁重。因为副主任这个职位相当于发展中心的大脑,她必须了解各个部门的基本情况。发展中心入驻的企业共有 28 个,项目组 12 个。

陈燕燕在发展中心管理办公室已经工作了一年多,而谈到最忙碌的时候,当属今年 4 月份中央政治局常委刘云山一行来梧州学院视察之际。当时,发展中心管理办公室的全体人员忙着布置发展中心:打扫卫生、制作中央领导到来当天播放的视频、收集党员信息并展示出来等。他们只有短短一天的时间来布置,必须保证每一个细节都做到位,因此,他们近深夜一点才结束工作。工作如此繁重,她又是如何胜任的呢?陈燕燕表示,要胜任副主任的工作,需要统筹全局的能力,时刻了解每个部门的工作进度,做一个会发现问题更加能解决问题的人。这份工作让她获得了一份她认为很珍贵的能力,就是理性地看待事情。在面对工作与生活的冲突时,例如中午要开会,而且持续时间很长,所有与会成员都没有足够的时间去食堂吃午饭,这个时候,就先要自我调整,然后说服每一位成员接受安排,必要的时候,给予他们一些解决问题的建议。陈燕燕严肃地说:"我认为每一个负责的工作人员都应当谨记——努力去学会让自己配合工作,而不是让工作和领导去迁就你。"

二曰把关:全心投入

作为创业实践部(以下简称创业部)的工作人员之一,信息与电子工程学院 2013 级电子科学与技术班的王厚鹏表示,创业部是所有部门中最核心的机构,最主要的工作有两项:一是引进新项目,创业部是新项目审核的第一双"把关之手",对项目的格式、内容提供修改意见,并且分析项目可行性,以保障项目的顺利实施;二是为项目组注册成为企业公司提供工商局相关证明。

创业部的工作量很大,为了能够积极投入到创业部的工作中,努力得到老师的肯定,那时刚上大二的王厚鹏退出了已经工作一年的梧州学院网学生通讯社,他表示,那是他第一次感受到"改变的益处":"换个角度看问题,勇于踏出改变的步伐,你会发现另一片更广阔的天空。用心去做一件事,比三心二意要收获的东西会更多。"

如今,他担任了创业部的副部长一职,肩上的担子更重了,然而没多久,他遇到了担任干部以来最大的难题:如何在第一届"创业街"活动中吸取经验,使第二届"创业街"活动更加圆满完成? 王厚鹏表示,第一届活动得到的反响不大,主要有两个原因:首先是摆点的人员态度不够积极,缺乏主动性;再者是宣传力度不够,导致缺乏关注。针对这两个问题,王厚鹏带领创业部的人员和参与活动的项目组负责人进行沟通,对参与人员进行培训,并且使用社交媒体进行宣传。"我们要有对困难迎难而上的信念,"王厚鹏说:"失败并不可怕,可怕的是不敢面对失败。"

三曰尝试:细心谨慎

担任发展中心管理办公室行政人事部副部长的同学,是来自国际交流学院2013级英语(经贸方向)3班的张红艳。她的日常工作主要是安排办公室助理值班以及监督他们工作,对办公室文件、对外公文发布的存档,申请场地、海报等。回想起这两年的工作,她也有自己的"小骄傲"——当时张红艳还是一名助理,在第一次接收申请表时,心中有些忐忑。"在初步审核申请表的过程中,我左右徘徊,一个人斟酌了很久。"在反复检查了申请表之后,她上交给老师。老师指出了申请表中不合格的地方,并建议她在初步审核申请表的时候,除了要注意申请表的格式之外,还要确保内容准确。之后,张红艳把那名负责人约到办公室,把错误一个一个地指出来,并亲自监督、审核,确保申请书准确无误。自从这件事后,她审核过的申请书鲜少出现问题。张红艳说:"现在,当遇到申请表需要审核而我不在现场的情况,我都会根据助理发来的申请表照片直接告诉他们怎么改。因为申请表的正确格式已经被我深深地记在脑海里了。"

"当我还是一名助理的时候,责任意识比较淡薄,现在处在副部长这个职位上,我谨慎小心,尽力把错误率降到最低。我也会考虑如何既能坚持工作的原则,又能与项目组良好沟通这个问题。"张红艳道。

能够在发展中心管理办公室的工作任务中挑起大梁,他们拥有的并不仅仅是出色的工作能力,同样展现在他们身上的,是持之以恒的信念,是在繁重工作中化压力为动力、在学习中反复大胆尝试,更好完成工作的恒心。

铿锵玫瑰，竞相开放 *

——大学生综合发展中心讲解组

在大学综合发展中心，常常有来自不同院校的领导、老师，不同年级、班级的学生团体前来参观，陌生的面孔来了又去，去了又来，然而始终不变的是讲解员忙碌的身影，她们用激情和执着坚守岗位，就像一朵朵铿锵的玫瑰，竞相开放。

经验是"练"出来的。"欢迎大家来到大学生综合发展中心参观，首先映入眼帘的是'中心'的标志……"一位身着正装、挂着工作证、戴着"小蜜蜂"的讲解员正在给学生介绍大学生发展中心，她就是大学生综合发展中心展览部讲解组的组长、外语系 2011 级经贸 4 班的方嫒莉。

讲解员在大家面前是一副"光鲜"形象，他们在人前滔滔不绝。然而，作为一

* 本文作者:陆羽翔、韦泥、王秋阳。

名讲解员,并不是一件简单的事,他们必须具备多方面的能力,不仅要求普通话水平要高、心理素质要好、语言表达能力要强,更需要学会临场灵活应变。方媛莉说,她们在给前来参观的同学们讲解时,不仅要反复背演讲稿,还要进行"岗前"培训,几个讲解员聚集在一起,负责讲解的人员进行现场模拟,其余的人根据讲解员的语音、语调、语速、肢体语言和站姿等提出意见和建议。每周,她们会有一两次集体培训。

"我的表达能力不错,但是知识面比较窄,接触到自己不懂的就会感觉'书到用时方恨少',所以我'上岗'前经常浏览相关知识,让我的讲解更加生动。"法律与公共管理系 2011 级甘海霞说道。

"科学发展成就辉煌"主题活动 1069 人次;"学习雷锋好榜样"宣传图片展 1427 人次;2012 级新生"爱校"主题教育 1828 人次……翻开大学生发展中心的登记本,一组组的数据体现了同学们对参观发展中心的热情。每个活动平均每个人讲解 10—20 次,每次讲解 30—45 分钟。

任务落到了讲解组 5 个讲解员身上,方媛莉与中文系 2011 级对外 3 班的丁灵琪,法律与公共管理系 2011 级公共事业管理班的方丹、甘海霞,经济系 2011 级国贸 4 班的高珊组成了这只独特的队伍。

发展中心每年都会举办 10 场不同的主题活动,为不同的学生和老师讲解相关知识。"办公室的人手少,5 个讲解员课外的大部分时间都是在发展中心度过,随时候命,防止'突发事件'发生。"方媛莉说。有一次,一个班的学生"不请自来",刚好与另一个班的同学挤在了一块,发展中心的门口挤满了人,方媛利第一反应就是先让一个班的同学排好队等着,讲解完再去给另一个班讲解。有时候碰上没有讲解员在的情况,办公室助理就顶上去了。

"我们的职责是让前来参观的人知道大学生综合发展中心的理念和各个区域的功能,更希望他们能够参与进来,共谋发展。"方媛莉说。大一时,方媛利因其优异的表现被老师推荐到中心上岗做讲解员。"当时人手紧张,我刚来没多久老师就让我上岗去给学生讲解办学成果展了,好在平时经常跟在老师和学姐身后聆听他们讲解。"

为了贯彻党的十八大精神,本学期他们举行了为期三天、主题为"科学发展,成就辉煌"的活动。为了更好地向同学们传达十八大的精神,她们必须对党的知识有深入的了解。"讲解稿很拗口,党政性很强,要反复地背诵才行。"

那时甘海霞发着高烧,但当时于人手紧,而参观的学生却像"车轮战"一样一拨一拨的来，她一直坚守在自己的岗位上，不肯请假，硬是踩着高跟鞋，穿着工作服，直到把所有学生都送出了发展中心，她才松了一口气。"在上第一堂培训课的时候我就深知，我们代表的是学院的一张名片，身上肩负的责任很大，决不能让学校的荣誉受损，如果请假，就意味着必须推掉原有预约。"

面对长篇大论的稿件、发展中心长长的走廊、大大小小的来访者、繁重的讲解任务……她们没人喊过累，更没人说过要放弃。

丁灵琪说："我们讲解组每个成员都很友好，我们就像是一个和睦的大家庭。"讲解组的每一个成员都是很喜欢这个集体的，她们团结互爱，共同进步。如果有人工作时间与上课时间冲突，其他成员就会设法代替。"虽然很累，但我很喜欢这份工作。"甘海霞说。

"老师对我们也很好。当在工作中我们感到失落的时候，发展中心的指导老师李德华老师就给我们讲笑话，鼓励我们，教导我们，让我们感到很温暖，也更有干劲"，丁灵琪笑着说，"我不仅能学到很多东西，而且能锻炼我的胆量，提升我的素质，更能培养我的内在气质。"

她们的每次讲解，每次工作，她们的汗水，都深深印在每一位领导老师同学的心里，吹散不去也涂抹不掉。发展中心办公室主任李德华感触地说道："她们一直以来都任劳任怨、尽心尽责，即使没有任何的经济报酬，但他们总是保持着一颗乐观向上的精神面对所有的困难，用专业的水准严格要求自己，在不断的学习中提高自己的讲解能力，非常感谢她们对中心所做的一切。"

精彩大学生活助创业成功 [*]

——广西壮牛水牛乳业董事长农天懂的创业故事

现任广西壮牛水牛乳业有限责任公司董事长兼总经理的农天懂,是 1997 年广西大学梧州分校企业管理本科专业的优秀毕业生。他在校 4 年是学校的风云人物。大学一年级时他就光荣加入中国共产党,连任 3 年校学生会主席,参加校园"十大歌手"比赛荣获亚军,校演讲社和吉他俱乐部两大协会的创始人,毕业后荣获 1999 年"南宁市十大杰出青年"称号。

对于农天懂的班主任赵虹老师来说,记忆最清晰的就是在大二上学期的一次班干如何选举的讨论会上,已担任过大一班长的农天懂提议班级干部选举可参照外国的总统选举,即班长和团支书由全班同学民主选举,副班长及其他学生干部

———————————
　*　本文作者:刘涛。

全部都由班长和团支书指定。这一创新性的班级干部选举制度得到班主任的高度认可和全班同学的一致同意,并在整个学校的班级管理中推广,因此,1997级企管班和农天懂的名字在学校声名远播。

演讲社刚创建的时候,作为社长和种子辩手的农天懂,率领另外三位辩手积极参加广西区的大学生辩论赛,凭借充分的准备、十足的信心和赛场上的出色表现,在全区28所高校参赛代表队中取得前五名的好成绩。随后,演讲社一炮走红,在学校社团中的竞争力和影响力得到大幅度提升,在学校和全体同学的心中不可否认地成了最佳社团。这次经历让农天懂更深刻地认识到那句话:机会总是留给有准备的人。在今后的成长中,农天懂时刻准备着。

大学4年短暂而精彩纷呈,每一届学生都会面临毕业,随之而来的各种毕业双选会、招聘会,对于胸有成竹的农天懂而言无任何压力。毕业生的双选会上,手持简历同学们都会习惯性的相互问一句:你也来投简历了?你也来找工作了?当问到农天懂时,他却面带笑容、坚定自信地回答道:不好意思,我是来签约的!一句风趣幽默的话却满满的正能量,不经意间激励着同学,共同期待美好的未来!

1997年从我校企管专业毕业的农天懂,在班主任赵虹的指导下选择了食品中的牛奶行业。走出校门后的农天懂最初在广西一家老牌乳品企业——南宁某国营乳品厂工作。在那里他从一个普通的实习员工和生产员工做起,抱着认真学习的态度,对自己严格要求,兢兢业业,通过四年的不懈努力,他成功通过南宁市年轻干部选拔,担任公司负责销售的副总,成为当时南宁市经委系统最年轻的单位副职干部。但农天懂并不满足,经过深思熟虑,他毅然放弃仕途下海经商。通过千方百计与广西水牛研究所合作,经过三年的不断摸索创新,于2005年成功创立了中国第一家专业做水牛奶的企业——广西壮牛水牛乳业有限责任公司。

依托全国唯一的水牛科研机构——中国农业科学院广西水牛研究所,广西壮牛水牛乳业有限责任公司已经成为一家集乳品、果蔬饮品研制、开发、生产加工、零售、连锁加盟于一体的按现代运营模式运作的企业,下设研究中心、合作加工厂、营销中心和配送物流中心等机构。在农天懂的率领下,公司运用现代企业新理念,结合现代乳品加工技术,整合广西特有亚洲最丰富的奶水牛资源,以"绿色、新鲜、健康"为宗旨,研究开发独树一帜的原生态水牛鲜乳产品。壮牛水牛奶有丰富的产品项,有纯鲜的原生态水牛奶、酸奶、双皮奶、奶酪、益生菌水牛奶等系列。产品的品种已超过20个,适应不同层次的人群,众多产品均赢得消费者的喜爱。

经过几年的发展,广西壮牛乳业已经成为广西知名品牌,水牛奶行业的"老大",各种荣誉也纷至沓来:公司产品继 2006 年成为"第五届亚洲水牛大会唯一指定乳品"之后,2007 年荣获"南宁市政协第九届全会专用乳制品""中国食品质量与安全高峰论坛钓鱼台国宾馆宴会专用乳品"等荣誉;2008 年 12 月获得"广西著名商标",成为 2008 年影响南宁市民生活 100 品牌之一;2011 年—2012 年中国东盟博览会官方指定乳品;2012—2013 年自治区水产畜牧龙头企业;2011 年—2013年"广西著名商标"。

"只要不断地坚持和不懈地努力,不管做什么都是可以达到目标的",农天懂用这句话来总结他的成功。如今,农天懂率领的壮牛水牛乳业团队在不断发展壮大的同时,也在为未来描绘着无限蓝图。壮牛水牛庄园的落成,壮牛新厂房的投资兴建,爱心项目"壮牛烛光计划——乡村小学图书馆捐赠活动"的成功开展……相信明天的壮牛,必将在农天懂的带领下走得更远!

唐涛和他的蜂巢世界 *

"小鬼连连看"起家

早几年,如果你拥有一台 iphone4 手机,同时又爱玩游戏,那么,你应该听说过一款名叫"小鬼连连看"的游戏。不过,你可能想不到,这款游戏的页面设计出自梧州学院一家微型企业,设计者是几名在校大学生。

这家微企叫蜂巢多媒体动漫设计公司,唐涛任总经理。

初学 PS 等图像处理课程时,唐涛通过网络接单,按每个收费 200 元的标准帮别人设计 LOGO。"当时只是觉得很有成就感,并没有太多考虑。"

随着课程的丰富,平面设计已不能满足他的创作欲,于是他关注国内动漫产业的发展。"当看到一些专业人员只顾着模仿,动漫作品缺乏特色,又没有个性时,我意识到,国内三维设计的人才很缺乏,这是一个机遇。于是我主攻三维设计,和同学一起创立了工作室,将三维设计作品发到部分网络互动平台。"

这些作品,为唐涛带来了"小鬼连连看"的合约。2011 年 6 月,有人通过网络互动平台和他联系,希望为其设计一款游戏页面,报酬 2000 元,唐涛想都没想就应了下来。

之后两个月,唐涛和队员埋头苦干,完成了所有页面效果的设计工作。这款游戏是为 iphone4 手机设计的,游戏推出不到两个月,就成为中国内地下载量最大的手机游戏之一。

之后的订单也在唐涛和同伴们的努力下接踵而至,中铁一局、梧州市供电局、凤凰城楼盘……"动漫产业利润高,我们希望能抓住梧州动漫产业发展的空白期,

* 本文作者:沈洁、白宾、曾英。

173

成为梧州文化创意产业的领头羊。毕业后我们将在梧州发展,希望三年内取得微型企业头衔,成为一家有限公司。"由校园创业到社会创业,已是老板的唐涛对于未来,已有规划。

专业才是立足之本

蜂巢团队设计制作的梧州凤凰城 Lumion 别墅动画制作被国内 CG 界权威代表之一的火星网作为专题教程,一时之间,成立于 2011 年的年轻"蜂巢"进入了 CG 界专业人士的眼球,而这个项目的"90 后"作者唐涛也一下子在这个圈子红了起来。

唐涛介绍说,梧州凤凰城这个项目是去年接手的,是碧桂园在梧州开发的别墅项目。从构思到制作完成大约用了一个半月,使用的软件为 3ds Max 建模、Lumion 制作动画、AE 合成。整个动画保持了 Lumion 的原始输出效果,AE 后期中没做任何修改和调整,室外动画是纯 Lumion 输出效果。Lumion 不能制作高端建筑漫游的说法,被我们蜂巢打破。

唐涛回忆说,这个项目动画在 BBS – lumion 论坛发帖后,第二天就被版主置顶加精,这是论坛在之前没有过的,因为 BBS – lumion 是国内 lumion 软件的代理论坛,置顶的都是软件更新的信息。瞬间该帖成为论坛浏览与受赞最多的帖之一,不久便接到火星时代的邀请并被作为专题推出在火星网首页上。"能上火星网是我们 CG 制作者梦寐以求的事,并且是在首页发布,这个消息让我们非常兴奋,甚至不敢相信。"

梧州凤凰城 Lumion 别墅动画制作详解在火星网作为专题推出后,不少网友不禁发出惊叹。一位网名为严永健的网友评论说:"在国内能用 Lumion 做出来这种效果很不错啊!""技术贴啊,果断点赞!!!""lumion 能做出这么好的效果啊!"网友这样的评论不少见。

据唐涛说:"自从这个教程上了火星网之后,很多网友都慕名来请教我关于 Lumion 方面的技术知识,现在我建了一个 Lumion 交流群,群内人数已经达到 1000 人上限,每天还有不少网友要求加入这个交流群。"

"许多 CG 业界人士认为新兴软件制作出的效果不够档次不够成熟,但我们通过对新型软件的探索与了解,发现新兴软件在应用领域可能会比以往常用的软件更广更廉价,市场价值不可估量。一个好的 CG 作品,重要的不在于用多么高超的技术制作，而是这个作品的内涵与创意。如果我们能够发动创新活跃的思维，结合娴熟的软件使用技巧，就能打造全新的商业虚拟产品。"

创新才是核心竞争力

已经毕业三年的唐涛回忆在校生活时说："大学生就应该多去体验不一样的事情，过大学生该过的生活。"他认为大学生活应该是丰富的、包容性强的，比如参加学生会、创业、偶尔去疯去玩……从大二起，唐涛便与同班伙伴秦峰开始创业。设计方面的工作需要学习软件操作，所以唐涛和伙伴花费大多数的时间"攻"新软件，即"宅"在寝室或是大学生综合发展中心的工作室，对着电脑尝试新软件的各种功能。

最开始他们是待在寝室在网络上接单，那时"猪八戒"刚兴起，他们便尝试图片、广告等的设计。他们曾经给国外苹果手机 ISO 平台中游戏"小鬼连连看"提供思路、设计人物形象、背景图案等（专业简称 UI），这款游戏在同一级别游戏中全球排名前 50、在国内排名前 10。另外，他们还为碧桂园梧州凤凰城设计制作动画，对方对设计成果表示满意。正是凭借这两次成功的经历，蜂巢多媒体设计工作室渐渐小有名气。

"只有创新，才会有核心竞争力。"唐涛说。无论是在校时或是毕业后，唐涛在找软件、找项目时都坚持这一观念。有人说，掌握了传统软件，就不愁找不到工作了，唐涛却希望能有所革新。他说，传统之所以是传统是因为大众使用率高，大家都懂、都会，而他们作为新人带着传统软件技术和思维去找工作，核心竞争力肯定不足，所以唐涛和伙伴下载了 lumion（一种3D可视化工具），当时 lumion 在国内的使用还比较少，没有教科书、软件功能的使用说明，他们尝试着每一个功能。差不多用了一个学期时间他们弄懂 lumion，又花了两三个月时间弄明白怎么把这一新软件与传统软件（max）结合，比如怎么把 max 模型导入 lumion、怎么把 max 模型的材质一起导入 lumion、如何在 lumion 里做好动画输出、哪一种格式适合后期在 AE 里编辑、在 AE 里后期处理好后又用什么插件格式输出动画最清晰（以前传统的视频输出格式不是很清晰，所以需要找到另一种格式插件）等……

对于这种国内较少人懂得使用的软件，唐涛和伙伴选择去摸索创新，并将其与传统软件结合起来，"比其他人更早学会如何使用，这就是一个优势，比会的人做得更好，这就是竞争力"。唐涛补充道。一个动画 1 秒分为 25 个帧，相当于 25

张图片,每张图片用传统软件渲染需要约1到3小时,而使用lumian渲染一分钟动画才只需约10分钟。制作一部建筑动画,需要很多种软件结合起来使用,才能做出好的效果。整个制作过程最难把控的就是时间,使用新兴软件,效率便会提升一个水平,就能把更多的时间用在理解设计、提升设计、加强审美上,从而让自己的项目作品更加有内涵、有层次。

　　"待在宿舍玩游戏、旷课、晚上突然出去吃东西……这些我很少经历,感觉大学都在忙着创业了。"唐涛笑着说。因为大学都忙着创业,所以给唐涛印象最深的便是学校的大学生综合发展中心,那里为学校创业的学生提供了发展的平台。从大二起唐涛和伙伴就一起创业,直到现在,他们都还在一起。唐涛说:"是缘分让我们聚在一起、聚在梧州学院!感谢学校的培养和老师的悉心栽培。"

大学生老板的创业青春*

——农达烁和他的广西创青春广告传媒有限公司

眼看就要毕业,农达烁的"广西创青春广告传媒有限公司"校外店铺也开业了,他把梧州市作为创业的起点。

农达烁在公司

创业初衷　不向父母要盘缠

农达烁是梧州学院公共事业管理专业学生,家在横县农村,谈到创业初衷,他坦率地说:"就为不向父母要生活费。"

2012年底,入学3个月的农达烁看到校园微企——梧州市艺鸣广告工作室的

---

* 本文作者:谭永军。

招聘启事,便报了名。课余,他拿着一叠厚厚的名片,开始"扫街"工作。他往往是一出校门便从桂江二桥一直走到桂江一桥的大学路、中山路,沿途逢店必进,逢人必讲,但成功率微乎其微,可他想留下名片就是成功。

2014年寒假,农达烁到一家教育培训机构做电话招生兼职,推销各类考试培训班名额。各自收费不等,临近春节,老板要求10天内完成10万元的营业额。

电话推销,经常是话没讲完就被对方挂掉,有时还被痛骂一顿,于是他决定做"行销"。

为推销医院职称英语培训名额,他走遍梧州市区每所医院的医生办公室、护士站,往往是早上踩点,中午和下午找医生、护士聊。"有几天在河东工人医院和桂东医院推销时,中午就吃二两米粉。感觉挣钱那么辛苦,就不舍得花。"

凭着这份执着,他和同伴两人10天内完成9.3万元业绩,到大二时,他真的不用向父母要生活费了。

经营微企 勤劳为本诚为径

"将来的你,一定会感谢现在拼命的自己。"农达烁把这句话当成自己奋斗的座右铭。成为艺鸣广告工作室掌门人后,他经常早上7时离开宿舍,晚上11时多才回来。有时为了等一个客户,他可以在街头待4个小时。

在梧州,广告行业门槛低,竞争激烈,而艺鸣主要靠校园业务,很难提升发展空间。经过一番调查和思考,农达烁决定将主要目标客户从个体商户转变为企事业单位。梧州市国土局、商务局、烟草局、中恒集团、民族医院等单位都与他有业务往来。调整目标客户后,艺鸣的业务量开始明显提升。

2014年4月,他谈下了梧州市民族医院室内外广告标识设计安装业务。一天中午一点,民族医院打来电话:"听说你们有工人从上面摔下来了。"他顿时傻了,忙打电话给法学老师请教如何处理。当赶到医院,看到伤者还能站着吸烟时,他悬着的心放下了。经检查,伤者断了几根肋骨,虽然与包工头签有协议,他不需要担责,但他仍拿出几千元助其治疗。"毕竟是为我公司工作的,心里过不去啊。"

2014年7月,他与创业伙伴欧建余、罗力认缴资金200万元,将原来的艺鸣广告工作室升级为"广西创青春传媒有限公司"。公司业务主要有三大块:一是做媒体广告代理和企业广告代理商,二是庆典活动策划,三是室内外广告设计、装修等。到年底,营业额已超过40万元。

创业就业　路漫漫其修远兮

2015 年,在梧州学院大学生综合发展中心运营的大学生企业职员中,有 98 名贫困生,占 25%,其中 8 人为法人代表。农达烁,便是他们中的一员。

小农是该院"微企,成长的平台"的受益者——给一个平台,一个办公室,免租金,免水电,免网费,同时提供创业培训、资源共享。目前其公司有员工 8 人,每年提供勤工助学岗位上百个。他在聘请员工时,特别关照寒门学子。他与同伴策划了一个项目,为此还专门去肇庆学院考察,回来后写了一份创业计划书,项目名称:农家果苑。修改完善之后参加当年的广西"创青春"创业大赛并获三等奖,得到一万元奖金。2015 年下半年,他指导、扶持罗力在"农家果苑"项目的基础上开了一家"花果山"水果店。

"我们一百多家微企都存在一个共同的问题,就是缺资金。"农达烁说,"银行贷款门槛比较高,有的要财产抵押,有的要有公务员或者事业单位的人做担保,这个我们做不到。"

学院大学生综合发展中心有个创业俱乐部,这些大学生微企抱团出海,彼此间的业务都有交叉,只要有同类业务,首先想到的就是关照同伴。农达烁的广告 3D 设计和出图,就是交给校园另一家微企工作室完成的。同样他也正在为这家工作室装修办公室。"我们互相扶持、互相关照,创业路上就走得顺畅些。"农达烁对创业前景充满信心。

想在动漫行业里闯一片天地[*]

——创业大学生徐涛

　　深夜 12 点钟,学校大学生综合发展中心,除了走道中偶尔响起的巡逻保安的脚步声外,整个场内一片寂静。大多数时候,在创业发展区拾光动漫设计工作室里,还有一个身影正忙碌着:他目不转睛地盯着电脑屏幕,手中的鼠标快速移动着,并时不时转过身查看放在身边的参考书籍。

徐涛在工作中

　　他是拾光动漫设计工作室负责人、宝石与艺术设计学院 2011 级动画设计班的徐涛。他是梧州学院 2015 年第一届"创业之星"荣誉称号获得者,创作的作品荣获了 2015 年 10 月第八届全国三维数字化创新设计大赛广西赛区特等奖和

---

　　* 本文作者:苏雪、李小玲、梁绍权。

2015 年 11 月第四届广西高校大学生创新设计大赛一等奖。

初尝成功　大胆创业

5 年前,高中即将结束的徐涛出于对动画设计的兴趣和爱好,报考了梧州学院动画设计专业并被录取,于是他从相距 1314 公里的安徽桐城来到了南方岭南城市梧州。

大学生活的精彩,在于你不经意间,人生的转折点就会出现。刚上大学的徐涛,对于创业还没有任何想法。2014 年 3 月,大三的徐涛通过老师的推荐接到了第一个项目——中国海洋石油平台搭建三维演示动画。没有项目实战经验的徐涛凭着"初生牛犊不怕虎"的精神,带着自己的团队开始通宵加班赶做项目。

原计划 2 个月完成的项目,经过前前后后多次修改,其中从头到尾大改的有七次,耗时 5 个月才真正完成。原初七八个人的团队,由于熬不住艰辛,最后只剩下 2 个人。然而,首个项目的完成不仅获得了顾客的好评,而且也让他明白了坚持的重要性,更让他产生了成立公司自主创业的想法。

有了创业的想法,徐涛便积极将其付诸行动中。在 2014 年 12 月 9 日正式成立拾光动漫设计工作室之后,他一边整合人才资源、"招兵买马"扩大团队,一边通过网络平台承接项目,以做代练,提高团队技术水平。

动漫市场项目对专业水平的要求极高,徐涛为满足项目高技术水平的需要,除了专业开设的课程外,还认真钻研、熟练掌握了 3ds Max、ZB rush 4R6、Maya2014 和 Lumion 5.0 等 8 个软件的运用。技术上,一遇到难以解决的问题,他立马找书钻研或及时向老师请教,通过实践项目来进一步提高自己的专业技能。

学校团委副书记、大学生综合发展中心主任李德华表示,拾光动漫设计工作室作为我校动漫、游戏设计领域打造的龙头企业,目前正处于学生企业孵化期和加速期的过渡阶段,主要表现在于与其他企业的合作意图逐渐稳定、资源互补率不断提高、对外联系日益密切和外部影响力慢慢提升等方面,是一个发展较快的学生企业。

追求目标　动漫品牌

在 2015 年 12 月的文化引导研讨会上,徐涛听到著名学者江于田关于龙母文化起源的研究论文,他灵光一现:"何不用动画来展现龙母的形象呢?"研讨会过后,徐涛找到江于田,并和他阐述了自己的想法。在得到学者赞扬后,徐涛坚定了要将这个"灵感"变成现实的决心。

为了实现"龙母动画"的梦想,将龙母品牌推广出去,徐涛投入300万元的注册资金在梧州成立了新一家公司——广西慕光动画影视传媒有限公司。他将"龙母动画"项目定位参考《秦时明月》,技术达到电影《大圣归来》的水平,并且计划将完成后的项目成品投放到院线,上映于各大电影院屏幕上。

办理广播电视放映许可证需要向自治区文化厅申请、得到国家文化部的许可。今年以来,徐涛积极跟踪项目审核进度,主动与自治区文化厅、国家文化部工作人员沟通并补充相关材料。

针对公司未来五年的发展规划,徐涛围绕"龙母动画"品牌制定了项目的开发和融资工作计划、电影作品的广告宣传等计划。

为了了解国内外动漫市场的情况,徐涛每年都会花经费购买价格不菲的动漫行业分析报告,以掌握国内外动漫市场的发展趋势,站在国际视角去制定公司相关的决策和发展方向。"我现在打算用5年的时间做出高水平的龙母动画,过程中肯定会有很多难题需要去克服,但是我不害怕失败,反而会以一种更加积极乐观的心态去面对所有的失败和困难。"徐涛说道。

"徐涛做事一向效率快、针对性强、稳重踏实。他会尽量尝试用最快捷、有效的方式去踏实完成工作,一想到就去落实,绝不拖沓。"曾经和徐涛共事的广西小熊信息科技有限公司负责人、我校信息与电子工程学院2014级计算机科学与技术班的熊起桥说。

团队力量 制胜法宝

"我拼的不是背景,不是资本,而是团队。"徐涛把自己的成功归于团队的力量。他现在的创业团队是在拾光动漫设计工作室的基础上建立起来的,人数由最初的2个人发展到现在的16个人,分别负责二维、三维、动画和特效等方面的工作,根据公司发展,他将招聘30名以上的员工。

公司平时的收入足够日常运行,但徐涛希望能把更多的资金投入对人才培养方面。为提高团队技术水平,他划拨专项经费让成员参加水晶石和火星时代两大动漫基地的培训。

在团队管理方面，徐涛希望可以让成员通过接手团队管理工作不断得到历练，完善团队内部的管理制度，从"人管人"的模式逐步过渡到"制度管人""人心管人"的模式。

"我的目标是打造一支技术超群，管理卓越的动画团队，让我们可以顺利开展日常工作，真正做到拾起中国五六十年代的动画光辉。"徐涛说道。

遇到项目时间比较紧急时，徐涛和他们的团队经常从深夜 12 点持续工作到早上七八点。这个都是年轻人的团队，在加班赶项目中逐渐加深了友谊，而徐涛更像是团队里的一个大哥哥。他会在完成一个项目后，带着团队出去聚餐、打真人 CS 游戏，增进大家的感情交流和对团队的归属感。

"他虽然工作上要求严格、细致，但在平时他是一个很随和的人，和谁都聊得来、玩得好。我们出去玩，也喜欢和他开开玩笑、聊聊天。"他的员工之一、2012 级动画专业 1 班的严伟明评价道。

对于自己创业梦想的未来，徐涛希望带领着团队一直向前进，正如其企业文化所说，拾光之后，独占鳌头。

思维走出去 商机走进来[*]

—— 陈佰宁的维盟科技经营部

2013 年 9 月,从小在南宁长大的陈佰宁来到了梧州这片岭南热土,成为我校信息与电子工程学院 2013 级软件工程专业班的新生,大学生活起航的同时也开启了他的创业之路。

"努力要从头到尾,创业的人只要肯吃苦,该是你的,终会是你的"。秉承着这种信念,借着"大学生创业优惠政策"的东风,陈佰宁创办了维盟科技,立志让更多的人享受到更好的电脑销售服务。

陈佰宁于 2014 年成立"维盟科技经营部",2015 年底获得我校第一届"创业之星"称号。他是如何用短短一年半的时间,将曾经只有 3 个主要成员的维盟科技,发展成为目前梧州学院最具知名度的电脑销售企业的呢? 这一切成绩,都始于一个为他人服务的灵感及一颗勇于追梦的心。

无"折腾"不青春

因为对电脑感兴趣,每当他家里的电脑坏了就会动手维修,通过不断的"折腾",让他对电脑构造了然于心。带着这份兴趣他进入大学并产生了与电脑项目相关的创业想法。起初,初来乍到的他没找到创业渠道和团队,心中充满迷茫。得知学校有与电脑相关的社团后,他便加入了电脑联盟社团。一年后,他从干事变成副会长,为他的创业计划打下了基础。

在 2014 年社联换届大会上,梧州学院学生社团联合会提出了"社团要有自己的品牌"的号召,这个提议与他的想法不谋而合。在他的带动下,他组织了电脑联

* 本文作者:黎桂娟、黄海龙、满香秋。

盟的全体新干部商讨社团未来的定位以及发展方向,最终决定成立"梧州市维盟科技经营部"。维护学校电脑市场,拒绝暴利,让同学们享受最实惠的价格,这是陈佰宁赋予"维盟"的含义。

创业之初,身边的同学并不看好,面对陈佰宁的卖力推销,室友并不买他的账,但他的家人却对他非常信任,并抱有很大的信心。于是,他向家人和亲戚借钱,加上自己的生活费和奖学金,他把将近5万元的启动资金全部投入了维盟科技。

微企刚成立,内部管理还未成熟,人心不齐。主要成员只有3名社团新干事,人手不足,也没有经验,陈佰宁只能自己承担更多,一个人负责管理项目组。他将课余时间都放在了工作上面,做宣传,找人做培训,寻找优质供货商。"除了放假能放松一下,其他时间几乎都在忙,创业以来都没有午休过。"

虽然这一年盈利不多,但他有了团队并且积累了人脉与优质货源,这个来自南宁的热血青年陈佰宁等待着商机,准备大展拳脚。

在他和团队的努力下,维盟科技联合校内组织成功承办了"梧州学院第一届电子竞技大赛"。

被逼出来的成功

2015年的寒假,维盟科技进行团队重组,企业人数达到12人。春季开学后,正式开始运营,销售额增加,达到了预计效果。

好景不长,五月份时电脑联盟社团换届,考虑到维盟科技的商业模式与社团义务服务的宗旨不符,换届后担任了电脑联盟干部的成员选择退出维盟科技,维盟科技从此脱离了电脑联盟独立出来。由于流失了几位核心成员,维盟科技仅余下6人,导致企业受到了重创,微企加社团进行发展的计划宣告失败,一切又回到原点。

糟糕的状况,让他感到沮丧,甚至想过放弃,解散项目组,但从成立时一直跟随他到现在的干事梁梦银劝他说:"创业这条路本身就不可能一帆风顺,重要的是规划好下一步路怎么走,而不是被眼前的困难迷住眼睛。"听到这番话,他想起了建立时的初衷,"打击电脑行业的暴利,维护学生利益,才是维盟存在的意义。不能让之前的付出和投入前功尽弃,事业还没成功,决不能放弃!"

那段时间,陈佰宁失眠持续将近一个星期,维盟科技到底该何去何从?决定坚持下去的他一直在想："干事干部任职期短,社团之间缺少合作,这些问题导致社团发展有限甚至会渐渐衰退,虽然起初想将维盟科技打造成电脑联盟社团品牌这条道路行不通,但出路肯定还是会有的,时间可以去证明!"

他重拾信心和留下来的成员重新出发。在商讨维盟未来的发展该如何进行之后,他们决定将维盟科技打造成为"社团孵化园"。他们开始尝试与其他社团协商合作,为相关社团提供实践岗位,让微企多样化发展,获得生命力。

思维带来商机

经过两个月的调整与努力,维盟科技正式转型成半社团性质的企业。

因为发展需要,陈佰宁意识到:"只依靠销售是没有办法正常运营的,既然名为维盟'科技',技术就必须包含在内。"因此他组建了维修组、美工组等技术团队,改变了微企的结构。针对在技术方面遇到的难题,他带领团队找到信息与电子工程学院院长甘金明寻求帮助。

重整旗鼓后,他们连续参加了两届"创业街";在秋季开学时,向我校新生免费赠送了1000个大白钥匙扣;并在A11第二食堂安装了WIFI供同学们免费使用;近期举办的"集赞送礼品"活动中参与人数达2400余人次。

在陈佰宁的带领下,维盟科技成员人数增加到了35人,2015年一年营业额达12万元,2016年春季开学,短短一个月内营业额达8万元。在今后,维盟科技将开展电商业务;维盟科技的校园"品牌形象店"也于2016年下半年营业。

谈到未来的规划,他说:"我会继续发展维盟科技,让梧州学院的学子享受到最实惠电脑价格。只要梦想还在,就不会放弃追逐!"

一份缘　一生情*

——2007 级机械制造及其自动化专业赖科生

2016 年 12 月的梧州,虽然已经步入冬季,但是阳光依旧温暖。在这个温暖的日子里,梧州学院迎来了升本十周年暨办学 111 周年、举办高等教育 31 周年校庆。

12 月 10 日,各级校友从五湖西海回到母校,在这里与曾经的同窗分享自己的生活,与学弟学妹们分享自己的社会经历,重温自己的大学时光。

“学校变化很大,校园环境变得更漂亮了,教学设施也更加完善了。”赖科生再次回到校园时感慨。

努力学习改善现状。赖科生,是梧州学院升本之后第二年的本科班学生,现在是广东顺德博硕涂装技术有限公司机械工程师。

刚入学时,赖科生家庭条件不是很好,于是向学校申请了国家助学金,同时为了能够缓解自己的生活费用的压力,他在学习方面很用心,一直坚持着自己高中时的学习习惯,希望通过在学习上的努力改善自己的经济条件。从大一开始,他凭借着自己在学习方面的优异成绩,连续三年获得优秀学生三等奖学金,被评为“三好学生”。

另外,在大一时他还获得了国家励志奖学金,在大二时获得广西壮族自治区人民政府奖学金。凭借着自身的努力以及学校政策的鼓励,他的经济负担有所缓解,也让他得以继续在学校学习。“是学校给了我机会,帮助我成长。”赖科生说。

把握机会提升自我。赖科生的大学生活简单而充实,大一的时候,赖科生把更多的时间用在学习上,从大二开始,为了能够得到实践锻炼,他主动报名参加了大学生机械创新设计大赛。“那时候我们从开始准备方案到研发出仪器一共只有

一个月的时间。"赖科生回忆。

一个月的时间,看起来很长,但是研发一个项目并不是一件容易的事情,中间不管是设计方案、做零件,还是对仪器的检验,都需要反复实践。研发管路探测机器人时,他们因为经验不足,在前期准备阶段,他们上网查了很多类似作品,从别人的设计中寻找灵感。在设计传动轴时,因为没有思路,不知道怎么做这个零件,指导老师就给他们找了很多素材,并一步步帮助他们完成设计。

在大学期间,赖科生除了参与研发管路探测机器人外,还曾参与设计多功能宝石检测仪、自动宝石刻磨机,发表的学术研究论文有《基于快速成型的免装配技术研究》《面向新产品开发的 RE/RP 集成关键技术研究》等,也正是这些实践经验的积累给他现在的工作打下了坚实的基础。

在参与比赛的过程中,每一个方案的设计、每一个零件的制作,赖科生都能纯熟运用。在设计过程中疑问的解决,化为了他自身的经验,更让他觉得欣慰的是,他参加比赛所获得的荣誉与在校内的科研实践经历,成了他日后就业竞争的最大优势。"刚毕业的时候,我应聘的公司就是看我在学校有很多的奖项,他们考虑的是我有寻找并能解决问题的能力,所以选择了我。"赖科生笑着说。

在赖科生的大学时光里,学习、运动与研发项目是他生活的主旋律,他偶尔也会看看电影,与朋友聚餐。在进入工作单位后,他依旧保持着对运动的极大热情,每天都会坚持锻炼身体,羽毛球是他最喜欢的一项体育项目,他经常和身边的家人或同事一起玩。

如今,已经步入社会多年的他,对大学生活有着自己的看法:"大学的时光很宝贵,四年的时间转瞬即逝。大学时一定要多参加一些比赛,锻炼自己的组织能力、交流能力和资源整合能力,这些都是进入社会必须要具备的能力。"在短暂的大学时光里,把握住机会,多与身边的老师、同学交流,提升自我能力,这是赖科生的切身感受,也是他对所有在校生的建议。

谈及学校近年来所取得的成就,赖科生说学校是他放飞梦想的地方,他衷心地祝愿母校能够越办越好,早日实现"梧大梦",而自己也会一直坚持梦想,不忘初心,继续奋斗下去。

两代校徽, 同一个设计者*

——2004 级广告与装潢设计专业蒙圆汉

两代校徽设计者蒙圆汉

　　简单清爽的装束,身着浅色牛仔外套,胸前别着一枚崭新的校徽,在梧州学院隆重举办校庆的日子,阔别母校 9 年的 2004 级艺术系广告与装潢设计 1 班的校友蒙圆汉回来了,回到这个熟悉又陌生的地方,他感慨于母校的变化之大,也追忆起自己那段热血的大学时光。

---

　　* 本文作者:刘馨洁、叶小榕。

圆是图形之源,圆的核心是梧州学院标志性建筑图书馆。它不仅直观地表现了校园特征,同时也体现着梧州学院的博学内涵。欧式建筑是梧州学院的特色之一,二是连续的小方块图形是每座建筑的共同特征。这是设计者蒙圆汉对校徽的设计说明。

2005年下学期,学校正在为升本努力着,升本需要设计一个有代表性的图案作为校徽,学校便在校内征集,发动了学生参与设计,当时的艺术系主任、现在的宝石与艺术设计学院院长杨杰老师便带着一些学生设计。

当时老师带的学生都是单独设计自己的作品,蒙圆汉就是其中一个。他当时就想着高校校徽的标志一定要展现学校标志性的东西,能够让别人记住和认识学校,直观展现梧州学院的环境氛围,所以当时就选择了刚刚建好的图书馆作为标志的主体。"写实、直观、端庄是我的设计理念,以代表梦想和希望的蓝色为主色调展现学校的整体办学氛围。"蒙圆汉说。

作品设计从创意到成品总共花了一个多月的时间,从前期的调研到方案的确定、从多角度外观取景到构建草图的完成、从与老师多次的沟通到最后修改,在每一个重要的交作品节点,他都会通宵赶着调细节。在老师的指导帮助下,他完成了第一代校徽设计并被学校采用。

第一代校徽使用了5年之后,学校想重新设计更好的、更能体现学校办学理念的校徽,于是学校在2011年面向社会进行了全面的征集,但是收到的作品都没有比原先的更适合,学校便决定让蒙圆汉在校徽原有的基础上进行优化。

蒙圆汉当时毕业工作了4年,有了更多的实战经验,在细节设计上有了更成熟的思考。优化后的校徽加粗了图书馆顶部的针,也换了更加合适的英文字体,细部进行了多次的调整,更好地适用于各种场合。他前前后后花了一个月时间,最终完成了这个作品。"一直以来总是担心如果自己做得不够好,会辜负老师对我的期望,所以在设计和修改的过程中都特别严谨。有机会能为母校做设计,这是我职业生涯中最有意义的一件事。"蒙圆汉说。

优化后的校徽别在了学校师生的胸前,承载着设计师的心血,也传播了梧州学院明德博学、求是创新的校训精神。

大学的生活仿佛就在昨天,如今的他是深圳有点设计公司创意总监,继续从事着他热爱的设计事业,他感恩于母校老师的殷切教诲,为他的成长发展提供了很多机会。大学给了他很多收获,母校一直这么亲切温暖。

陈明和他的"闲食"*

在梧州学院,打开外卖 APP 美团的美食一栏,它在综合评价排行第一;它在短短两年内,从一个名不见经传的外卖变成美团美食销量排名第 6 的店面。"好评,味道好送货快,下次再帮衬""包装好看还不要餐盒费",这是对美团外卖闲食店的评论。这个综合评分高达 4.7 的餐饮店主厨兼创始人之一便是信息与电子工程学院 2013 级通信工程本科班的陈明。

创业初的方向与心态

"大学毕业之后无论是谁都要面临工作问题,而工作的话,一个是受人管理,另一个是管别人。从相对自由度来说,我还是倾向于后者。"这是当时正在读大三的陈明最初决定创业的想法。当时陈明考虑到自己的资金不足以投资太大的项目,加上其创业团队中有专业的厨师,他决定向餐饮业进军。陈明表示:做餐饮不需要太多资本,也不需要太过专业的人员,有厨师、有管理者基本就够了。

刚开始他与梧州本地人何国政做调理式的早餐,那时店名叫"闲食——女性调养专家",基本菜品有水煮土鸡蛋、桃胶养颜粥、补血养肾粥等。2016 年 3 月底,随着另外两个合伙人的加入,而且其中一个是厨师,陈明等人决定转变营业方向,改做以中、晚餐为主的餐饮业,也就是如今的"闲食"。为了满足顾客的口味,"闲食"几乎每天都会通过微信公众号推出一款新的菜品。在 5 月 21 日 10:30 - 13:30 的 3 个小时里"闲食"就收到了 200 份订单,约 300 份饭,平均每分钟送出 1.7 份饭。陈明认为:现在的人们基本不愁吃穿,所以在吃上面更多的是追求质量,他希望"闲食"能够给顾客们带来一种满足感。

---

* 本文作者:李晓燕、罗艺嘉、孔晋陵。

陈明每天早上 8 点从学校赶往梧州职业学院的分店,8:30 在厨房开始准备中午的菜品,平均每个菜品的制作时间都在 10－30 分钟之间,一般 8 种菜品共准备 200 份。做菜的时候陈明非常注意调味和火候的控制,每道菜调味的次数基本都需要三次以上才达到要求。例如,闲风川辣鸡包含了辣、香、麻以及粤菜的柔和,他要不断地去试味和调味,至少要调 3—5 次才能达到这道菜的基本要求。上午 10:30 他要把所有菜品都准备好并开始出餐,菜品中搭配的青菜为现炒现煮,所以在出餐阶段都有一个厨师在不停地提供青菜。陈明从上午 11:30 开始配送快餐,持续忙到下午 13:30 打烊才吃午饭。之后陈明要提前腌制好鸡肉和排骨放在冰箱,为 16:30 到 19:30 下午饭食做准备。19:30 过后他开始清洁厨房,做好收拾整理好食材的烦琐工作,基本晚上 20:30 过后他才离开厨房。

陈明要做的不仅是烧得一手好菜,还需要计划好第二天的材料报备,而后者的重要性丝毫不比前者的低。"闲食"营业的第一天,他计划卖出 100 份饭菜,结果真正卖出去的只有 5 份。剩下的饭菜他舍不得倒掉,自己吃了三天却还是没吃完,最后还是忍痛把剩下的饭菜倒掉了。这次经历,陈明真正体会到现实和计划是有偏差的,刚开始他都是按照自己心里的想法去报备计划,所以导致了食材损耗过多。吸取教训之后他才明白一个正确的材料报备要以很大的数据量作为依据,得出的计划才是相对准确的。陈明说:"我知道刚开始做餐饮业不可能一时就能做到很好,所以在努力不断适应的过程中让'闲食'更进一步。"

发展靠优质的服务

因为还没有合适的实体店面,所以目前闲食店的运作方式是以简单外卖体系为主。梧州学院附近的店面有 9 个人在负责运营,店长负责所有的事务,厨师负责进货、菜品的设计及出品,其余的都是配送人员。

顾客们在美团上纷纷评论其速度快、质量佳、包装美。他们配送时间都控制在 30 分钟以内,尤其是在冬天,尽量保证把温热的饭菜及时送到顾客手中,让他们能趁热享受。当然,偶尔也会有漏单、送错人等状况发生,这时候配送员都会亲自打电话道歉,并且赠送一杯饮料表达歉意。闲食开店初期的菜品到现在几乎已经更换,"因为人的口味是不断变化的,所以我们一直在努力做出满足学生口味的菜品。"陈明说。

为了发展"闲食",陈明采用了不同的营销模式,例如菜品更新试吃和定期的打折活动,通过这一系列的活动与服务,让闲食获得了诸多好评。在服务过程中,光是配送的饭盒就换了四次。饭盒对饭菜的打包及配送的影响很大,既不能让顾客觉得饭量少、又要考虑到一些顾客更喜欢饭菜分离。现在使用的可降解无公害饭盒是定制的,他们先在网上找样品,找到合适的再去定制。相对普通的塑料盒,闲食的饭盒既能让顾客享受到热腾腾的饭菜,还可以避免普通的塑料饭盒受高温影响释放有毒物质危害健康。虽然饭盒的整个包装成本超过一份饭,但陈明认为要把顾客的安全放在第一位,采用食品级原料的饭盒才是可取的。

团队是创业的关键

"闲食"是一个相对自由的大家庭,在那里,能做的就去做,做不了的也不会强求。他们每周有一个"周会",虽然不要求强制参加,但可以让员工们了解"闲食"运作的基本状况,还可以提出对"闲食"发展的建议。他们还会时常举办一些集体活动来调动员工的积极性,诸如外卖员参与竞争第一名、文案大比拼等,倒数的两个均摊大家的电影费;集体去看电影、去长洲岛烧烤、打气排球等。开展第一外卖员的竞赛以订单数量来计算,送到梧州学院北校区的订单一次是 1 分,师范校区的订单一次是 2 分,除学校之外的市区其他地方是每个订单 5 分,全体参与。为期一周的比赛时间,闲食的每个成员都争着去送外卖,他们参与比赛更多的不是因为第一名的 300 元奖金,而是在这样一个比赛过程他们付出的努力和汗水是对他们工作的肯定。

无论陈明在创业过程中遇到多大的困难,他都没有向家里拿过钱来解决自己的资金问题。而对于工作与学习之间的冲突,陈明表示很感谢自己的团队,自己去上课的时候团队当中总会有人来代替他的工作,不只是他,在闲食中兼职的同学也都是在不影响上课的前提下工作的。

即将毕业的他表示未来一两年之内还会待在梧州,下个时间段暂时拟定在市政府广场附近开门店,把梧州作为整个团队的磨炼场所。在稳定下来之后,下一步就是在一线城市做出自己的品牌。陈明想对未来的自己说:路是走出来的,从无到有。跌倒了只是爬起来继续走罢了!厉害的人不是什么都准备好再去应对,而是没准备也能应对好一切突发状况,做到了,未来就没什么可怕的!

针线飞出的梦想*

——黛敖(DaiAo)服饰品牌设计有限公司创始人刘大颖

刘大颖

　　一根线、一块布、一架缝纫机,造就的不仅仅是服装,更是一个人的梦想。正在发展的梧州学院,有一个心怀这样梦想的人:"我的梦想是当一名企业家!"他身材偏瘦,但全身充满能量和自信,他就是梧州学院艺术系 2010 级服装设计专业班的刘大颖,也是黛敖(DaiAo)服饰品牌设计有限公司的创始人。这个浑身带着冲劲的小伙子,在大一的时候就开始规划自己的服装梦了。

---

　　* 本文作者:袁琼、吴炅桉。

坚持——相信付出总有回报

每一份成功背后,都有着无数日日夜夜奋斗的身影和不惜辛劳的汗水与执着。大一,刘大颖开始学习一些关于服装设计的专业知识,譬如,如何画服饰效果图、怎样成衣制版、成衣工业制作等。"学了一些知识,但是靠这点知识是远远不够的。"他原来是班上手工最差的,在大二时,他给自己进行了魔鬼训练,每天坚持15个小时的手工车缝训练。大三第一个学期尝试着做一些简单的时装设计,效果比想象的还要差,所以他只能忍着别人的讽刺咬紧牙关继续走下去。

"到了大三下学期,自己手工与设计得到进一步提升。"刘大颖回忆道,"把所学到的知识应用于实际,才能把知识完善,同时也可以积累经验。"随后,刘大颖利用手头上仅有的伙食费从广州进回一小批布料,回到梧州开始发展量身定做的业务,"由于刚刚开始,什么经验都没有,走了不少弯路,依然艰难地走下去"。

竞争——丰满自己的羽翼

"要成功做好一件事,就要坚定自己的原则,要有目标,把大目标分成小目标来一步步实现!"刘大颖朝着自己的目标,慢慢实现着。2013年5月,他在艺术系服装教研室主任韦飞的技术指导和学校实验室搬迁使用的情况下,集资创办了现在黛敖(DaiAo)服饰品牌设计有限公司。公司由最初的小批量生产已发展为现在的流水线生产,日生产量可高达26件。"我们的团队只有6个人,有三个是非专业的,但是我们分工明确,每周可生产200件左右。"刘大颖笑着告诉记者,"黛敖(DaiAo)品牌健康发展,去年如期完成了预算。"

"公司的竞争是存在的,但是走下去得靠实力!"面对竞争,刘大颖不断总结前期的工作,明确方向,提升自身实力,他们的团队也因此不断扩大。"现在我们最缺的就是设计和营销方面的人才了。"关于营销方面,刘大颖充分利用当今发达的网络以及他广泛的人脉。除了学习关于服装设计方面的知识外,刘大颖还充分利用了学校开设的选修课,"我有针对性地选择了商务沟通和管理学方面的选修课。""刘大颖是一个很严格要求自己的人,也是个很实在的大学生。"利用假期在该公司工作的梧州本地人唐丽燕说。

责任——多一份亲力亲为

刘大颖很多事情坚持亲力亲为，脚踏实地。对于布料，他要求很严，每次布料他都会亲自去广州国际布料市场拿货。"为了选择好的布料，我在广州布料市场做了市场调查，知道广州都有什么样的布料。"刘大颖怀着对客户负责、工作严谨、认真的态度，将公司一步步推上正轨。"刘大颖在生活中积极热情，在工作上，他认真负责，爱岗敬业，非常热衷于创业，老师们对他的评价都很好。"艺术系服装教研室主任韦飞评价道。

面对校外服装公司的邀请，刘大颖毅然地拒绝了。"在校外帮别人做，和自己创立品牌方向不一样，我喜欢自己设计，然后把这个品牌延续下去，以专业的设计理念为广大客户创立更好的品牌服务。"

梦想没有止步，而是不断前进。因为喜欢服装设计，所以走上服装行业，"我规划以后融资投产旗袍设计与摄影项目，建立设计—生产—摄影一体化的中型品牌企业，到时还会投资餐饮与服装结合的项目。"刘大颖自信地说道。

镜头背后的青春*

——冬行映像文化传播工作室许壮东

　　他戴着黑框眼镜,身穿休闲装,中等身材,说着一口带桂林乡音的普通话,脸上常挂着微笑,给人一种谦和、平易近人的感觉……他因出演微电影《北区恋歌之许佚与郝小妍》的男主角而成为校园"名人";近两年的毕业季,他成了拍毕业照的摄影师;2013年学校的普高招生片、校史馆里的电视片都出自他和他的团队之手;用了三年多的积累,毕业前由他收集和拍摄的梧州学院校园素材有500G – 600G之多……他就是计算机科学系2010级信息安全专业班的许壮东,同时他还是校园微企"梧州市冬行映像文化传播工作室"的负责人之一。

许壮东

---

* 本文作者:陆羽翔、廖兰金、王燕。

喜欢所以执着

"我大一下半学期加入'冬行映像摄影工作室',第一次没有被录用,到第二次才被录用的。"许壮东微笑着说。

凭着自己对多媒体设计制作的热情和执着,许壮东终于成为冬行映像文化传播工作室的一员。他不仅积极交流、学习、实践,还在互联网上自学影视制作技术。"最开始自己没有相机,为了提高影视制作水平,就跟着学长学姐们学习剪片,中途拿相机、摄像机去练习。"他回忆说。

因此,学校大小的活动现场常常会出现他的身影,经过半年的实践,许壮东对影视软件的使用也变得熟练起来。"那时我苦想着如何更好地提高自己的实战能力,正巧朋友介绍校外有家影视公司缺人手,我没有过多考虑就报名去了。"3个月的校外工作实践,他跟随公司工作人员一起拍摄制作了4部专题片和宣传片,"从影视制作的前期准备到拍摄再到后期制作流程我都全程参与了,挺累的!但结束后感觉自己的影视制作能力得到了系统的提升。"许壮东坦然地说。

有梦,所以肯干

经过一年多的努力,许壮东的影视制作水平得到了大家的认可,从一名普通成员成长为团队的负责人,这时大学生发展中心微企正处于一个火热阶段,学校鼓励、政策支持,让他跃跃欲试。2012年9月19日是他难忘的一天,他的团队经过申请和严格的审批,成功注册为微型企业———梧州市冬行映像文化传播工作室,并正式挂牌,他从此走向了创业旅程。"我不想满足于现状,要对大家负责,只有把握机遇不断地追求才会有进步。"许壮东坚定地说道。

许壮东认为在校内创业,应先立足于校园,再面向社会。2012年9月,他们成功接下制作校内本科教学模拟评估电视专题片的任务,这是他第一次独自带领团队开始影视制作,也是第一次与学校合作。"那时还是有些压力,很多东西都不够熟练,遇到挺多困难,但还是抱着学习的态度去做。"许壮东说。为此,许壮东根据党委宣传部老师给出的要求和脚本,开始拍摄、收集素材、查找资料、找同学配音、编辑制作……像考试一样，心里忐忑不安，好不容易把成品拿出来交给宣传部副部长谭永军老师。谭老师耐心地教导，哪一段该用什么镜头，一组镜头该如何处理，甚至是一秒一秒地提出纠正和修改意见。如此反复，他们不厌其烦，请教、讨论、学习、修改。有时候还播放给舍友看，让他们提建议……"他很少抱怨，做事认真负责，我们经常会听到他在电脑前念叨'这地方需要怎么改呢？换成这样的效果会不会更好些？'"舍友何永望说。记不清经过多少次的修改，作品最终过关。"他很虚心，很踏实，很好学。"谭老师这样评价许壮东。

追求，所以超越

"今年的招生宣传片挺新颖的，用学生的视角看学校，介绍学校，有说服力，可信度高。"外语系2011级英语翻译1班的陆燕萍说。今年的招生片接地气是受欢迎的因素之一，一群来自天南地北的学生说出自己对学校的看法，阳光、真诚、可爱，在招生栏目播放的同时，也被广大师生纷纷转载传播。

往年的招生宣传片都是梧州电视台拍摄的，今年党委宣传部想从培养学生视角出发，选择了"冬行映像"，也是由于评估片的一些合作彼此熟悉和了解。当许壮东接到制作宣传片的任务时，并没有急着拍摄，"当时想做特别一点，改变全是照片配解说的老套模式。我在网上查看了许多高校的招生宣传片，寻找一种感觉和借鉴。"许壮东与谭永军老师探讨，可不可以选择天南地北学生来表现他们对学校的认知，既说明学校面向全国招生，也通过他们介绍学校各方面的情况。"只要主题鲜明，方法可以不拘一格。"谭老师的信任让许壮东和他的团队放开手脚，施展才华。当然过程是经过审核、修改，再审核、再修改多次反复的。成品后的招生宣传片挂在网上，一周内点击播放过万次，转载超4000人。招生宣传片也成了他们的作品，引起了一些商家的注意，有的商家还以此标杆要求他们做宣传片。

"不断地工作即是不断地学习过程。"最近一年来，许壮东还带领团队制作了《新华电池厂专题宣传片》《青梅创意短片》《梧州学院"创森"专题片》以及《梧州学院校史馆的专题片》等作品。特别是拍摄制作校史馆的"流金岁月"和"教学科研"两部片子，让他走近第一任校长甘牛和刘永煊老师，听他们说过去的故事。大量的史料让他对学校的过去、现在和未来有了大概的了解，这是最大的收获。"做了有关学校发展的视频，我受益匪浅，不仅深入了解学校的历史，更感到学校一路发展起来很不容易,我们作为一名学子应该感恩过去、珍惜现在、展望未来,为学校的美好明天勤奋学习。"许壮东沉思道。

　　三年来,500多G的资源储存见证了他们的艰辛和努力。即将毕业了,面对着自己走过的摄影青春路,他真切地说:"越拍越觉得自己喜欢拍,以后打算建立自己的文化传媒公司。"

在困境中坚持追梦的创业人[*]

——陶贤帆创业的故事

他于 2010 年在梧州学院法律专业毕业,而现在从事的是广告创意的行业;他在创业之路上从一个毫无经验的门外汉,成为现在精通业务、统筹全局的企业负责人。他就是梧州市灵点设计服务有限公司(以下简称"灵点")的总经理——陶贤帆。

陶贤帆

2010 年 10 月,陶贤帆依托我校大学生综合发展中心创办了"灵点",同时被列为梧州市首批国家政策重点扶持的微型企业之一,也是第一批在我校大学生综合发展中心成功孵化的微型企业之一。公司初创时有 8 个业务骨干,月营业额最高

---

* 本文作者:张雅业、徐怡。

达 12 万元,在业界拥有良好的口碑,并拥有自己忠实的客户群。

创业遇"拦路虎":资金

陶贤帆毕业之初曾做过几份工作,但他始终找不到自己的定位,便萌生了创业的念头,决定自己做老板,创一番事业。经过市场考察,他发现广告设计行业进入门槛较低,便和同学黄立营建立了梧州市捷成广告策划工作室。当时的在校生刘忠辉也有创业的想法,便找到了陶贤帆和黄立营,三个人一拍即合,于是注册成立"灵点"。当时的团队成员还包括 4 名在校大学生。

"灵点"成立之初由于资金的短缺和经验的不足,遭遇了重重挫折。公司的注册资金 10 万元,是陶贤帆和黄立营东拼西借才凑够数的。公司成立之初毫无知名度,业务范围较为狭窄,加之资金不足无法承接大的订单,客户大多是做工作室时期积累下来的老客户。在 2011 年底终于获得国家发放的 3 万元补助金,而后在 2012 年 4 月底向银行贷款 5 万元后,公司才得以更新设备和拓展业务。

"最困难的时候甚至连 3 个人 1000 元的基本工资都发不出来。"陶贤帆感慨地说。而现在,"灵点"员工的工资有了大幅度的提高,还与拥有梧州市最先进设备的梧州市中彩包装印刷有限公司结成了合作伙伴。

经营企业的难点:团队管理

企业经营过程中,除了需要出色的领军人物,还需要有可以委以重任的强兵干将,而陶贤帆作为"灵点"的主心骨,团队管理的任务从未让他轻松过。

创业初始,陶贤帆的团队没有任何的实战经验,凭借的只是一腔热忱。几个门外汉摸着石头过河,总免不了裤湿脚滑的时候。"由于缺乏经验,工作中只能不断地尝试,有时通宵达旦地,赶进度,却还是做不出客户满意的产品。"陶贤帆说。接二连三的打击和失败使部分团队成员产生了抵触,甚至是厌恶的情绪。"那时他们很怕接到我的电话,电话来了就意味着任务来了。"他说,7 人团队在 2 个月后只留下 3 人。

业务上再大的困难,只要有团队成员团结一心去攻克,陶贤帆都不认为是困难,而队友的离开却让他对创业的道路渐感迷茫。他花了整整一个星期的时间进行反思:到底是自己的领导和管理能力不足,还是市场竞争的残酷性超出了在校大学生的承受能力范围？经过了全面的分析和慎重的考虑，陶贤帆意识到：没有较强的抗压能力和全身心投入创业的合作伙伴，创业之梦难以实现。于是，他决定招聘全职的员工，要求他们把全部的心思都用在工作上，并且要有足够的毅力和决心坚持下去。

经过一段时间的观察，陶贤帆看中了某广告公司的员工小卢，他便用相对丰厚的待遇将她收入麾下。"我看中的是她的耐心、细心和责任心，而她认为和同龄人一起工作较为自由，富有激情和灵感。"陶贤帆说。用高额的工资吸引人才，这对于刚成立不久的"灵感"来说，确实是下了血本。

如今，"灵感"已经是一支拥有8个全职员工的企业，设有设计部、市场部、财务部、工程部四个部门，各部门各司其职，团结协作。

用心做好每一笔业务

业务能力往往决定了企业的生存。说起创业初期最大的一笔订单，陶贤帆还记忆犹新。那时"灵点"刚从大学生综合发展中心孵化出来，业务能力还比较弱。在获知了好歌城KTV即将开业的消息后，"灵点"积极主动地与好歌城负责人联系，希望承担其开业的宣传工作。经过将近10次的洽谈，好歌城终于在开业的前一天决定与"灵点"签单。由于时间的紧急，"灵点"全体成员通宵达旦地赶工，终于在规定的时间完成了任务，且业务质量获得了好歌城负责人的好评。

陶贤帆始终把"坚持"贯穿在每一次的业务中，用真诚感动客户。2013年4月底，"灵点"和梧州市格力空调建立了业务合作关系，而这个合作背后却花了将近5个月的时间来做铺垫。从2012年的12月开始，"灵点"便与格力的负责人进行洽谈，但对方没有点头。"他们先前已经与较大的企业建有合作关系，加上对'灵点'不够了解，所以洽谈过程非常艰难。"陶贤帆说。但凭着一股韧劲和真诚的态度，格力同意首先把一些较小的业务交给"灵点"来做。经过20多次的商谈以及在业务上的出色表现，"灵点"以价格和服务上的优势赢得了格力的信任。

如今，与"灵点"有稳定合作关系的企业有华帝燃具股份有限公司梧州总代理、美佳乐超市、尼采手机梧州总代理、雪佛兰汽车梧州4S店等企业。

谈起创业之路，陶贤帆颇有感慨。"一开始家人非常反对我创业，他们希望我能进机关单位工作，稳定又体面。"他说，在创业初期的艰难阶段，家人根本不看好自己能做好企业，与家人理论时，语言上的冲突时有发生。为了消除父母的担忧，实现自己的创业梦,陶贤帆咬牙坚持,每天上网自学广告设计方面的知识,关注知名广告企业的动态,聆听广告大师的讲座等等。此时,朋友的支持和理解给予了他莫大的安慰,同时政府对微型企业的扶持,使得陶贤帆的付出和坚持终于得到了回报——企业越做越强。此时,家人的态度也发生转变,开始支持他创业。

"灵点"为大学生提供勤工助学岗位 30 多个。关于未来,陶贤帆有着自己的规划:公司稳定以后,他将从每一笔订单中抽出 1 元钱资助我校贫困大学生和创业学生,他希望把"灵点"发展成为知名的大企业,从而更好地回报母校,支持更多有创业梦想的学生。

善于捕捉商机的"学生老板"*

——苏鸣翔的创业故事

苏鸣翔既是大二在校生同时也是两家公司的负责人,除了靠良好的服务质量取得客户的信任外,更重要的是他处处为客户着想的真诚,为自己的公司赢来越来越多的客源。

"采访时间定在上午 10 点吧,早上我还要上课。"约访时,苏鸣翔对记者说。他已经是两家注册公司的负责人,但也是梧州学院工商管理专业的大二学生。

2011 年 6 月,大学一年级的苏鸣翔就注册建立了他的第一个公司——梧州市翔泰传媒广告有限责任公司;今年年初,他又注册成立了自己的第二个公司,初出茅庐的小伙子,短短两年间顺利注册、经营两个公司到底有何秘诀?

学生身份成创业优势

苏鸣翔在一个环境较为优越的家庭中长大,从小到大,父母都为他包办安排好了一条"康庄大道"。但倔强的苏鸣翔认为,这并非是自己想要的,"我只想靠自己的双手去创一番事业。"就这样,从大一开始,苏鸣翔就一边兼职一边寻找创业的机会。

一个在校大学生创业过程中如何分配学习和工作的时间? 对于记者的问题,苏鸣翔指着电脑桌面上的课程表告诉记者:"就是看着课程表来安排工作和学习的时间。"

在苏鸣翔看来,在校学生的身份反而是自己创业的优势。

原来,他在兼职时发现,本地广告公司在承办一些户外活动时,都喜欢找到学

---

* 本文作者:欧蕾蕾。

院内的学生担任一些司仪、礼仪或表演嘉宾,但因不认识学院的学生,公司普遍将这部分工作外包给一些小广告公司,中间经过多个环节,整个活动的成本都被拉高了。

正是这个"成本"问题,让敏锐的苏鸣翔嗅到了商机。自己也是在校学生,比中间人更加了解校内的情况,如果由自己成立广告公司承办活动,就可以为客户省去大部分的外包环节,把成本降低,自然在价格上就更有优势。

用服务质量打开市场

尽管在价格上存在优势,但一个大学生刚创立的广告公司要赢得客户的信任并没有想象中容易,"名气小"的问题一直困扰着苏鸣翔。"好吧,有需要我们会联系你的。"当苏鸣翔上门去宣传自己的广告公司时,时常都会遇到客户类似的敷衍。

一次,苏鸣翔来到市内一家妇产医院联系业务。在得知医院本来就有固定的广告宣传班底时,苏鸣翔仍积极地推销着自家的服务。他的坚持感动了相关负责人,"有一个印刷5000份封套的活,你做不做?"5000份封套,总价7000元不到,利润十分微薄,但苏鸣翔仍坚定地说:"做。"而正是因为这个封套印刷的活儿,让客户对苏鸣翔刮目相看,从此,便将一些广告宣传的工作分给苏鸣翔的广告公司。

就如这5000个封套的印刷业务,苏鸣翔坚持把每一次的工作都当成一次机会,"就是因为公司小,更要把工作做得精致,做得漂亮,用服务质量来吸引顾客。"

在这份信念的支持下,苏鸣翔和他的工作团队坚持把服务质量放在首位。一本资料,他们可以为客户通宵赶制;一个灯箱,他们可以冒着大雨赶回工厂制作。

而这一次次的坚持,为广告公司赢得口碑的同时更换来了良好的经济效益。宣传单的设计印刷、电影院开张、房地产的系列活动、车展……渐渐地,苏鸣翔的公司所承办的广告宣传越来越多,仅去年10月至12月的营业额就接近30万。

打造团队式经营模式

2012年年初,在看到广告公司已经取得一定的成绩后,苏鸣翔又注册成立了自己的第二个公司——梧州市雨星文化创意传媒有限公司。苏鸣翔通过运用团队式的经营模式,妥善处理两家公司的业务,两家公司在拥有各自特长的同时,又能进行优势的互补。

尽管已经是两家公司的负责人,但苏鸣翔并不满足于眼前的成绩。

他又在为自己专供于建筑装饰工程第三家公司的建立而忙碌着。苏鸣翔告诉记者,现阶段自己的思路是让三家公司相互独立经营,发挥各自的优势,在所涉猎的行业中做出成绩。而待三家公司发展到一定规模后,再合并为一个集团,通过集团式的经营,把资源优势最大化,"最终让我的事业能在梧州有一番属于自己的天地。"

从学生到老板[*]

——吴昌耀的创业故事

5月底举行的梧州市第三届汽车展销会,吸引了我市众多市民与商家的关注。负责这次展销会活动策划的,是一家叫"翱龙"的微型企业。而这个公司的老板,正是梧州学院的一名学生——吴昌耀。

两年前的6月,吴昌耀第二次参加高考。分数出来后,他选择就读梧州学院工商管理专业。没想到,在这里,让小吴开辟了一片新天地。

开学时,正值各种各样的社团招人,他选择加入了《梧州学院报》外联部,在院报的实践经历,让小吴接触了各类广告公司,为以后的创业积累了经验和人脉。

在梧州学院,学生自主创业的氛围浓厚。借着日趋成熟的"大学生创业示范基地"这个平台,2011年4月,吴昌耀跟一位同学一拍即合,共同创立了一个广告工作室。三个月后,因为各自的发展理念不同,吴昌耀决定从工作室中抽身出来。结束这段经历之后,吴昌耀继续在校园中组织、策划各种活动,同时也做着各种兼职。

2011年底,吴昌耀与伙伴们一起组织筹备"春节SHOW 2012梧州漫联纯基动漫展"。在跟商家接触的过程中,他发现商家有宣传推广的需求,于是决定成立一家广告公司。有了这个念头之后,吴昌耀趁热打铁。他说:"我利用假期做好各种准备,开学后马上在学校申请了一个工作室,紧接着办好注册手续。公司定名为'翱龙',还招收了几名成员。"

创业初始,吴昌耀就明确定下目标:半年内成为学校第一微企。

"公司承办的第一个活动是一场新书发布会,学院的一名外籍教师Fred出了一本名为《真相》的书,我们帮他做了宣传活动。"吴昌耀说,这次校内活动的成功

---

* 本文作者:吴婵。

208

举办,使他的公司名声在校内传播开来。

然而,想要获得更多的客户,还需要去争取。接下来的两个月时间,靠着一股拼劲,吴昌耀为公司争取到了几个校外的活动,包括第三届汽车展销会策划活动。

"其实,这时我们也刚好在策划一次车模比赛,方案都写好了。"4月中旬,经朋友介绍了解到第三届汽车展销会的信息后,吴昌耀就想:何不把两件事结合在一起呢?于是,他跟主办方进行联系沟通,并最终凭良好的方案与足够的诚意,打败了其他与其竞争的广告公司,拿下了策划这次活动的业务。设想的方案在网上公布后,随即收到了热烈的反响。

在迎来成功的开端之后,接下来的一件事情却给这个团队不小的打击:到了4月17日,他们在校内设点接受报名的第一天,工作人员一直坚守到傍晚,来参加比赛的人仍寥寥无几。面对惨淡的境况,吴昌耀马上召集团队开会,研究原因,寻找对策。

而此时就在他们开会地点的附近,学校的礼仪队正在进行训练。吴昌耀脑子一转,想出了一个点子:邀请礼仪队的成员参加比赛。接下来,他们跑遍了各系的礼仪队进行动员,前来报名的人果然多了起来。后来通过朋友介绍等途径,其他学校以及校外的人也来报名了,车模大赛最终在汽车展销会上得以顺利推出。

通过这次活动,不仅使吴昌耀公司的名声得以提高,而且团队人数也由原来7名增加到11名。而关于团队合作,他的想法也发生了转变:"以前一切事都是我亲力亲为,现在我懂得信任自己的伙伴,把工作安排下去。"

在采访的最后,吴昌耀也说出了自己的愿望,那就是希望等到大学毕业时,公司依然正常运行,并且顺利从学校转移到市场。

在新媒体浪潮中"淘金"*

——石伟丽的创业故事

"有赞商城和梧州圈是公司的左膀右臂,我们除了做有赞商城的服务商外,还是梧州圈的开发者,目前我们致力于打开有赞商场的服务销售渠道,拓宽公司的业务范围,同时做好梧州圈的宣传策略,把梧州圈做大做强。"一位来自安徽的 24 岁的女孩谈着自己创办的微型企业的发展目标。她就是梧州乐迅科技信息咨询有限公司的创始人之一,2011 级经济管理学院工商管理专业的石伟丽。

石伟丽

从学业的成绩看,石伟丽是一位学习优异的女孩,曾获得 2013 年国家励志奖

---

* 本文作者:罗庆兰。

学金以及学校三等奖学金。而她的大学生活远不止课程学习：当义工、做兼职、选修了广西大学会计学专业双学位、创业……

瞄准市场空白点创建微企

成立自己的公司之前，石伟丽在大学生微企卓跃教育信息咨询中心当过业务员、财务经理、总经理。在卓跃教育任职的经历，让她大致摸清了创业的门路。"公司运行的模式相差无几，为什么我自己不能成立一家公司？"2013 年 12 月，石伟丽萌生了创业的想法。

随着移动互联网自媒体的逐渐成熟，微信第三方平台的开发与使用俨然成为一种市场趋势。在规划公司业务范围时，石伟丽将目光锁定在微信第三方平台上。通过与远在安徽的家人交流，她发现在家乡安徽，很多公司都在使用该平台开展业务工作。"当时，梧州市运用微信平台经营业务的企业不多，其他的软件开发商和用户对微信平台的关注相对较少，所以梧州微信平台的市场发展空间很广阔。"石伟丽说。于是她坚定自己创业的想法，将公司的业务范围确定以微信第三方平台的开发与运营为主。

有了创业的思路后，经过一个寒假的深思熟虑，2014 年 2 月，石伟丽开始为成立公司的事情奔波，着手向学校递交创业项目申报书，忙着把乐迅科技入驻梧州学院大学生综合发展中心，同时也开始联系客户，开展业务。开始之初没有办公室，她就在学校草坪的空地上与指导老师刘颢奇讨论公司的发展计划。在自习教室里，用自己的电脑敲打出乐迅科技的创业项目申报书。

申报书被审批通过后，学校在中心的创业区给石伟丽提供了免费使用的办公室，配备了桌椅等办公设备。学校提供免费办公场地的扶持策略，以及乐迅科技的技术开发自由性，让乐迅科技形成了自身的优势，也让石伟丽在今后的项目谈判中为公司赢得了不少业务。

辛勤付出尝到创业甜头

公司成立初期，需要投入大量的资金。为尽快打开公司的业务市场，获得运营资金。石伟丽除了利用网络搜寻客户资源外，还把目光投到了梧州市的会展活动中。在这些参展单位的广告单上，石伟丽"嗅"到了商机。广告单上有公司简介、产品介绍以及相关负责人的资料信息,石伟丽把这些信息收集整合,筛选出有需求的客户并主动联系他们,进一步了解客户的合作意向。

2014年2月22日,石伟丽签下了公司的第一个项目合约——制作二手车辆交易系统的网站。从项目跟进、系统网站制作,到反复对系统进行测试、修改,直到客户满意验收,前后一个多月的时间,石伟丽与其他三个成员每天加班加点谈业务、做项目,有时晚上11点半她还在办公室跟客户沟通,根据客户要求修改项目。

"第一笔项目资金6000多块钱进账时,我们更加坚定认为公司的市场定位是正确的,大家信心十足,准备大干一场。"石伟丽笑道,"创业过程中,坚持是最重要的。100张广告单里,总有几张能让我们受益匪浅。"

2014年6月,乐迅科技信息咨询有限公司正式注册成立,主要经营微信第三方平台的开发与运营、网站设计与开发、电子商务平台的开发与应用等业务。

2014年11月,乐迅科技受邀参加第十一届梧州国际宝石节会展活动。"当时参展的公司中只有乐迅科技是由在校学生自主创办的,学校领导来参观时,看到乐迅科技公司的展位,赞扬我们的创业思路,还对我们说做得不错,这让我们感到特别的自豪。"石伟丽说。

然而创业的道路并不是一帆风顺的,由于是学生创建的公司,与其他同行公司相比,乐迅科技在创业资金、经验以及客户资源上显得较为薄弱,这让石伟丽在开展业务时尤为吃力。为加大谈判的筹码,拿下合约,她经常到办公室与成员一起讨论工作、制作项目,以此加深对公司业务的了解。利用网络平台或平时空余的时间,到梧州市的一些店铺里与商家交谈,了解他们对微信平台的使用情况与关注,还借此发展客户,开展业务。

此外,石伟丽还绞尽脑汁想客户之所想,为商家独立开发、量身定制项目,在制作梧州市金苑大酒店的项目时,除了制作手机微信平台外,她还根据客户的要求制作了符合酒店需求的电脑系统网站以及会员系统。

石伟丽不厌其烦地与客户进行沟通,毫无怨言地修改项目,交出让顾客满意的项目成果,让很多客户看到了她的诚意与实力。正是这种认真负责的态度,让客户信任她,主动为她介绍新客户。

在创业的磨炼中成长

在石伟丽的创业道路上,指导老师刘颖奇起到了至关重要的作用。刘老师从2012年开始关注腾讯微信平台的发展,经常与在深圳进行微信平台开发的朋友进行交流。2013年,他开始关注梧州的微信平台发展以及市场需求。有了这些经验,在乐迅科技的发展中,刘老师总能给石伟丽提供明确的市场定位分析,而石伟丽也凭借着刘老师这位"军师"以及自身前卫的想法、长远的目光,让乐迅科技在梧州市场站稳了脚跟。

从2014年2月至2015年5月,一年多的时间里,乐迅科技团队由2人发展到20人,团队成员主要以我校在校生为主,完成了梧州电台、第二届梧州特色产品博览会、梧州学院等20多个微信第三方平台项目的制作,累计完成的营业额近20万。

创建乐迅科技,石伟丽可谓是白手起家。回想起近一年的创业经历,石伟丽知道尽管她经常熬夜加班,事事亲力亲为,但是吃的苦越多,学到的东西越多。在工作上,她严格要求自己,遇到困难她学会了心态平稳地对待;合约谈不成,她做得最多的是自我反省,与同行进行对比,正视自身的不足之处。

面对梧州微信第三方平台市场的逐渐成熟,乐迅科技做出了相应的策略转变。"公司目前所做的只是微信的前期开发工作,后期的商家宣传和服务也是一个很大的市场,我们正计划把微信的商家服务和销售也纳入我们的业务范围。"石伟丽说,"面对市场的发展,我们要懂得随机应变,将公司转变为开发与服务相结合的运营模式,把软件设计与实体产品捆绑销售,拓宽销售渠道,满足客户的需求,才能让企业走得更远。"

在创业中,经过历练的石伟丽显得精明干练。目前,她将要从校园走向社会,在同学们为找工作而焦躁不安时,石伟丽表现得从容淡定。练就了"一身本领"的她表示,作为公司管理者,要经常面试员工,与不同的企业单位进行交流,这让她清楚企业单位需要什么样的人才,自己需要掌握哪些技能。从0到20万的营业额的创业之路,每一步走得都不容易,但石伟丽坚信:压力越大,成长越快。

创业，我从中收获成长 *

——机化学院 2013 级学生黄富民

　　"尽管这个过程中也有很多心酸的事情，但是我并不后悔，因为我从中收获到的不仅是财富，更重要的是还收获了成长。"2016 年 10 月 14 日晚，黄富民在明理楼学术报告厅向近 600 名来自学校各二级学院的师生分享了他的创业经历与体会，获得热烈的掌声。

黄富民

　　黄富民，我校 2016 年优秀学生代表宣讲团创新创业代表组的学生之一，他是

---

　　* 本文作者：李小玲、陈玉兰。

机化学院 2013 级林场化工 2 班的学生。大学三年里,他不断探索创业,开办自行车出租行、在淘宝上开网店、到骑楼城开糖水店、创立聚锦文化传播有限责任公司……各种不同的尝试和体验,为他的青春增添了浓墨重彩的一笔。

为了减轻父母的负担,找点事做

谈起创业经历时,他不禁说起了自己在高三寒假时卖年货的故事。

临近 2012 年的春节,家住钦州太平镇的他,每天待在家里无所事事。他看到了镇上卖年货的商铺生意十分火爆,不由地蹦出了一个念头:趁着寒假,为什么不到农村直销年货呢?农村的市场需求不比镇上小。

有想法就马上行动。他动员了十几个朋友,一起从厂家批发了年货,租了 3 辆卡车,就到人口较多的村庄销售。

每天早上 6 点,他们装好粉栗、糖果、饼干等年货之后,就向村庄出发。为了节约时间,他们午饭经常是粽子、面包等食物。十几个人辛辛苦苦一直忙到晚上 9 点才收摊,之后他还要一个人到仓库清点货物、整理账单,常常忙到晚上 12 点半才能休息。

每天早出晚归的生活,让他渐渐消瘦下来,父母看在眼里疼在心里。当母亲提出晚上帮助他清点货物时,他没有同意。因为他不忍心母亲每天陪自己熬夜工作。

从腊月二十五到正月初六,为期 12 天的销售,他跑遍 30 多个村庄,赚到 2 万多元。这次卖年货的经历,不仅让他尝到了做生意的甜头,也让他体会到了生意的艰辛。

2013 年 9 月,他来到梧州学院开始念大学,当时想着毕业后从事一份稳定的工作。但在发传单、代理包车等兼职中,他发现自己并不喜欢安稳的生活,而是喜欢广交朋友、与人打交道。于是,他决定在大学里尝试创业。

"既能方便同学们出游,又能赚取一定的生活费,何乐而不为呢?"抱着这样的想法,大一的他开始在校园里开办了一个自行车出租行。良好的信誉和贴心的服务,让他的出租行得到了同学们的支持和认可。他的"租行天下"项目还获得了 2014 年"创青春"广西大学生创业大赛铜奖。

到大一下学期,他已经不用再向父母要生活费了。谈到创业初衷,他说:"就是为了减轻父母的负担,找点事做。"

在骑楼城开糖水店的日子

谈到自己在校外的创业尝试,他说:"我最深刻的创业体会,就是在骑楼城开糖水店的日子。"

2014年6月,临近暑假,他了解到梧州市政府在骑楼城实行大学生校外创业免租免税三个月的政策,考虑到梧州市天气炎热、市民喜欢吃甜食的情况,他申请到骑楼城开糖水店。

开糖水店并不像自己想象中那么简单,黄富民深刻体验到了其中的辛苦。为了保证食物的新鲜,他在早上6点到店里煮粥。每天连续煮上十几锅粥,才够供给。同时,他还要招呼客人,擦拭桌子椅子,清洗厨具等。一直营业到晚上10点多店里打烊,他才能休息。

虽然他一直勤勤恳恳,但无奈店面不在繁华地段,客流量不多,再加上学校开学,学业加重,难以同时兼顾学业和工作,就这样,他的三个月校外创业经历也就结束了。

在校外创业时,他曾遇到过许多困难,经历过许多挫折,如收到过假币、遇到过不讲理的顾客、与合作伙伴意见分歧……但他依然坚持着。

他认为,自己去创业并不是为了钱,而是为了学习到更多知识。在他的心里,知识才是人生最可贵的财富。

他平时很忙,经常早出晚归

说起自己的大学生活,除了创业外,他还喜欢去尝试不一样的东西。

他自导自演拍过微电影,参加过学校2014年"励志、诚信、感恩"微电影大赛。他敢于尝试,收获颇丰。微电影的拍摄让他学会了摄影机的使用和构图取景等基本知识。

不标准的普通话,一直让他有些不自信。为了提高普通话水平,他平时注重练习发音,在参加演讲比赛时,他会逐字逐句地矫正发音。

"他是一个有上进心和负责任的学生,不仅在课堂上表现活跃,而且参加了许多课外活动,发展自己多方面的爱好。"科任老师陈玉凤评价道。

"他平时很忙,经常早出晚归。我们很少能在宿舍里看到他的身影,基本都是休息的时候他才回宿舍的。"舍友陈亿超说道。

大学三年,丰富的活动经历让黄富民收获了不少荣誉。他曾获得 2013—2014年"优秀学生干部"称号;也曾荣获 2014 年"励志、诚信、感恩"微电影大赛最佳内容奖、最佳表演奖;2014 年"勇担光荣使命,书写青春华章"演讲比赛三等奖;2015年"我与梧州共荣誉"演讲比赛二等奖。

现在大四的他,没有听从父母的要求,回家乡当一名教师,而是去了世界 500强企业辉瑞制药有限公司实习。他希望能在实习和工作中学习到更多的东西,为以后的创业做准备。他一如既往地坚持自己的创业想法,为青春的画板涂上斑斓的色彩。

在校园里当"工人" *

整齐的缝纫机、散落在桌上的设计图纸、剪好的衣服布料、半成品的衣服、忙碌的一群人,这是走进了一家职业的服装工厂了吗?这是梧州学院与广东河源天生体育用品有限公司合作,在宝石与艺术设计学院成立的"校中厂"。这是在梧州学院进行应用型人才培养方案改革的转型中建立的首家"校中厂"。此举,为校企双方进一步开展多层次、多形式、多领域的合作,实现校企资源的有机结合和优化配置,共同培养经济社会发展需要的人才提供了新的契机。

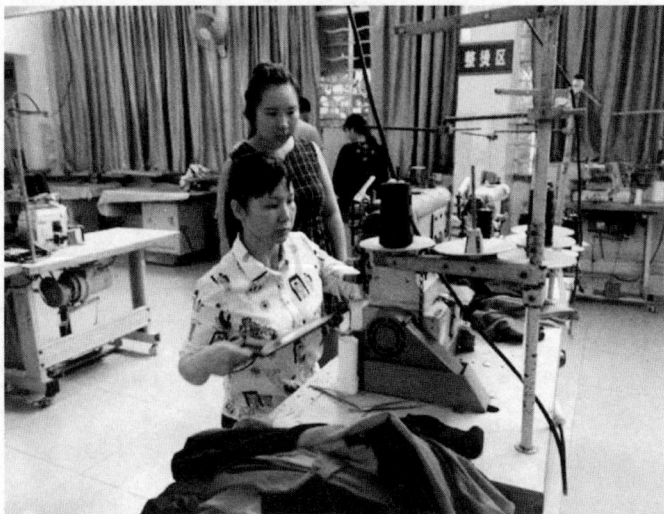

"校中厂"中老师指导学生实践

在校内能够有效地实现企业需求与人才培养无缝对接,这是应用型人才培养的举措之一。"校中厂"于 2015 年 6 月 25 日揭牌,经过 4 个月的时间,有什么实

---

* 本文作者:裴超怡。

质性的进展和效果呢?

韦飞:我也在成长

韦飞老师是梧州学院服装与服饰设计专业教研室的主任,现在他多了一个身份——梧州学院"校中厂"经理。1999年在企业第一线工作的他受邀到梧州学院做外聘教师,并担任服装设计专业的课程实践教学,2000年他辞掉企业的工作,来到梧州学院担任服装与服饰设计专业的教师。

现在业界发展迅速,设备与生产技术都已经更新换代了。"我已经参加教学工作近15年了,要想跟上时代步伐,有必要到生产一线去再学习。"韦飞老师说。

"校中厂"校内实训基地的建设,企业将设备搬到了校园,工厂的生产模式移植到了校园,技术人员参与了教学……这不仅是校政企联盟的结果,同时对师生的实践学习、应用能力的培养起到了直接的效果。梧州学院与广东河源天生体育用品有限公司合作签约后,不仅企业的技术人员可以到学校'校中厂'指导学生实践,同时梧州学院也可以派老师到企业生产第一线挂职锻炼。师生的应用能力在合作中都能得到不同程度的提升。

韦飞老师介绍,自2014年7月梧州学院与广东河源天生体育用品有限公司建立校外实习基地的合作关系以来,服装与服饰设计专业教研室已分别安排黄玉立、胡玉丽、黄尔3名专业老师到企业中去挂职锻炼。老师到企业中挂职锻炼,主要配合企业对实习学生的教学管理并学习企业第一线的生产流程、专业技能,对培养"双师型"人才有极大的作用。"以前学校无法很好地了解最新的技术,对行业缺乏最新的认识,现在好啦,企业提供了新技术、新设备、新平台。在之前的课程教学中,由于布料等资源的局限,学生往往无法得到很好的实践。现在'校中厂'成立后,企业解决了我们的很多问题。我们终于可以放开手按照课程去做项目实践了。"韦飞老师说,"我现在是'校中厂'的经理,也与'校中厂'一起成长,与学生一起成长!"

张晓怡:在"校中厂"中进步

早上打开"校中厂"大门,有时晚上值班到十点多,宝石与艺术设计学院2012级服装设计1班的张晓怡是梧州学院"校中厂"的副厂长。张晓怡去年到广东河源天生体育用品有限公司进行了实习,由于她表现出色得到了企业的充分肯定。优秀的专业成绩和良好的沟通能力,让她成了老师们心目中"校中厂"副厂长的最佳人选。已经大四的她正在忙着大学剩下的课程和毕业设计,但是自"校中厂"成立后的4个月以来,只要没有课程安排她都会往"校中厂"跑。实践工作的细节、缝纫的技术、布料的剪裁……她主要协助老师做一些具体的指导工作,学弟学妹们都会向她请教。"我主要进行'校中厂'中的管理协调工作,负责老师与同学们之间的协调,管理同学们在厂中实践的工作。如果他们有一些小问题,我也会帮忙解决。"张晓怡说。

和张晓怡一起在"校中厂"中进行管理的还有两名大三的同学。在平时的工作中,张晓怡会督促着学弟学妹认真学习技术,看到他们存在的问题也会及时指出,用自己学习到的知识对他们进行指导。"我还有课程的学习,没办法全心投入厂里的工作,要是能全身心投入厂里工作,就更加好了。在课程学习之余,我会尽量到厂里面帮忙管理,希望我们的'校中厂'能够越来越好!"

陈秋明:在"校中厂"中学习

陈秋明是宝石与艺术设计学院2014级服装与服饰设计1班的学生。在"校中厂"设立之前,陈秋明所在专业的实践主要就是在制衣房缝制衣服,有的是完成老师布置的作业,也有的就是自己练习。校中厂设立以后有了更先进的设备、更好的环境进行实践,实践的目的性强,操作能力也有所加强了。没有课程安排的时候,陈秋明就会去"校中厂"练习基本的技术,进行裁剪领口、用蒸汽熨斗熨烫布料、用锁边机进行衣物锁边,通过练习能够更好地提高动手能力。

在"校中厂"这4个月的学习中,以老师指导学习为主。在进行新的工序前,老师都会耐心地指导他们,在同学们学习好、练习好技术后才能开始进行车工工作。陈秋明说:"这让我们学会了很多课本上没有的新知识,让我们 get 了许多新技能呢!"企业会不定期派专业人员到"校中厂"中教授同学们专业技术、工序所需要的要求,解决同学们在实际操作中遇到的问题。每天在完成了老师安排的任务工序后,陈秋明就找出自己还没有完全掌握的步骤工序进行加强练习。"'校中厂'给了我们很多实践的机会,能够让我们积累很多实际操作的经验。"说话间,陈秋明拨动锁边机给一件半成品衣服锁边。

这就是梧州学院的第一家"校中厂",成长的过程一步一个脚印,4个月只是一个开始,更多的冒险、更多的挑战将使"他"越挫越勇,我们与"他"的故事也会越来越多。成长的脚步不停,实践的脚步也不会停下,期待下一个故事的开始。

我是学生我当老师[*]

——尚轩电子商务陈烈彬

为加强电子商务领域人才培训,梧州市商务局举办梧州电子商务应用普及培训班,借此培训促进梧州市电子商务和信息化工作的开展。梧州学院经济管理学院副院长叶毅应邀为梧州市电子商务应用普及培训班学员作讲座,积极为地方电子商务发展提供人才培训服务。

培训现场

培训老师除了叶毅副院长和来自电子商务企业的经理或技术方面的专家外,还有一个特别的人——梧州学院经济管理学院 2012 级电子商务班、尚轩电子创新创业团队负责人陈烈彬。参加此次培训班的学员有梧州各企事业单位分管信

  * 本文作者:何英梅、裴超怡、吴秋蒙。

息化建设的领导、业务负责人、有意在电子商务领域创业的社会青年及高校学生。

积极准备，专业培训

"网络时代的发展促进了电子商务的发展，电子商务是一种经济发展趋势。"陈烈彬说，"但是本地商户负责人大多对于电子商务缺乏系统的认识，无法良好地运用电子商务，所以叶毅副院长推荐我去做讲座让更多创业青年了解电子商务、利用电子商务。"来听讲座的都是创业青年和企业主们，陈烈彬丝毫不敢大意，在进行培训班讲座前，陈烈彬不断收集相关资料，总结相关经验，对自己的创业经验进行了系统的整理与总结，对讲座上需要用到的电子商务资料进行收集与分类整理。"光是演讲稿他就写了4000多字，就连开场白也来来回回改了好几遍，在他的创业小组中模拟演讲了好多遍。"叶毅副院长说。

一切准备都做好之后，他结合自己网上创业的经验给在座的学员们讲解如何利用阿里巴巴网上开店，给他们进行有关电子商务专业知识的培训及电子商务简单教程讲解。陈烈彬透露，早在之前他就有过类似的讲座经验，不同的是之前的讲座对象是电子商务专业的学弟学妹们，而此次讲座的对象是企业家们。"当时压力挺大的，第一次给企业做培训，也会担心做不好。"陈烈彬说。

麻雀虽小，五脏俱全

"我从大一下学期就开始筹备网上开店的事情，在即将进入大二时开始了我的网上开店之旅。"陈烈彬说起了自己的创业路，在短短的一年多里，他的网店卖过特产、衣服、床单等各式各样的东西。2015年11月，在老师的指导下他组建起了自己的创业团队——尚轩电子商务创新创业团队。在校园里他们并不起眼，提及他们，同学们甚至说没听过，虽然知名度不高，但他们却有自己的实践目标。他们的团队主要以电子商务为主线，利用阿里巴巴网络平台从事网络开店、对有需求的商家或个人提供网络培训等工作。

"网络时代的发展促进了电子商务的发展，电子商务是一种经济发展趋势，所以我们利用学校提供给我们的资源和我们所学到的专业知识，做一些我们能做的。"陈烈彬说，"虽然目前团队只有6名成员，但我们的工作却一点也不含糊，正应了那句话，'麻雀虽小，五脏俱全'。"团队里分有外联、美工、财务、摄影等方面的工作。他们运用电子商务的知识与实践相结合，从而进行网上店铺的运作。

困难面前，勇往直前

万事开头难，创业团队组建之初，也曾面临资金困难、运营条件不成熟等问题，但他们通过申请创业资金和收取运营费的方式解决了团队资金问题，在这个实践的过程中，不断地深入了解这个行业。

遇到困难的时候，陈烈彬也想过放弃，最终因为自己的兴趣和老师的支持坚持了下来。"实实在在地做事，真真正正地实践让我比其他同学获取了更多的知识，也让我们接触到了各行各业的人，通过了解他们的需求提高自己的技能，今后团队的发展也会争取更多的实践机会，积极寻找合作商，加强经济间的交流。"陈烈彬感慨过去的创业时光，"在哪里不重要，要看自己在这一期间所学到的东西。"

梦想，在实践中放飞[*]

——2010 级机械设计制造及其自动化专业学生范欢静

在电脑上利用 CAD 建模设计好产品，无须模具，直接按下"打印"键，一颗精致的心形陶瓷饰品便被打印出来，而这种打印出来的饰品表面粗糙度可到毫米。

近日，在第三届广西高校大学生创新设计与制作大赛中，这一台可打印出小样件首饰品的人工宝石材料氧化锆陶瓷 3D 打印机（以下简称 3D 打印机）在 132 件参赛作品中脱颖而出，获得大赛一等奖。

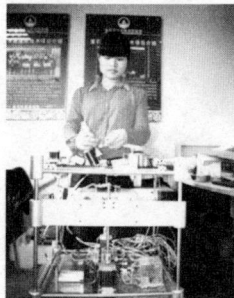

这台 3D 打印机由梧州学院的 5 位学生制作。而他们这种把氧化锆材料结合到 3D 打印机中的做法，在国内尚属首创，它不仅大大减少了相关原材料的损耗，而且符合大赛"低成本、环境友好型创新作品的设计与制作"的主题要求。

杠杆原理"撬开"创新思维

"我们的目标就是要不断创新，做出与别人不一样的产品。"该校 2010 级机械设计制造及其自动化专业的学生范欢静，是这个研发团队的带头人。

---

* 本文作者：罗琦、谭永军、潘彩娇。

据悉,氧化锆材料具有耐高温、高抗弯强度和高耐磨性的优点,主要用于首饰、灯饰等工艺品和耐磨零件上。然而,用氧化锆材料制成的产品,都要依靠模具来生产,既花费设计成本,在生产小饰品时又不能够保证产品的精度,因此经常造成材料的损耗。而范欢静及其团队研制出的 3D 打印机正好弥补了这个缺点。

在该校实验室,记者看到了一个长宽高各约 50 厘米的正方体机器,表面上看似简单,但里面却分布着喷头控温装置、三轴电机驱动电路等复杂仪器。范欢静介绍说:"我们利用杠杆原理来增大挤料压力,实现材料由溶料缸从 0.4mm 的喷头顺利挤出,并使用嵌入式加热的方法,大大减少了原材料和热量损失。"

"目前 3D 打印机技术在国内外的研究已经很成熟,甚至在不少领域中也已经运用到制造工序中,所以我们打算在此基础上进行创新。"范欢静说。

有了新想法,但团队却不知从何下手。正当一筹莫展之时,指导老师陈炳忠的一席话点醒了他们:"人工宝石材料氧化锆比较坚硬、黏度比较高,目前在业界还没有人能够运用 3D 打印机把它制成产品,加上我们梧州盛产宝石,我们可以充分利用这些优势,研制别人没有研制过的产品。"就这样,他们决定把创新设计朝向人工宝石材料氧化锆陶瓷 3D 打印机。

多学科协同攻克难关

一台机器的研制要经历设计、制作、组装、调试等繁杂工序,而这些都少不了队员的分工合作。

"一个好的作品离不开一个优秀的团队。研制的理念和方向确定之后,首先考虑到的是队员的分工合作。"范欢静说,研制的每一个过程都需要不同专业的人才,因此她很庆幸能有一批机械设计制造及其自动化、电子信息工程、工业设计等专业的同学作为队友。

基于人工宝石氧化锆材料具有高黏度的特性,如何使材料喷出的速度达到设计的要求成为困扰整个团队的难题。"增大压力,我马上就想到了运用杠杆原理,但是要怎样把杠杆原理结合到 3D 打印机,这又是令人头疼的问题。"

画图、钳工、调机……暑假期间,5 位学生在实验室里热烈探讨如何解决这个阻碍他们前进的难题。每天早上 9 时,他们准时来到实验室进行研制,直到晚上12 点,在值班人员的催促下才依依不舍地离开。

在反复试验当中,他们连续试坏了几个电机,但依旧没有找到把杠杆原理结合到3D打印机的方法,整个团队的工作也因此而停滞不前。眼看比赛日期日益临近,队员们的紧张感骤增,整个团队都被压抑的氛围笼罩着。

无奈之下,他们想向指导老师"服软":"氧化锆材料实在是太难以应用了,是不是更换其他原材料更容易成功?"然而指导老师并没有同意,仍鼓励他们继续研究使用氧化锆材料:"这种材料虽然难以掌控,但是现在我们的研究只差一步了,放弃不是很可惜吗?只要能找到增加喷头压力的方法,那就成功了。"

功夫不负有心人。他们先后参考了机械设计原理、材料力学等书籍,不断修改设计图纸和方案,同时综合彼此间每天所提出的修改意见,最终成功把杠杆原理和3D打印机完美地结合在一起!

"在这4个月里,比赛结果对于我们来说固然重要,但是从中我也提高了专业动手能力,收获了友谊,这些真的令我很满足。"回顾过去,范欢静坦言收获颇丰。

追梦的脚步不会停止

难关一次次被攻克了,但前方还会不会有其他的挫折?大家心中仍有些许担忧。离比赛的时间越来越近了,10月9日发生的一个小事故让大家始料未及:在机器的最后调试中,一次常规操作却把3D打印机的电路板全部烧坏了,而第二天就是评委老师检查作品的时间!

知道消息后的范欢静尽管表面冷静,但内心却非常焦急。她赶紧找到负责电子部分的队友潘绍甫和陈品凡了解情况,在得知队友已把主要的电路板都焊有备份后,她不安的心终于静了下来。

"在以往的比赛中,出现问题多数是在电子产品方面,因为它们很不稳定,所以我们早早做好了准备。"潘绍甫告诉记者,事故发生后,他们便仔细检测具体是哪些零件出现了问题,并花了两个小时让电路板恢复正常。

"3轴是运用了别人的研究成果,增加喷头挤料压力以便能够应用黏度高的氧化锆材料则是我们主要的创新点……"在比赛现场的演示提问环节,他们自信地站在机器旁,一边演示机器如何工作一边自信流畅地回答评委提出的问题。

历时4个多月的开发研究,他们最终获得了大赛的一等奖。然而,他们追逐梦想的脚步依然没有停止,回到学校,他们便马不停蹄地投入到了新的实验当中。

　　"现在我们的 3D 打印机还没能达到预期的效果,我们最想设计出一个能够自动供料的装置,省去逐次加料打印的麻烦,那样就可以自动打印更加大型的产品。为了这个目标,我们的实验还会继续下去。"在实验室里,范欢静坐在电脑前一边低头计算着数据一边说道。

两地大学生联袂创作宝石节歌曲《宝石花》*

"喔,妈妈,我要谢谢你,你把石头雕刻成宝石花······"这首极具梧州特色的原创儿童歌曲《宝石花》,在第九届梧州国际宝石节"宝石娃娃"才艺展演——"童声唱响宝石节专题晚会"上演唱。这首原创作品是由就读于梧州学院的南宁男生李道平和就读杭州大学的梧州女生蒙秋颖联袂创作的。

李道平是就读于梧州学院音乐教育专业的大四学生,2012年9月,他从同学那里得知2017年梧州国际宝石节有一项重要的节庆活动,就是"童声唱响宝石节专题晚会",这台晚会是首度举办的,将集中展示一批富有艺术感染力及创新性的梧州原创童谣作品,当时市教育局正向梧州的音乐爱好者征集原创作品。

得知这一消息后,他通过电话与远在杭州大学就读的梧州朋友蒙秋颖取得了联系。虽然远隔千里,但是蒙秋颖也立即表示想为梧州宝石节出一份力,希望能够通过写作歌词,将一名梧州人对家乡的那份深厚感情写出来。在确定歌曲主题的时候,两人反复琢磨怎样才能把童趣和梧州人工宝石联系起来。在查阅了梧州人工宝石产业的相关资料后,李道平忽然有了灵感:孩子是父母的宝贝,就像宝石一样珍贵;孩子也是祖国的花朵,这样一串联就有了点眉目。于是两人合议确定了歌曲主题,以《宝石花》为歌目进行作词和作曲。

由于蒙秋颖有着对梧州的了解和感情,加上她扎实的文字功底,歌词很快就出来了。蒙秋颖表示,歌目中的"花"暗喻儿女,整首歌曲以"儿女是母亲的宝贝(宝石)"为主题,表达出儿女是天下父母亲的心头肉,就像宝石那么珍贵,孩子在妈妈的精心呵护下健康、快乐地成长。儿女在深深感受到母亲那份平凡而又伟大的爱后,立志要像宝石一样坚忍不拔、绽放光华来报答母亲的恩情。这首歌曲通过儿女长大后要报答母亲的爱,延伸到梧州人工宝石产业将给世界带去美丽,也

---

* 本文作者:孔妮、黄慧。

将给梧州的发展带来贡献。

担任作曲的李道平说,作曲前的准备并不轻松。"作曲要作者有多方面的积累,多听、多练、多唱才会有创作灵感。"李道平说,他不是梧州人,对于梧州的宝石产业并不十分了解。为此,他通过报纸、网络了解大量有关梧州以及梧州人工宝石的资料,让自己对梧州和梧州人工宝石有相对清晰的印象。与此同时,他还反复听大量儿歌,多次研究大量儿歌歌词。李道平告诉记者,他是第一次为儿歌谱曲,这与平时他所创作的流行歌曲有很大区别。对于他来说,这次创作既是一次学习的机会,也是一次挑战自己的机会。

李道平在作曲的时候,确定了《宝石花》的主旋律和意境是欢快而甜蜜的,以欢快、明朗、甜美的节奏来作为歌曲的主旋律,体现祖国花朵的天真与活力。此外,歌曲还融入富有民族特色的节奏来彰显梧州人工宝石的特色。经过一个通宵的忙碌,李道平完成了曲子的小样。然后他将小样发给了市教育局的艺术专干黄珊老师,请她给予指导,再根据她的意见对曲子进行修改。经过几番辛苦,歌曲《宝石花》终于出炉了。李道平说,如今市教育局已经安排了儿童歌手演唱该歌曲,届时将在"童声唱响宝石节专题晚会"上献演。他作为《宝石花》的作曲者,希望这首原创歌曲通过童声演绎,更好地向梧州的观众和外地的来宾宣传梧州人工宝石。

创新是梦想助推器*

"明德、博学、求是、创新"是梧州学院的八字校训,在日新月异的今天,产品、知识、信息的更新速度非常快,遵循守旧肯定行不通。而创新,在大学生的求学之中占据着不可忽视的地位。在校园内的许多领域里,都有大学生们创新的影子。

创新,把不可能变为可能

来自宝石与艺术设计学院 2012 级动画 1 班的胡浩与同班的两个好友从 2013 年的 9 月份开始着手准备创业。在动画教研室主任李松老师的支持和帮助下,一家以动画平面图设计为主打的叫作"盛唯多媒体工作室"的微企,在 2013 年 12 月 24 日这天正式落户大学生综合发展中心的创业发展区。工作室正式成立后不久,就接到一个他到目前为止最大的挑战。通过工作室里的另一个伙伴的人际关系,一所名为上海佳华东风商学院的培训学校找到胡浩的"盛唯多媒体工作室",并请他们为学校设计一个校门。他们第一次把方案交上去的时候,三个方案都被退回了。

工作室的成员们认真总结了对方的要求,并结合了这所学校的自身特点和背景,最后设计出了一个以汉字"书"为原型的校门方案,并最终被采纳了。胡浩回忆说,"如果一直按照传统的思维去进行设计,我自己也没有信心方案能通过,但创新,却能把不可能变成可能。"

现在的"盛唯多媒体工作室"的规模已经从最初的 3 人扩大到了 7 人,为了培养他们的创新能力,胡浩对他们采用"基础教学 + 模拟设计"的指导方法。平时会通过网络聊天平台和其他高校的设计专业的人交流,这不仅能拓宽视野,还非常有益于在设计中创新。

---

* 本文作者:邓雅静、程敏敏。

创新，是建立在"稳"的基础上

来自信息与电子工程学院的黄俊茗、熊耀厂在第八届广西大学生"TI 杯"电子设计竞赛中获得一等奖。据悉，比赛分为三阶段竞赛、三次评奖的形式进行，本次大赛共有来自广西大学、桂林电子科技大学等区内 41 所高校，超过 450 个队参赛，面对这样的竞争压力，黄俊茗、熊耀厂是如何一路过关斩将勇夺第一名的呢？

在选择比赛题目时，他们选择了本科组的"自动搬运机器人"，"我们平时对机器人、小车这方面的训练比较多，更能实现题目中的要求。"黄俊茗说。据悉，比赛的要求是设计并制作一个能自动行驶并完成货物搬运的机器人，机器人允许使用玩具汽车改装，可应用图像、光电、声波、超声波等无线自动导航识别技术，在比赛场地里移动，将不同颜色的物体搬运到仓库对应的不同颜色位置。机器人比赛的搬运场地为 1.2m × 1.2m，放木块的仓库长宽分别为 20cm，考虑到路线问题，他们在设计机器人时就花费了近一半的时间。"从接到题目到比赛只有 4 天 3 夜的时间，我们首先要考虑到的问题就是如何把机器人做出来，而且想法要切合实际。"为了能让机器人准确把木块投进规定的区域内，减少误差，他们想到和别人不一样的是，先识物体（木块）再识别物体的颜色，而且他们是用接近开关识别物体，减少了很多外面因素的影响。"我们的机器人相对其他选手的机器人，发挥比较稳定，这可能也是拿一等奖的原因之一吧。"黄俊茗谦虚地说。

设计的机器人宽接近 20cm，但是放木块的仓库长宽也才 20cm，这就导致了机器人进入仓库后不能转动，那么，如何让机器人顺利将木块放进仓库里呢？这可让黄俊茗和熊耀厂犯了愁。经过反复琢磨，他们想出了一个办法，先识别中间位置颜色的木块，把机器人开进仓库里面之后，把对应的木块放到中间位置，下一个木块再叠在中间位置木块上面，通过机器人手臂的甩动，把木块甩到旁边的位置上，依此类推，三块不同颜色的木块都能顺利地到达指定的位置。"这个办法虽然看起来很普通，但是它带来的效果却比别的方法都好。"熊耀厂说。

一块木板，一辆改装过的小车，一个颜色识别传感器，几个接近开关，是机器人的主要部件，它们都很普通，但是经过他们的组合，便不再普通。"经常给我们做培训的梁汉民老师曾说，创新，就是别人想不到的技巧。再普通的物品，只要经过我们的思考，通过有机地组合，它就是不普通的，就是创新，创新不一定要高大上。"

"首饰设计"我夺冠*

梧州学院连续多年参加梧州国际宝石节宝石首饰设计大赛并取得不错成绩，2012年再接再厉，再创佳绩。艺术系产品教研室主任吴小军表示，参加比赛旨在检验教学水平和成果，同时也是为了展现我院良好的学术水平。

为了充分地做好参赛准备，艺术系在学期开学之初便开始积极筹备。艺术系产品教研室师生共同努力，在题目的选择、设计方案的修改、制作工艺的考究过程中花费了大量的时间和精力。经过了数次的推敲和琢磨，历时一个多月，最终完成了比赛作品的设计和制作。

吴小军是参赛学生的主要指导老师之一，2012年除了指导学生设计之外，吴老师还和自己的学生同台竞技，并凭借作品《福满华夏》获得专业组二等奖。"参赛目的不是为了获奖，而是想通过比赛看看自己的设计是否被大家认可。"吴老师认为，"时尚中国"是用最现代的工艺理念将中国传统文化表现出来，在创作时他首先想到了借鉴宝鼎的原型，运用现代首饰制作要求去设计。在吴老师的作品中我们看到一个汉字"福"的造型装载了一个小宝鼎，即"福"字盛满于"鼎"中，寓意着华夏民族悠久的历史和美满幸福的明天。

"得知获奖之后，真有点不敢相信，很高兴很惊讶。"第一次参赛就获得业余组一等奖的黄圆庆非常激动。她回忆说，获奖作品《戏》设计之初，主要想将京剧脸谱中的传统元素与现代元素融合，以表现内涵。她把想法告诉了吴小军老师，并得到了肯定和认可。在吴老师的指导下，她不断进行修改、完善，最终定稿参赛。

"学院学生能较好地结合大赛主题'时尚中国'设计出优秀的作品，尤其是在选题和表现形式上，能准确地定位设计的元素和创意的角度，通过首饰这一特殊的产品形态来承载传统文化的一些内涵和寓意。"吴小军老师高度评价。

---

* 本文作者：吕子辉。

梧州学院 2012 年参加宝石首饰设计大赛的作品共有 54 幅,除吴小军老师和黄圆庆获奖外,艺术系 2010 级珠宝首饰设计专业学生周德旭获得专业组三等奖、唐萍和莫冬梅获得业余组三等奖、莫杏和岑光阴获得业余组创意奖。

黄圆庆表示,受此次比赛的鼓舞,自己今后也会积极参加更多的设计大赛,以更好地发掘自己的潜能。

此外,艺术系还组织表演专业的学生担任本届首饰设计大赛颁奖仪式的主持并参加演出,并荣获优秀组织奖。吴小军老师说:"他们既为学院争了光,同时也展现了自身的设计水平和表演才能,对他们来说是一次很好的历练。"

奔跑在演绎路上*

——B-box 公社、ColorFace 的“领头羊”陶泽涛

陶泽涛

2011 年 11 月，在梧州学院第五届社团活动月开幕式上，B - box 公社惟妙惟肖的口技表演让观众耳目一新；在我院广播电台八周年庆典晚会上，ColorFace 融口技和街舞于一体的《首度集合》表演赢得观众雷鸣般的掌声和呐喊。这两个团队的“领头羊”均为艺术系 2009 级环境艺术设计 8 班的陶泽涛，高瘦的身材、爽朗

* 本文作者：罗翔、林秀君、刘虹秀。

的笑容,幽默风趣的他十分健谈,无论台前幕后都散发着一股无穷的魅力。

敢于挑战用心感悟

陶泽涛来到学院不久就组建了 CrazyAlice 乐队,担任架子鼓手的角色。"敲架子鼓照相机拍不到我,我想站在台前让观众看清我。"他有着自己的"野心"。口技是民间的表演技艺,是杂技的一种,运用嘴、舌、喉、鼻等发音部位来模仿各种声音。一次偶然的机会,他被口技表演深深迷住,并萌生表演口技的念头。

陶泽涛学习口技没有导师、没有教材,只能靠观看视频一点一点自学。"口技难度大让很多人望而生畏,而这正是它最有价值的地方,能人所不能,在舞台上才更具竞争力。"他说道。由于他有架子鼓的功底,在节奏感方面把握得好,有利于学习口技。洗澡、走路、玩电脑,他都会习惯性地练习,同时他还找到志同道合的同班同学彭松一起学习。

2010 年 11 月,工商管理系举行第一届达人秀活动,陶泽涛受邀参加演出,他和搭档彭松做了充分的准备并成立"T. O. P"组合,他们的口技初露"庐山真面目"。"上台表演前很紧张,因为是没有表演过的技术,我不断地喝水以缓解压力。"他坦言。第一次表演口技得到了观众的很大反响,这坚定了他走下去的决心。一个月后,陶泽涛组建的口技社团应运而生。

有了第一次口技表演后,陶泽涛被越来越多的人熟知,B-box 公社也备受欢迎。启航文学社十四周年庆典、2011 年艺术系毕业生作品展、第五届社团活动月开幕式等活动,他的口技表演频频出现在校内舞台;此外,梧州市三合里材料有限公司、中国银行梧州分行等校外的一些企业、商家也邀请他们参演。

2011 年 9 月,梧州市政府在骑楼城主办打造新加坡文化交流活动,B-box 公社受邀参演。他们先是穿着厨师服一动不动地站在街道中间摆 POSE,很多路过的市民带着好奇心围观,有的上前摸摸"验证"是否真人。半个小时后,围观的市民越来越多,时机成熟,陶泽涛和搭档突然从口袋里掏出麦克风进行口技表演,在场的市民顿时情绪高涨,表演过程中掌声、呐喊声此起彼伏。这次表演是陶泽涛第一次与观众零距离接触,感触良多。"在舞台上表演不单单是展示自己的才艺,还要换位思考,抓住观众的心理需求,寻求观众最深层次的呐喊。"他对表演有了更深入的认识。

突发奇想精心打造

街舞的动作由各种走、跑、跳组合而成,并通过头、颈、肩、上肢、躯干等关节的屈伸、转动、绕环、摆振、波浪形扭动等连贯组合而成,2010 年 5 月陶泽涛在接触学院的"1021 舞团"后开始练习街舞。

陶泽涛向"1021 舞团"的朋友学习街舞,但更多的是看欧美视频自学。他在宿舍用电脑看街舞表演视频,然后到走廊练习,忘了动作就跑回宿舍看视频,接着练习。有一次在练习危险系数极高、难度很大的 Breaking 时,他重重摔倒,在走廊躺了近十分钟才回过神来,但这并没有动摇他的街舞梦,反而激发了他挑战自己的斗志。"有时候,人一定要逼自己一把,俗称'赶鸭子上架',你才会知道自己有多大的能力。"他坚信。

拥有一定的街舞功底后陶泽涛萌生将口技表演和街舞表演融为一体的想法,这得到"1021 舞团"几个朋友的支持。"街舞表演翻滚、空中定格、跳跃等高强度动作是有氧运动,呼吸急速,口技表演则需要用嘴巴吸气和呼气,两者相克。"因此,他编排这些节目需要科学合理地分配好体力。2012 年 4 月初,陶泽涛组建了 ColorFace 团队,它的特点是表演时戴上面具,用口技制作音乐、用街舞动作诠释人的思想和情绪。

2012 年 4 月中旬,ColorFace 团队在梧州市太阳广场十周年庆典晚会崭露头角,独具一格的创意赢得了主办方的高度赞赏,这给初试牛刀的陶泽涛增添了信心。4 月 27 日晚的学院广播电台八周年庆典晚会,ColorFace 团队应邀出演。"请问背景音乐带来了吗?"晚会开始前工作人员问陶泽涛。他笑着回答:"我们只需要话筒就行。"表演开始,他们带着白色面具现身舞台,精湛的口技和激情澎湃的街舞的惟妙结合,给观众带来一种新的视听觉享受。

开拓创新演绎青春

"旧的东西很容易垮台,所以要不断地创新。"陶泽涛说道。他表示,每一个节目都要精心准备,不能复制他人的东西,要在他人表演的基础上找出灵感寻求突破和创新。

陶泽涛喜欢一个人静静地走在校道上,有时候同学、朋友向他打招呼会来不及回应。"走在路上我经常会想着节目的框架,想学生会的工作或者看着某个地方发呆。"他如是说。他经常用手机记下一瞬间冒出来的想法,或者拍下一些特别的事物,也喜欢收藏一些被遗弃到垃圾桶的废弃品,他解释道:"也许某一天,这些东西能激发我创作节目的灵感。"

每个节目的编排,陶泽涛都会绞尽脑汁想出节目的总体框架,拿出来跟队员一起研讨,集思广益,共同完善细节部分。每个节目,哪一秒做什么,每一个动作如何做更好,他们都再三斟酌。

彭松说道:"陶泽涛最特别的地方就是敢想敢做,决定做某一事情绝不犹豫。""陶泽涛队长工作很认真,条理清晰分明,做事淡定,对人很好,也很好玩,是一个嘻哈的大男孩。"ColorFace成员武辽这样评价他。陶泽涛表示,担任院学生会宣传部副部长让他在待人处世方面收获颇多,有助于带好团队。"领头人的喜怒哀乐不要影响团队,必须理性思考,不能自私地把想法强加于别人。"他说道。

"责任很重要,一开始每个人都会有激情,激情退却,剩下的就是责任。""不管想法多么的夸张,只有去做了才会实现。""一旦站在舞台上,就要对观众负责。站在舞台上,演员就必须抛开台下情绪,用心演绎。"……这些,是陶泽涛的真心话。

第一个吃螃蟹的人[*]

创业需要机遇和巧合,我与团队参加了广西第四届"挑战杯"并获得了金奖,对大学生创业充满了期待。

梧州学院2010年10月成立了大学生发展中心,揣着自信,我报名了,从写创业计划书,到有了自己的办公区间,我们很新奇,感觉就像进入了半个社会一样。

前排右一为潘镱匀

刚开始我们只是接一些学校的单,没有接外面的业务,因为我们还没有足够的信心。现在走出校园,我就会很自豪地说我是梧州学院的学生,因为我很感谢学校提供给我的这个平台,它就像一个孵化器,使我们逐渐在创业的过程中成长,立足社会,服务社会。

我们工作室(梧州市仁民公设广告工作室)是梧州学院第一个领到营业执照

---

* 本文作者:潘镱匀,仁民公设广告工作室总经理。

的工作室,梧州市工商局工作人员给我颁发营业执照的时候,有一句话我还记忆犹新,他说:"你是第一个吃螃蟹的人。"

我当时听了很紧张,同时又充满了期待。因为自己从来没有创业过,没有创业的经验,就凭创业的激情,老师和创业团队成员也给了我勇气,最后决定到工商局办理手续,开办工作室,从创业初期一直走到仁民公设文化传播有限公司。现在公司的主要业务是承接标志设计及舞美设计。

工作室在2010年9月成立之初共有33个人,都是在校大学生,来自不同的年级、不同专业。经费和经验都不足,全凭当初的梦想和青春的热情。

第一个作品是梧州市宝石加工技能大赛颁奖晚会舞美的设计及制作,当作品出来以后,得到了领导和老师的肯定。看到灯光绚丽的舞台,我们笑了,笑里含着泪花。

2011年4月15日至17日,梧州学院举行的第二届广西高校教职工羽毛球锦标赛,在我们的努力和学院领导老师的帮助下,我们承接到设计大赛标识和志愿者标志等十几项设计任务。我们的作品得到领导和专家的一致认可和好评。标识和志愿者标志成为此项活动永久性的赛事标志,我们向广西区内所有的高校亮出了名片,为梧州学院争了光。作为学生,这是最高的奖赏和荣誉。

仁民公设广告工作室先后承接了梧州市纪委检查系统运动会广告设计、制作项目,梧州市纪念五四运动92周年表彰暨经典诵读会舞美设计项目⋯⋯我们逐渐成熟,我们团队创业的信心更加坚定。

创业的过程也并非一帆风顺,其中有很多困难,知识和能力的缺乏,当自己真正做了企业负责人就有了压力和责任,企业该怎么发展?该怎样运营?员工该怎样培训?每天上完课回到宿舍就如饥似渴地上网查资料或者询问有经验的朋友,《公司法》《广告法》和一些相关的法律法规制度,统统都要去了解,包括待人接物。在一年的创业中,我各方面的能力都有了质的飞跃。

工作室成立一年来,职员在优胜劣汰中不断地更换,一个团队没有一个强有力的文化是不能走得长远的,遇到发展瓶颈期时,我们组织了一系列的团队建设和礼仪技能培训,激发员工的工作激情。做广告业,在发展的过程中找不出创新思路,就走进了死胡同。于是我组织成员去广州参加了中国(广州)文化创意博览会、去大型的广告公司学习等活动,不断找出路,走专业化道路。

我知道,市场的竞争一定很残酷,但是我们团队有着更高的要求和更好的未来。我有一个心愿,就是先立足校园广告品牌,稳住梧州市场,公司发展到一定时期,就向广西各个高校进军。在市场调查中,我发现目前广西各高校还没有一个统一的广告包装、宣传团队。仁民公设广告工作室将征召各高校代理,在各个高校设立办事处,我们要做专业高校广告的品牌和校园文化包装,做校园里属于大学生创业的第一品牌。

2012 我要成功……*

　　时间有限,不能浪费,也不允许浪费

——座右铭

　　五月的校园,青春舞动;五月的校园,梦想放飞。我们几个怀有青春梦想的大学生在梧州学院综合发展中心成立了自己的工作基地:S演绎工作室。

　　"创办企业过程中,我没有向家里要一分钱,靠的是之前在广告公司做兼职、两份家教和向朋友借来的资金。"我为此甚感自豪。

　　2011年5月21日,梧州中影星河数字影城开业。开业典礼由S演绎工作室承办。贺州市领导满意地说道:"你们这个工作室(S演绎工作室)的工作人员虽是学生却尽心尽力,虽初出茅庐却工作出色。你们很有出息。"

　　东风雪铁龙车展。6月4日—6日在鸳江丽港中心广场举行的雪铁龙车展,S演绎工作室得到经销商及市民的一致好评和夸奖。

　　"付出总有回报"这句话在我们身上得到充分体现。有句话说得好:爱拼才会赢。我们一直坚信:拼搏的人生才是完美的人生,拼搏的人生才会有辉煌的明天,拼搏的人生才会更加灿烂!

　　2011年6月10日,S演绎工作室正式更名为梧州市翔泰广告传媒有限责任公司,它是梧州学院第一家由大学生自主投资注册的传媒广告公司(微型企业),享受广西区微型企业的扶持政策。

　　"谈业务需要耐心和智慧",这是我们谈业务的"秘诀"。梧州市玛丽娅妇产医院曾与多家广告公司有过业务往来,我们听到其将要举办一个大型活动,需要广告公司协助宣传。翔泰在强劲的竞争对手面前没有退缩,带着"初生牛犊不怕

---

　　* 本文作者:苏鸣翔,翔泰传媒广告公司总经理。

虎"的豪情先后 5 次与相关负责人洽谈,最终得以承接了此项业务,并获得客户满意。

我们在价格方面有优势,加上我们敢于创新有亮点,所以我们成功了。分工明确、各司其职,才能够高效率地完成工作任务。

翔泰经历半年的挫折与磨炼,日益发展壮大,为了顺利开展业务,我们开辟了在读大学生聘请校外全职人员的先河,并在校外有自己的工作室。翔泰与众多的大中型企业和知名品牌企业保持良好的合作关系。2011 年 9 月营业额达 4 万元,10 月份已突破 8 万元。与广西绿生源生物科技有限公司、梧州市玛丽娅妇产医院、梧州市广汇五羊—本田等 10 多家企业签订长期合作关系。

"智慧点燃事业,心灵关怀社会"(A head for business,A heart for the society)。企业发展的同时,感恩与它同行:我们以成本价为学院师生制作喷绘写真广告、名片、宣传横幅;提供 8 个勤工俭学岗位,聘请家庭困难同学到工作室值班;如今正筹备大学生校园文化杂志,给学院师生免费发放……

在《中国日报》《中国民族广播网》《中国民族宗教网》《香港商报》等多家媒体上都能看到关于翔泰的事迹报道,它成了学院大学生综合发展中心微型企业成功的例子之一。发展中心负责人李德华老师评价我们说:"这个团队创业热情高涨,大胆创新;敢于尝试,市场定位准确,聘用校外全职人员,是创办微型企业的模范。"

力争把公司的业务做全做精,将团队打造成一支在梧州有名气的广告创新队伍。翔泰的目标是 2012 年的营业额突破 80 万,3 年后在梧州市场占领 20% 的广告业务。

有梦想就有可能成功,我们是勇敢的年轻人!

记我的创业经历[*]

"让梦想成真的最好办法就是醒来。"——比尔·盖茨

一年前我在一本书上看到了这句话,当我读第一遍的时候觉得它很有道理;当我再读一遍的时候强烈的认同感涌上心头;我读第三遍的时候,我笑了。

蜂巢多媒体动漫设计公司唐涛

像众多有梦想的人一样,我也时常在夜深人静的时候为自己的将来描绘蓝图,我觉得自己不会是一个碌碌无为的人,因为有句话叫"天生我材必有用"。从小我就喜欢画画,所以上大学时我选择了动漫专业,这个正确的选择为我以后的创业道路亮起了绿灯。

我大三了,毕业就在眼前。就在我不知所措,无所适从的时候,学校大学生发展中心向我敞开了大门,听说国家鼓励大学生自主创业,只要投资十万元就能拥

---

* 本文作者:唐涛,蜂巢多媒体动画设计制作公司。

有一家合法的微型企业,还有好多为大学生自主创业量身定做的优惠政策。在这样的"诱惑"下我蠢蠢欲动。比尔·盖茨说的那句话回响在耳边。是啊,我的梦想不就是拥有一家属于自己的公司吗?沉浸在自己的梦想里还不如醒来做点实事。于是我鼓起勇气开始我人生中第一次大胆的尝试,"蜂巢"便应运而生。

办公司不是一件容易的事情,光是注册就让我忙得焦头烂额,需要提供的东西太多了,不是找这个领导签字就是找那个领导开证明。忙着注册的同时我还要去装修自己的工作室,一边还要去上课,一天 24 个小时就像陀螺一样转个不停。但好在付出总有回报,2011 年 10 月蜂巢多媒体动漫设计的营业执照终于挂在了工作室门口。

公司初步成立了,接下来的事就是如何让公司盈利发展。在成立蜂巢之前我跟几个同学也在网上接过单,但那全都是鸡毛蒜皮的小单,是工作经验的积累。对于公司发展来说,那些小单只是杯水车薪,我们必须扩展业务。扩展业务的第一步就是提高公司的知名度。于是我通过网络宣传和印制宣传单的方法把我们公司推广出去。结合公司主营业务的特点,我们几个成员还商量到广州去看看能不能接下一些广告、动漫公司外包的活,同时也在梧州市找找自己的市场。

10 月很快挥手告别,我们拿到营业执照已经一个月,再接不到单大家的热情就会渐渐退却。

幸运女神终于向我们抛出了橄榄枝,当我接到海虹文化传媒有限公司老板打来的电话时,知道东风已经吹向了蜂巢。经过几番洽谈我们拿下了自己第一笔单,现在还记得公司成员听到接单消息时欢呼雀跃的面孔,感觉比结婚还高兴,高兴的原因不仅是因为我们有活做了,而是第一笔单的金额超出了所有人的想象。这对我们是一个很大的鼓舞,也坚定了我们走动漫行业这条道路。

单子开始做了,问题接踵而来。技术上的不娴熟、员工管理制度的欠缺都成了我们做单过程中的拦路虎,这时我深刻感受到作为一个负责人的难处,仿佛每天都做了很多事,但待解决的问题还是很多,顿时有种力不从心的感觉,很多意料之外的问题忽然出现,而作为一个负责人不得不去协调。好在公司成员都是自己的同学,在很多关键性问题上都很能理解我,技术上的问题我们几个人一起翻书研究,同时也在老师那里得到了许多帮助。第一单算是顺利完成。

在这期间发展中心的相关领导和指导老师也给了我们很大的帮助,多次组织我们召开座谈会,让我们互相交流经验,互相鼓励。在交流中我受益匪浅,一方面我知道在管理公司时遇到同样问题别人是怎么解决的;另一方面自己把遇到的问题跟大家一起分享作为一个经验借鉴。

杨杰副院长的两句话让我记忆犹新：一句话是"以学为主，放眼长远"。从这句话中我感悟到一个心态问题，虽然我们现在拥有了自己的公司，但跟社会上的那些公司还是有所不同，我们还很稚嫩，所以不要一味地纠结在利益上；还有一句是"抱团出海"。这就好比一根筷子与一捆筷子的道理，互帮互助，取长补短，所以我们公司跟发展中心里其他几家公司建立了合作伙伴关系。

公司正式挂牌成立快半年的时候，回过头来想想真有点如梦般的感觉，不敢相信自己还没毕业就已经有了梦寐以求的公司。我想这是我人生中的第一个机遇，我会好好把握，经营蜂巢就像一砖一瓦盖一座房子，从无到有，从小到大。

在这一砖一瓦的搬运砌垒中我觉得我的心境有了变化，看待问题没有以前那么目光短浅，做事也没有以前那么轻浮，懂得以大局为重，放眼长远。

有一个比别人"先跑"的机会*

　　曾经看过很多关于名人成功事迹的书籍,没想到今天,原本在书里出现的情形完全回到了现实。然而亲身体验与听他人述说的差别真的是太大太大……

　　蜂巢多媒体动画设计制作公司2011年10月在梧州学院大学生综合发展中心挂牌成立,此前,我们跟总负责人唐涛就以个人名义在社会上接过单。从个体到团体,从小家到大家,各种各样的问题随着散沙的整合接踵而来,让我们有点应接不暇,公司发展太快而管理机制没有跟上。

君子爱财,取之有度

　　钱是个很俗的东西,但怎奈我们都是俗人,所以都逃脱不了这层俗气。话说没有铜钱臭,哪来米饭香。为了生存,钱是我们必须的追求。我们常听说"君子爱财,取之有道",然而通过这段时间的工作我对这句话有了新的感悟,那就是:君子爱财,取之有度!

　　每个人都希望做轻巧活,拿重头钱。但是天下哪有那么美好的事?你所付出的就值那么多,凭什么要求别人给你超额的部分。我们应该摆正自己的心态,自己的位置,切勿眼高手低。作为员工应该体谅老板,作为老板也应该体恤员工,大家齐心协力才能把公司做大做好。我们是从学校发展起来的公司,合伙人都是自己的同学,真的不想搞得"谈钱伤感情",也不想把钱作为唯一调动大家工作积极性的工具。总之一句话,得自己该得的钱,多余的让别人争去吧!

---

　　* 本文作者:周素雅,蜂巢多媒体动画设计制作公司。

商人重利，更要重情

最近出去接单也让我感触颇深，以前就听我妈说，越有钱的人越抠门，今天看来这句话真是太经典了。最近我们接到一个机械动画制作的单子，最初知晓签下这一单时，大伙都很雀跃，因为这是目前为止我们接到的金额最大的单。我们是跟一家传媒公司合作的，后来不小心知道这一单真正价格时才发现自己被人坑了。

回想我们跟合作方谈价钱时的情景，我不禁感叹：姜还是老的辣，年轻人就容易被糖衣炮弹击晕。当时合作方拼命压价，连哄带骗，我们就稀里糊涂地愿者上钩了。当然了，我们初来乍到，刚进到这个行业，给前辈们送点见面礼是应该的。如果有下一次，我们一定会比这一次做得好。

虽然第一次上了当，但我们还是不计小利，放眼未来，如果有一天我们企业壮大了，首先要做的就是善待员工，不克扣员工的钱。我们现在还是学生，每个月的生活费好歹有家里支持，生活压力不大，但那些上有老下有小的人，他们所面临的压力是我们现在不能体会的。我突然想到那些在工地上流血流汗的农民工，他们的老板穿的是何等的光鲜亮丽，可就有些人还要拖欠农民工的工资，这是正常人能做出来的吗？做老板的也要懂得"独乐乐不如众乐乐"的道理。

自己往伤口上撒盐，伤痛会教给我们更多

天下没有一帆风顺的事，当我们遇到挫折面临失败时，我们应该用怎样的心态来面对？也许很多人都会说，我们还是学生，有今天的成绩已经不错了。但是我认为这是在给失败找一个自我安慰的借口。就像今天你用100元钱，去做生意，忙了一个月，结果得到的还是100元，你说这是赔了还是赚了？很多人可能会觉得赚了，因为他收获了经验，但是这一个月付出的劳力与脑力成本呢？这些付出所带来的价值又在哪里？所以我认为投100赚100就是亏了。

某些时候我希望往自己的伤口上撒盐，因为这样才不至于让我们好了伤疤忘了痛。就好比一个做错事的小孩，如果只是母亲浅浅的几句责备，同样的错误也许他还会再犯，但如果是父亲的一顿鞭打，可能他会对自己的错误记得更清楚。

失败有时候是没有理由的,一味地自我安慰只会让我们看轻失败带来的严重后果,尤其是一个企业的决策者,他要是做一个失败的决策,带来的影响可不止他一个人,可能波及整个公司的员工。

我很庆幸自己能有这样一个机会比别人"先跑"。赢在起跑线上让我比别人更有信心,今后的路会越走越宽广。

异元素服饰销售中心*

异元素服饰销售中心的前身是异元素工作室,成立于 2010 年 12 月 8 日,于 2011 年 3 月底正式开始运营,主营各类格式团体服装的销售和印制。工作室于 2011 年 8 月 25 日正式注册为普通合伙企业,成为梧州市首家由大学生创立的服装企业。

企业于 2011 年 11 月 4 日成功转为微型企业,享受梧州市大力支持微型企业发展政策。由此,创业者明显感受到企业内部的商业气息越来越浓,身上的担子也越来越重。企业原来的 8 个创始人,留下来的仅有 2 个。

在这样的一个锻炼过程中,让我们更深刻地了解自己,给自己一个更清晰的定位,也有利于我们进一步的人生规划,走出一条真正适合自己的人生道路……

创业的过程也大大提升了我们创业团队的心理抗压能力和心理承受能力,让我们在处理一些关键或紧急的事物时表现得更加冷静、更加理智、更加从容不迫!

创业让我们更快地进入了社会,也让我们更快地适应了社会,更重要的是让我在课堂里学到的知识能真正地运用到实践当中去,这样既加深了我们对课本知识的理解,反过来,也给了我们一个反思课本的平台,不断地总结课本知识。

在 2011 年冬季毕业生就业双向会上,我们打算在这次双选会上招聘副总经理、业务经理和全职业务员等 3 个岗位共 3 名应届大学生员工,其中副总经理和业务经理的底薪是每个月 1200 元,除此之外,还有提成收入;而全职业务员的底薪是 1000 元。当天公司的招聘吸引了几十名求职者前来咨询。有 8 名有意向的学生留下了联系电话。前来投简历的一名姓黄的毕业生称,自己想毕业之后找一份稳定的工作,在学生创业的微型企业工作不需要工作经验,而且还能和企业一起成长。经过面试,现在已经有两名毕业生在我们企业见习,并表现出极大的热

---

* 本文作者:徐远双,异元素服饰销售中心总经理。

情。之前我们都是兼职在校大学生，这次招聘应届毕业生做全职员工，是希望他们能有更多的精力投入到工作中。他们需要这样的一个平台，我们企业也需要这样高素质的人才。

　　我们是学院和社会走出来的，也是学院和社会培养的，知恩图报，回报社会也是我们坚持的一个理念。我们不仅要为社会提供更优质的产品和服务，只要学院和社会需要，我们企业愿意为我们的学院和社会贡献出自己的一分力量。

为梦想而战*

现在我们遇到的正是最好的时机,有政策的扶持,有领导的帮助,有一颗满怀梦想的心,还有一个明确的定位:"我邵笑的目标是成为一名伟大的儒商。"

我从 2600 多公里的四川江油来到梧州学院,选择创业,为梦想而战,永不言弃。哪怕有一线希望,我也要尽百分之百的努力,我相信自己一定会亲手打造自己的梦想。

开始

2010 年 11 月,听闻大学生综合发展中心成立,我知道从小希望经商的机会来了,和宿舍几个好友一起组建了一个创业团队,开始了创业之路。

2011 年 1 月初,我和同事一共准备了 900 元钱出差到广州联系厂商、寻找货源,来回大巴车的路费花去 420 元。在广州的三天里,我们都是早上 6 点钟起床,最多一天内步行走过三个区,找过 3 家服装厂,80 多家批发商。但是作为初创的小团队没有人愿意主动搭理你,"充满竞争的社会没有人会同情弱者",我们只有满足别人多种要求来达成合作关系。

晚上坐最后一班地铁回到车站附近偏僻的旅社,60 元一晚的双人间居然都是木框架子做成的上下铺,可是那样的旅社我们都住不起,只能和身材一米八的彪悍同事挤在一张小床上,整个房间不超过 5 平方米,没有任何洗漱用品。白天实在太累了,我们躺在床上简单聊聊明天的计划就呼呼睡着了。第一天晚上因为棉被分配不均,半夜就被冻醒了……

结束了三天的行程,我有点轻微发烧,坐着大巴,饿着肚子回到了梧州。

---

* 本文作者:邵笑,麦哈那昆商行总经理。

过程

在学校里面和同事一起风风火火地宣传,开展业务,很多问题就开始出现了。

创业元老的定位本来就差别很大,造成我们发展方向的差异,我选择创业这条路,不只是为了实践和锻炼,所以不想庸庸碌碌。我坚信自己的选择,但我不说别人是错的,创业本没有对错,只有成败。

我选择离开了人生的第一份事业,开始了真正的创业。

指导老师薛鹤来到麦哈那昆之后直接任职总经理,很多成员对此表示不服,我用了一个月时间去磨合团队、解决团队内部问题。因为自己一个人的力量是单薄的,所以我尽量满足其他成员提出的任何合理的要求。

人各有志,很多成员主动或被动地离开了麦哈那昆。但是值得高兴的是,在我进入麦哈那昆之前退出的一些老成员现在回来了。

2011年暑假,我一个人出差南宁、福建莆田、深圳等地,联系厂商货源,签订了三份代理协议。大三开学后,我再重新招募成员共同创业,9月底到10月初开始团队的培训。

起步

10月中旬开始大规模宣传,前后在校内及学院周边投入8000多元宣传费用,业务量也开始迅猛增长,至11月下旬订单总数超过一千件服装。

麦哈那昆公司为大学生综合发展中心提供礼仪接待服装;为数十个班级或社团提供团队服装;给两家梧州知名影楼制作工作制服;为学院制作 8×16 大型户外广告牌;发展广西其他高校的业务(如鹿山学院、梧州职业学院等)。

11月底我们在学院支持与帮助下贷款筹集了资金50万,为明年开办服装加工厂做准备,面向四川成都、广州等地发展一级批发商,联络其他广西高校代理。筹集资金、扩大企业生产规模、拓展广西高校代理、完成企业模式运营建设……所有这些都是亟待解决的问题。

有需要来"找我"*

"网罗民生信息,服务广西人民",这是广西找找网创立以来秉承的服务宗旨。

我来自广西南宁,是梧州学院的一个在校大学生。随着毕业临近,很多毕业生匆匆忙忙写论文、找工作,但我与同学们不一样,我不忙于找工作,而是继续经营我的创业网站——广西找找网。

2009年,一次偶然的机会让我对网络产生了兴趣,脑袋灵感一闪,创立网站的念头萌生了,说干就干,我邀请和我一样有创业想法的同学一起行动。经过对市场的调查和多番努力,2010年我们自己的网站正式成立了。

广西找找网总经理　李利权

资金不足、人员紧缺、员工士气低下……是企业创办之初的一个个沟坎。秉

---

* 本文作者:李利权,广西找找网总经理。

着"办法总比困难多"的想法,我们四处寻找员工,全职的、兼职的都有,只要愿意,有一定的热情和常识,我们没有多少可以挑选的余地。网站运营初期,由于知名度不高,运营很不好,员工的报酬非常低,作为网站项目总负责人的我彻夜难眠,脑袋里想的全是什么时候才可以打破僵局,怎么样才可以让员工更加团结一致。

没有许诺、没有报酬,只有对未来的畅想和一股做事的热情。午餐了,我们还在电脑旁敲击键盘;夜深了,我们还在电脑旁更新内容,在网站上发布最新信息;周末了,我们还在电脑旁一一回复……彼此不说一句话就已经知道对方想要说什么。

为了激发员工在网站的工作热情,我定期召开工作总结会议,集思广益,收集员工的创新思路和方法,取其精华,让员工亲身体会到网站的发展离不开我们每个人的辛勤奉献和不懈努力,让员工明确目标,团结一致。

我们也会有犯错误和闹矛盾的时候,每当出现错误的时候,我会让大家停止手中的工作,休息一会,静静思考哪个环节出错了,是否是因为自己不集中注意力导致的,我相信我们只有经常进行自我反省才会少走弯路和错路,才不会常常跌倒。员工闹矛盾时,肯定有一方是错误的,如果我当面指责错误的一方则会给他带来伤害,这时我会选择自我检讨,反思是否是因为自己管理不善才会让他们不开心,才会让他们心理不平衡而向同事发火……

我大学学的是行政管理,投身的事业却是网站这行当。我怀着一颗创业的心,不断挖掘自己的潜能。我常说:"凭借一个人的能力只会把事情做好,综合一个团队的能力才会把事业做成。"就好像网站信息的收集和整理离不开各个部门协作一样。如编辑部负责信息的采集和编写;市场部负责最新资料的收集和市场调查;技术部负责电脑的维修和管理……

创业的过程是艰难的,其中难免会经历挫折,但无论是成功还是失败,对于我们的人生而言都是一笔宝贵的财富。我向往成功,但我不惧怕失败,因为失败是成功之母,成功是靠失败垒积起来的。

蛹蜕变成蝶的过程 *

2011 年 9 月,新学期开始了。学校到处挂着"新学期,新气象!""好的开始是成功的一半!"之类的标语。

看着这些熟悉的标语,我不禁感慨:树还是那些树,花还是那些花,人却换了一批又一批,每年都有一些熟悉的面孔离开,又有一些陌生的面孔进来,时间飞逝,转眼间自己就要大四了。

好的开始是成功一半

俗话说得好:人无远虑,必有近忧。

平时爱开玩笑的我,现在已经感觉到毕业压力了,自己这三年学到了什么?毕业后又该何去何从? 一连串的问题让我重新总结过去,开始计划我的将来。一个偶然的机会我和一个社会上的朋友吃饭聊天,谈到这些问题,他给我建议是现在可以借助学院发展中心这个平台,做一些电脑销售。得到朋友的提示后,我考虑到我学习是计算机专业的,我可以做电脑销售和软件开发,这样不仅能赚到一些钱,而且也可以巩固自己的专业知识。于是和一位有同样创业想法的同学,开始准备我们的创业之旅。

我们花了不少的人力物力去做市场调查,感觉在电脑这一行业,学校这个市场还是蛮大的。同等价格下只要我们的服务到位,优势就出来了。我们在外面找了几家批发商,他们都同意给我们比较低的价格,并且为我们送货,但前提是我们要的货比较多。最后就是宣传了,因为我在社团待过,认识的人比较多,我们宣传的第一种渠道就是通过熟人去帮忙宣传。

---

* 本文作者:萧集祥,集海科技　2008 级计算机科学与技术。

当我们准备开始的时候,却遇到很多实际的问题,我们没有实体店,零件也很少,没有一个固定的场所,只能在宿舍里做。虽然舍友都没什么意见,但是别人根本就不相信我们,就连我比较好的朋友、同学他们都不相信我们。他们也帮我们宣传,但是不会在我们这里买东西。因此,我们这一阶段基本上没有赚钱。

创业梦想之提升自我

从那以后,我清楚地意识到,要进军一个行业,就必须熟悉这个行业的所有运作方式和管理模式,这样才能让一个企业更快地走上正轨。在这之后,我意识到我们经历的太少,懂得也极少,只懂得书本上的理论知识,真正动手能力还是不行。在认识到自己的不足之后,我拿家里的电脑拆了又装,装了又拆,直到知道怎么装为止。

为了能学到更多的知识和得到更多的实践锻炼,我参加了学院老师牵头的科研项目开发。即使没有一点报酬,暑假的时候我仍留在学校和同学们一起为老师修改课程网站和PPT作品。刚开始接手那些作品时,我们很不习惯,因为很多都是ASP做的,我们从来没有学过,有一些代码根本看不懂,很多同学都想放弃,有几个同学直接就回去了。

我也有点犹豫,在想我是不是也应该放弃呢?但是又想想以前参加数学建模大赛也是什么都不懂,最终还不是做出来并且拿到奖了吗?于是我下定决心留下来,学一些东西长长见识。

实现梦想之真刀真枪

经过一个学期的思考、总结和暑假的一些历练。我和那个有同样创业想法的同学重新考虑我们的创业梦想。我们要成立一个公司,什么样的公司?叫什么名字?公司地址在哪里?工作怎么分配等一系列问题。

大家你一句我一句都争着把自己的想法说出来,每次会议一开就是一个晚上,有时候连晚饭都顾不上吃。通过多次的讨论,大家决定结合梧州本地的实际情况创办一家具有特色的电脑销售及软件开发的公司,公司名字确定为优雅科技(后更名为集海科技),即让我们的顾客更优雅。由于大家都是学生,拥有的创业资金不多,正当我们为高额的铺租发愁的时候,我们学校创建的大学生创业发展平台正在扩建,扩招项目,我们看到了希望。

学院大学生综合发展中心给本校大学生创业有如下优惠政策:办公室场地租赁免费,水电费免费,统一配置办公桌椅,最重要的是有一个创业的氛围。

我们经过与工商局、税务局多次申报,终于注册成为微型企业——梧州市集海电脑经营部。

学期开学我们在校园摆摊设点,这样不仅可以解答同学们的一些问题,还可以提高我们公司的知名度。通过好的服务、实惠的价格、老顾客的口口相传,我们取得了开门红,卖了20多台笔记本电脑,10多台台式电脑,软件开发这一块也接了4个项目。我们用行动印证了"努力不一定成功,但是不努力一定不成功"的道理。

前不久,国家扶持微型企业发展的政策在梧州市得到了广泛的宣传和落实。通过前期相关的创业培训,在我们的共同努力下,最后我们公司获得了政府相关部门的肯定,政府给予了0.9万元的资金补助。这对我们公司的发展,起到了显著的促进作用,使我们的业务进一步扩大,公司也步入了稳定发展的阶段,离实现梦想又迈进一步。

创业,并非一帆风顺。和蛹蜕变成蝶的过程一样,挣扎坚持到最后才能破茧成蝶,自由飞翔。

小黑手绘工作室*

商海沉浮,我幼年时总是向往着长大以后能够和电视里的大亨一样叱咤风云,手起章落便是几十万收入,产业如云,腰缠万贯。

2011 年 3 月 15 日,这是我人生中无法遗忘的日子。这天,我在梧州学院大学生综合发展中心成立了"小黑手绘工作室"。

在如今这个工业现代化的时代,越来越多的版制品作为商品出售,再有创意的图形颜色也只是从设计师手上出来便制版大量生产,虽然机器喷印的色彩均匀、胶层的图案美观无可挑剔,但总少了些手艺的味道。还有人能记起来定制一件自己想要的衣服的时候,那种忐忑的等待和拿到定制品的时候欣喜的心情吗?或许这样怀旧的人不多,但是只要有,就都是我的客户源,都是我为之努力的目标。

但是正如同那句广为流传的话一样,理想很丰满,现实很骨感。找好了方向之后我着手去做,却发现这一行并不是那么如意,为此我向很多朋友和老师征求了意见,韦云霞老师不厌其烦地回答我的种种疑问,寻找参考书籍借给我,朋友顾春晖和莫逸老师不断地鼓励和支持我,和我一起共同奋战的徐丹和张艺倩,更是我的工作室不可或缺的大功臣。

在学校的西校区,我在她们的协助下陆陆续续购买了工作室开张需要的各种设备,由于我的经验不足,中间经历了很多不如意。这也教会了我在决心做一件事情前要好好计划,做好调查等前期准备工作,让我懂得知己知彼方能百战不殆这个道理。

开张做生意,就要有货源。货源价格低,才有大的利润空间;货源质量好,才是产品质量的保证。为了找到质量好的手绘用鞋以及 T 恤,我花了大量的课余时

---

* 本文作者:赵勇,小黑手绘设计工作室执行总监　艺术系 2010 级环境艺术设计一班。

间奔走于梧州两广市场和珠山洞等地,尽管是批发价的货品,成本也远远高出了我的预算。于是我把希望寄予在网络购买上,网络购买虽然要冒一定的风险,但价格低廉货源广泛,可以挑选的范围更大。我尝试从网上进了很多家店的鞋子回来一一做好标记来检验哪一家的货更符合我物美价廉的要求。

在第一批手绘产品准备就绪之后,我的商品就要上架了。但是货物出售,总要有一个店面。我跑了梧州市的很多地方寻找铺面。好的铺面就要在人口密集人流量大的街道,而我的客户群主要是时下追求个性的学生群体,于是我考虑把店铺开到梧州一中的边上,或者是梦之岛广场和国泰广场。但是梦之岛广场和国泰广场周边的铺面租金每月 1500 元到 3000 元不等,一中附近的租金范围也在每月 750 元到 2000 元之间。无奈之下我只好选择在别人的店面里租一个专柜来卖我的产品,同时也是考虑到我和我的团队都以学业为主没有时间看管铺面,租专柜会节省很多心力。幸运的是我遇到了一个很好的阿姨,她是我在梧州认识的第一个本地人。她听说我是大学生自主创业以后就很爽快地以每个月 150 元的价格把专柜租给了我。

终于到了开业那天的早上,我们的货物刚上架,店里就人满为患,生意很是火爆。那天我们的商品全部售罄,还有一些顾客因为没有货了而失望地离去。

有了第一天的成功以后我的工作室慢慢步入了正轨,由于手绘作品需要时间,我们的货品常常供不应求。

不久我就遇上了人生的第一笔亏损。由于过度依赖网络货源,我进的一批布包的质量非常不尽人意,我再三考虑以后没有用这批次品制作手绘产品,退了回去。我花了 300 多块买了个教训,明白了在购入新货之前要先考察清楚货品质量。在这之后我跑了广州、桂林等好几个地方的厂家去寻找和了解货源。

也许是新鲜劲过了,在开张第一天的盛况过后,生意渐渐地就冷落了下来。为此我思考了很久,怎样才能让这个生意长久下去?艺术品到底能不能真正走入寻常百姓的生活成为必需品呢?怎样才能让我的顾客保持对手绘产品的需求和新鲜感,是在创意上有所提升,还是在品质上接着提升?最终我决定在提升质量的基础上提升品牌影响力,让我的产品能真正进入寻常百姓的生活。

生意虽然不火,但是工作室终于慢慢扩大起来,现在的小黑手绘工作室已经有了 11 个成员,分工明确,各司其职,充分利用了课余的时间来发展我的小企业。2011 年 9 月我在学校的帮助下注册了微型企业,并且顺利接了第一单墙体手绘,预示了一个好的开始。我打算在客户群稳定之后,扩大我们的手绘产品量和种类,完善工作室的设备以及工作流程,完善企业体制和规章制度,并且提高个人的思想见地,争取更好的创业成果。

在我的规划中,我还打算在工作室的基础上成立一个自主品牌,在实用性的前提下加强和提升商品的艺术感染力和亲和力,并打算针对百姓在日常生活中对艺术品的需求度和接受能力做一个市场调查,一步一步扩大和增强自有商品的知名度和影响力。

经商是一门学问,其中的奥妙和门道不是一朝一夕就可以摸索清楚的。但我始终要感谢学校给我这个创业的机会,让我能这样早地面对商海的波涛。如果我的工作室是一艘小船,那学校就是一个很好的港湾,让我在面对大风大浪前就开始学会怎样预备粮食弹药,要换怎样的帆才足够结实,要怎样的锚才能稳住脚跟。

天行，我看行[*]

我们应运而生

天行旅游工作室位于梧州学院大学生综合发展中心创业区，是梧州学院第一个正式的旅游服务团队。

天行旅行社（Tianxing Travel Agency）是梧州学院大学生综合发展中心第一家旅行社。"天行"二字源自《周易》的"天行健，君子以自强不息；地势坤，君子以厚德载物"，孕育着天行旅行社自强不息、海纳百川、容载万物的精神。工作室开始由15名积极向上、满怀理想、勤奋工作的年轻人组成，他们全部来自旅游管理专业、市场营销专业、旅游协会，旅游信息的敏感度、操作程序的专业水平比较高。天行旅游工作室旨在为同学们提供质优价廉的旅游产品和专业、舒适的服务。

我们的第一步

本工作室积极与旅行社合作。工作室初始化运作经营的主要业务有以下两点：

第一，为客户提供旅游咨询服务。利用本工作室人才优势，为客户提供如票务、酒店、景点等相关信息。

第二，为客户提供旅游服务，如安排旅游线路，安排用车、住宿、观光游览等。

工作室于2011年5月成立，初期协调好部门工作，明确了各成员的任务。5月底工作室与梧州市凤凰假期旅游有限工作室（以下简称凤凰）洽谈合作。由于

＊ 本文作者：朱国志，天行旅游工作室总经理。

我们是第一次开展业务,大家都有措手不及的感觉。不知道怎么和人家洽谈,到底谈些什么,利润如何分配。毕竟当时大三的旅游管理专业的成员只有 3 人,其他的都是知识面狭窄的外专业和大一、大二成员。负责人范徽耀和凤凰的老总李昌明见面后,发现并没有我们想象的那么糟糕。李总俨然一个长辈或者师者亲切地把他的经验传授给我们,还把梧州的金牌导游请到工作室给我们上课,我们不仅学到了许多课本上没有的知识,创业的信心也倍增了。

工作室与凤凰的合作成功了,凤凰同时赞助了工作室前期的宣传费用。6 月 5 日工作室和凤凰携手组了第一个 65 人大团——广东肇庆市德庆盘龙峡一日游。凤凰方面派出金牌导游亲自挂帅带团。游客回来都给予好评,我们的成就感油然而生。我们再接再厉,在 6 月 12 号、19 号连续又发了两个团,工作室的品牌也在校园有了知名度。

内部探索和调整

我们工作室分 4 个部门:市场开拓部、市场营销部、综合业务部和总参谋部。之前我们是按部门分工开展运作,每个成员按自己的职责完成任务。但是,第一次出团后我们总结后发现有的部门工作很多,有的部门工作少,不能充分利用我们的人力资源。于是我们取消部门制,把组团的任务细分到每一个人,每个成员都要按质按量按时完成,这个效果也很不错。我们根据自己内部成员的特点和时间分配工作,充分利用了课余时间和资源。

由于学院旅游管理专业的课程实习时间有所改变,2011 年下半年大三大四的同学都去实习了,工作室就剩下我们 4 个大二的了。2012 年开始了,我们 4 个人也要重新开始,春季是旅游旺季,我们找了 3 个志同道合的同学一起努力,开始我们新的业务,工作室也恢复了活力。

天行今后发展设想

1. 业务范围的确定,以及开展这些业务的准备(所用到的设备、人员的安排、开展这些业务的流程)要提前做好,并且打印出来。

2. 明确工作室职务。

3. 建议我们多找一些老师指导,借鉴他们的思路。

4. 我们做业务或多或少可以去学习和借鉴旅行社，所以有机会多与旅行社合作。学习他们怎样去做业务、怎样去获得业务、怎样去宣传业务、旅行社是怎么组团的、他们又是如何寻团的，等等，从中找出我们的路子。

5. 我们的业务不能仅仅是咨询。

6. 我们要去考虑的是竞争力在哪里，其他工作室能做到的，我们应该怎样去做好这些业务。

7. 一个工作室的发展，公共关系是非常重要的。业务，并不是像我们想象的那么简单，也不会像我们想象的那么难，业务是跑出来的，而不是想出来的。

8. 赚取经验是第一，赚钱是其次，我们的专业必须要与实践相结合，随时发展工作中的问题，并不停地解决问题。只有这样，才能适应市场，步入发展的快车道。

选择卓跃是想让自己变得卓越 *

2011 年 9 月 1 日,工商管理系大三的我和跟我一样怀着满腔创业热血的伙伴一起创办了属于我们自己的事业——梧州市卓跃教育信息咨询中心(创立初期名称为卓越校园培训机构,后因注册更名),目前已经注册成为微型企业,主要为广大在校进行各种证书或者等级考试自考的考生提供考前培训服务。

招生方式之一摆点招生现场

创业的想法和创业项目的选择,来源于我和我的女朋友上课之余曾在校外一家培训公司兼职,我作为校园业务主管,带领着自己的队伍为这家培训机构进行招生。我在工作中熟悉并了解了市场运作模式和一些宣传、招生的技巧和方法,我们知道有一个老师想在学校做类似的培训公司。于是我和我的女朋友作为负责人,再找来几位志同道合的核心骨干,请那位老师作为我们的指导老师。经过

---

* 本文作者:施伟健,卓跃教育信息咨询中心总经理。

共同探讨商议后,恰逢学院大学生发展中心成立,这可是一个天时地利人和的机会。我就离开了外面的培训公司开始风风火火地重新组建属于自己的团队,尝试着开设"会计从业资格证培训班"和"全国计算机二级数据库培训班"。

创业初期,很多事情还是和自己想象的不同,应该是理论和实际的差异。由于自考培训都是在考试前2个月左右开始的,从9月1日开始招生到最近的一次考试,短短2个月时间,要完成公司建立、人员组建、课程设置、寻找任课老师、教材选定、教材采购、宣传、招生等一系列工作,时间十分紧迫,我们开始的时候工作处于忙乱状态。

首先是资金不足。公司需要进行教材采购,办公室装修,人员管理等费用支出。一方面,我们身份还是学生,在企业创办初期,没有太多的可流动资金可以投入到公司运营当中。另一方面,公司的发展必须有资金作为保障。这时候发展受到了阻碍,我们大家都尽自己所能,东拼西凑,这借那借,好不容易筹集到了将近5000元。在之后的一个月每餐都吃得很"朴素",但是大家都为同一个目标一直坚持着。

其次是一师难求。我们一开始的时候觉得学校里面什么老师都有,肯定一找就能找到的。结果是找到的老师大都有别的任务,没办法再多抽出一点时间出来担任我们培训班的老师,费尽周折。

再就是教材选定。培训的关键一个是老师,另外一个就是教材。在教材的甄选上,由专门的人员负责此项工作,我们购买了不同的教材,或是从别人那里借来不同出版社的教材,通过对比和参考通过考试的同学使用的教材,才选出我们培训公司使用的教材。

教材采购。开始我们选择的是到校门口附近的书店,与他们合作,从他们那里订购书籍。但书店作为三级销售商,经他们手到我们手里的书那可就贵了,前面两个培训班将近300本书都从他们那里采购,折扣基本在7.5折左右,成本比较高。

招生竞争。由于学校中本来就有一个外来的培训公司在校内进行招生,并且他们在校园开展业务较早,名气、影响力、人际关系都要优于我们。如何在竞争中取胜?我们的优势在哪里?经过思考和讨论,找到我们的优势就是任课老师是学院的、上课地点在校内,这两点优势是外面培训公司没办法拥有的。于是我们一边招生一边摸索,一边竞争一边不断地调整策略。

在招生手段上,我们除了采用传统的一个一个的宿舍宣传招生之外,同时在校园主干道上进行摆点招生宣传,直接联系并通过各班负责人在该班进行宣传推广,后面两种的工作效率要比第一种高很多,而且很有成效。在价格上,我们将单人价格定在高于成本但却低于竞争对手的价格之间,在团体价格上除了低于单人价也是同样的做法,使得竞争价格上我们也处于优势,更利于我们第一次的竞争和日后的生存。

人手不足。从无到有,我们卓跃在踏入市场的第一步中,一直都是将任务分配到个人,再由个人去执行,多项任务同时进行,这样的方法能让我们争取更多的时间。但是这个时候问题又来了,我们公司创办初期的很多人员是原来外面培训公司的业务员,他们有招生经验,但是并没有真正地融入公司中,很多时候办事情会出现拖拉的情况或者说不会灵活应变甚至有的人员非常散漫,导致很多的任务都没有能够按时完成。又因为这个时候我有很多琐碎的事情要去做,对于这样的现象只能束手无策,挑重点来完成,次要的先摆在旁边。

2011年11月10日,公司正式注册成为微型企业,这又是一个跨越,因为之前我们只是一个创业团队,如今我们已经是一个合法经营的公司。

从创业团队到公司,让我感触最大的就是出去商谈业务的时候,商家对待我们态度的差异。就比如公司一直有一项关于在校园内印发《大学生考证信息指南》的信息指导册子。由于印刷量大,若是公司自己承担这些资金,那无疑会占用公司的周转金。我们曾打算把这个册子作为一个平台,进行招商合作,让外面的公司承担印刷费用,我们在册子里对他们的产品进行补偿宣传。我们出去洽谈心里没有底气,商家知道我们只是一个创业团队之后,对我们的实力产生怀疑,一开始都是以失败告终。自从成为注册公司,出去商谈,对方知道我们是注册公司之后,多了一份信任和平等,就会认真考虑,尽管觉得我们年轻,但被我们的激情与活力打动,达成了合作协议。

通过这些业务的接触,让我又有了感悟,公司不仅是一个可以产生主营业务收益的地方,更是一个能够好好利用进行其他业务拓展的平台。它不仅是实力的体现,更是别人信任的最基础条件。

通过团队的共同努力,我们第一次成功招到了将近100名学员,营业额达到了20000多元,稍有盈利。这样的成绩让我们感到很欣慰,也更加坚定了我们继续发展拼搏的信心。

经过一段时间的摸爬滚打,一步一步地走过来,我深深体会到了赚钱是多么的不容易,管理好一个团队不容易,经营创收更难。一个公司,应该有一套科学的管理方法,一个合理的发展规划,一个坚定的理念,并且要将理念灌输到公司每一位员工当中。做事业就像是划船一样,大家朝着同一个方向齐心协力,才能共创美好将来。

需要的是一次自我展示的机会*

我是一个来自农村的孩子,揣着自己的梦想走进了大学,不只满足于打份兼职来赚点小钱,需要的是一次自我展示的机会。

自主创业就是一条路子。路子的艰难是让人难以想象的,或许在别人说辛苦的时候我会在心里嗤笑一下,而亲身体验之后只有咬牙苦笑着。

在一段的辛苦筹备之后,终于成立了佳极装饰设计室——一个小小的团队,主营业务有制作名片、海报、墙绘,还尝试着涉及新的领域。

最大的感受是一个团队是由不同性格的人组成的,最重要的是团结。在团队里有统一的口号和相同的理想和目标,这是团结的重要基础。尊重和爱护队友,这是团队的原则。不能够因为队友的一次不同意见或一次失误而对队友有所为难,保持距离,我们要做的应该是给予队友鼓励和信心,学会换位思考。对于工作方面,严厉要求所有的队员都要有严谨的态度,不能任性而为,不能因为一时的疏忽而犯了不该犯的错误,在对与错上有一定的奖罚,以此增进队友的责任心。

学会把压力化为动力。在创业过程中,压力在无形中逐渐形成,有来自同类型业务的工作室、公司的,有来自梧州学院大学生综合发展中心的,有来自自己公司的,还有来自学业方面的。各种各样的压力都伴随而来。有时候我们也会迷茫,在我们前面的路究竟是什么样的? 那么辛苦,我们要继续走下去吗? 走下去我们又该怎么走? 结局会怎么样? 如果现在就放弃,那当初的我们为什么要成立这个创业项目,当初为什么把想法变成行动? 愿意现在就沉寂下去,好好地看书,安分地等到毕业那一天的到来吗? 这些问题,在某些时间总会冒出来,让我们思考和选择。但我们却坚持到了现在,回头看看我们走过的路,看看我们留下的那些足迹,总会感慨当年的辛苦,自豪现在的成绩。

---

* 本文作者:黄家吉,佳极装饰设计室。

随着创业的大学生越来越多,社会对此越来越重视,国家、政府也通过一些政策来鼓励大学生自主创业。以前大学生创业,社会上更多的人会说,"上个学不好好读书,搞什么创业?荒废了学业怎么办?"而现在更多的人会这么说,"现在的孩子真有胆识,还在读书就知道做生意了!"这就是不同的时期社会对大学生创业的不同看法。

在创业的一年多时间里,让我明白了理想与现实之间是有距离的这个道理。现实是以理想为基础,只要有理想了,才会有成为现实的可能。然而理想是排除一切外在因素、外在阻力的动力。

现在的我还只是一名大学生,重要的是处理好学习与创业的关系,要在不耽误学习的基础上,让创业有所成果。两头忙,偶尔会让人有头昏脑涨的感觉。老师不放松,使得我们不敢轻易放松学习的任务,而我们的梦想却使得我们放不下创业这一信念。在课堂上学习专业知识,并把它运用于创业实践中,将理论应用于实践,在实践中不断地提高自己的技能,这样学习与创业可以更好地结合,相辅相成,共同进步。

在创业的过程中,我也慢慢地了解到一个企业必须要选择一个合适而稳定的办公地址;一个符合工商局规定的企业名称;有一定的注册资本金,要办理营业执照;刻公章、财务专用章、法人私章;办理企业组织机构代码证;办理国税登记证及地税登记证;到银行开立企业基本账户;涉及特种经营项目的,需办理各种经营许可证。

创业领导还要具备一定的管理的知识、领导能力和带动团队的能力,当然还要有强有力的执行力。还要明确企业核心竞争力,如果一个企业没有核心竞争力,那么这个企业将无法长久运营下去。多看看一些案例,以了解成功企业的理念经验,并逐步在企业中形成良好的企业文化。

把理想付诸行动,把团体变成一个整体,最终让自己的梦想变为现实。

创业思考与感悟[*]

为提高自身综合能力,尽早接触社会,我加入了大学生综合发展中心的创业团队——卓跃教育信息咨询中心。在半个学期的创业过程中,从自身遇到的困难,以及从整个团队出发,我获得的一些感悟。

第一,加入创业团队前我进行了认真思考、反复评估、考虑成熟后才行动。在决定加入创业团队之际除了要有足够的条件外,还要做好心理准备。

我考虑的是:

1. 为什么要创业? 是否有足够的决心,愿意承担风险吗?

2. 是否具备创业者应有的能力与素质,是否能承受挫折,是否具有综合全面的素质,还是有专项技术特长?

3. 创业成功的优势是什么? 足够的资本、行业经验、客户资源、技术创新、商业运作能力,与即将面对的竞争对手相比是否有明显的优势。

4. 是否有足够的耐心与耐力度过创业困难期? 估计通过多长时间走过创业瓶颈阶段? 自己有多长时间的准备?

5. 创业最大的风险是什么? 最坏的结果是什么? 你是否能承受? 对风险一定要有充分的心理准备,否则一碰到挫折,就会造成信心动摇。

第二,选对切入点,走好创业第一步,选择创业领域是创业成功的关键。

个人觉得,立足于学校这个平台,以及自身是大学生的身份,创业不能脱离自己的学业另起炉灶,学校里所学的专业知识、思维方式、创造能力都能为创业打下良好的基础。同时同学身边的资源也是我们创业的有利条件,比如一些志同道合,有创业兴趣的同学、好友都可以一起组成一个创业团队。

第三,敢于尝试,就有可能成功。

---

* 本文作者:黄俊文,卓跃教育信息咨询中心公关部经理 2009 级工本 4 班。

有很多大学生创业成功的案例在影响着我，他们每个人都有自己的梦想，曾经尝试一步步走向梦想。如果连尝试都不敢，就不可能成功。

第四，边做边学，勇于面对失败和挫折。

加入创业团队之初，自身没有经验，一切都是要自己去学习去摸索，同时在大学生创业区里面可以借鉴其他团队的管理模式和方法。在做公司业务的同时也在积累工作经验。

记得在 2011 年 12 月，公司要为一个项目进行融资，我作为公关部长，出去找融资方进行项目洽谈。从整个过程中，可以发现谈得最多的就是双方利益、实施的可能性大不大等问题，要时刻把握本公司的立场，原则问题不能妥协。

第五，脚踏实地，不轻言放弃。

公司开办第一期培训班招生情况还是挺乐观的，对于第二期的开班并没有松懈下来，吸收前期的经验和教训，在这个领域中脚踏实地，踏踏实实地做下去，再大的困难，也要克服。我们创业团队都有着一个远大的目标，就是大力发展主营业务并开办特色业务，把"卓跃"打造成全国的知名培训行业的品牌。只有做大做强，才能在兼并与合并的过程中找到话语权。

第六，时间的分配与合理运用。

作为一个大三的学生，在整个大三阶段，学习的都是专业课程，也是整个大学十分重要的阶段，在面对学业的压力同时也要分时间去忙着公司的发展，这些都是要自己学会合理分配学习与工作的时间。原则是主业要专攻，副业有发展。

第七，梦想与现实的差距。

现在创业的条件艰辛，很多遇到的问题在创业初都还没考虑到，如业务过程中关于价格的讨价还价，培训过程中培训老师与生源双方的意见。在实际的运行过程中有学校、公司、个人以及生源 4 方面的主客观因素。

第八，我们公司的办公地点在大学生综合发展中心，学校给我们提供了办公用地，以及舒适的培训场地。中心提供的创业平台让我了解到了作为创业者的艰辛，同时也提高了组织管理能力、沟通交流能力，让我能力得到了全面的发展。

第九，创办一个企业需要一个好的团队、项目，主营业务符合市场的需求，有自己的企业名称、办公场所、生产用地、明确的主营业务范围以及一定的启动资金。其中个人觉得创业最重要的还是有一个好的项目，好的项目就容易吸引资金和团队。

第十，在半个学期的创业过程中，结合自身、实际操作以及成功的创业案例，一个合格的创业者需要具备的素质如下：

1. 强烈的欲望是创业者必备的第一种素质；

2. 超强忍耐力是创业者必备的第二种素质；

3. 开阔的眼界是创业者必备的第三种素质；

4. 人脉或构建人际网络的能力是创业者必备的第四种素质；

5. 敏锐的商业感触力是创业者必备的第五种素质；

6. 布局谋略是创业者必备的第六种素质，创业是一个斗体力的活动，更是一个斗心力的活动；

7. 胆量是创业者必备的第七种素质；

8. 懂得与他人分享是创业者必备的第八种素质。

同时作为创业者也必须要具备以下的条件：首先，创业者的自身素质条件决定了创业者的企业活动性质和经营范围，也决定了创业者最终能否获得成功。其次，社会条件主要是指创业主体所处的社会环境，如政策条件、家庭条件、工作学习条件、人际关系条件等。创业者充分利用这些条件，是创业者打开创业局面，顺利进入创业角色的基础。如学校给我们大学生创业提供了创业基地，给了我们一个平台。再次，创业者自身条件，在很大程度上决定着创业者的创业活动能否获得成功。

第十一，发展前景展望。公司现在的主营业务主要是"培训计算机二级""会计从业资格证"两项。接下来会继续拓展新业务如英语 B 级、4 级培训，人力资源管理师、全国公务员培训班，特色培训班，速成培训班，在拓展新的营业业务的同时也不会舍本逐末。

在大力度发展主营业务的同时，寻找知名企业，加深业务往来，进行长期战略合作。争取与社会上知名企业联系，介绍优秀的实习生；对市场进行更深层次的细分，针对不同层次、不同基础的生源制订不同的培训计划；针对公司内部软件和硬件设施都要进行强化，如提高主要成员的业务素质，丰富专业知识；采办一些必备的办公设备；在保证盈利的情况下，开展其他间断性宣传活动，扩大影响力。

创业梦想之小试牛刀 *

时光飞逝,岁月无痕,大三了,还是不知道自己毕业后拿什么去立足于社会。正值 2011 年秋季开学,一群经历过高考洗礼后的学弟学妹如约而至,我和两位有创业想法的朋友,寻思着找一些有挑战性的事情来丰富我们的课余生活,于是三人决定开学期间在学校附近找摊位销售生活用品,大家就不亦乐乎忙起来。

创业之启蒙

暑假前,一个朋友的广告公司招人,我应聘到那家广告公司做业务员。我每天早出晚归地找商家洽谈广告合作,太阳异常的炙热,每天穿梭在大街小巷里,心里只有一个念头那就是今天一定要拿到成交单子。随着"知了"的叫声越来越响亮,身边的伙伴逐渐开始承受不了这样的辛苦工作,一个个相继递上了辞职信,而我在纠结与思考当中留了下来。"不抛弃,不放弃"是我人生格言。

经过自己的努力,终于拿到了第一份合约。接着就有了第二份订单、第三份订单,订单金额也越来越大。这个月里让我最为高兴的不是那一份份订单而是我自己所学到的知识。我懂得了一家广告公司如何运作,如何开展业务以及如何跟客户维持长期的合作关系。在这期间我结识了不少业界前辈,从他们身上我学到了课堂上学不到的知识。

创业之实战

一次偶然机会,听朋友说有想找人合伙开公司的想法,我的心微微颤了一下,

---

* 本文作者:刘忠辉,灵点设计。

自己创业当老板的念头开始不停地在我脑海盘旋，于是再征得家人同意后，我就和另外六个朋友开始了属于我们自己的创业之路。

开什么类型的公司？叫什么名字？公司地址在哪里？工作怎么分配……大家你一句我一句都争着把自己心里的想法说出来，每一次会议一开就是一个晚上，有时候连晚饭都顾不上吃。就这样，几个朋友不为别的，只为心中那同一个梦想，通过多次的讨论大家决定结合梧州本地实际情况创办一家具有特色的广告公司，公司名字确定为梧州灵点服务有限公司，即用灵动的手法去点缀浩瀚的星海。

都是学生，拥有的创业资金不多，正当我们为高额的铺面租金发愁的时候，我们学校创建的大学生创业发展平台正在扩建，扩招项目，进驻创业中心做项目，会得到学校的优惠政策扶持。学校给本校大学生创业有如下优惠政策：一是办公室场地租赁免费；二是水电费免费；三是学院还统一配置了办公桌椅。经过公司全体员工的争取，我们最终获得了学校的批准，得到了一间办公室。我们经过与工商局、税务局多次申报，我们终于注册成为微型企业。梧州灵点设计服务有限公司从此成为梧州学院综合发展中心的又一新项目。

刚开始，由于大家经验不足，公司遇到了很多困难，这些困难致使公司进入一个停滞阶段。首先是公司财务的混乱，因为没有专业的会计来管理资金使得公司的账目出现不少问题。其次是由于大部分成员都是在校生，平时都要上课，很少有时间出去跑业务，这使得公司的业绩不好。通过不断反思和改进，在大家的共同努力下制定了严格的财务管理制度，使得财务混乱问题得到解决。

业务问题，大家则在课余时间出去找客户沟通，尽快使公司渡过危机。功夫不负有心人，在大家的不断努力下，我们迎来了第一单业务，我们公司与皇氏珠宝公司签约成功，为其珠宝首饰产品包装做设计，这样使得公司的状况得到好转。在这之后，我们的能力得到了提升，公司的知名度也有了提高。很快，公司又与广西好歌城餐饮娱乐有限公司梧州店签约成功，在元旦前夕负责广西好歌城餐饮娱乐有限公司梧州店的开幕仪式，这是我们公司第一次承办这么大的庆典策划。第一次活动，我们为了做出最佳的效果，元旦的前一天晚上，公司全体人员集体通宵准备物料和彩排开业典礼流程，2012 年的元旦，我们就在公司策划活动现场度过的，虽然每个人都很累，但是开业典礼举办得很成功，博得广西好歌城餐饮娱乐有限公司管理层的高度赞扬，并承诺广西好歌城餐饮娱乐有限公司梧州店的所有广告业务全部由我们公司负责。新的一年，公司就取得了不错的成绩，这是一个很好的开始。几天后，在大家的努力下，我们又与贺州医药桂东大药房梧州一分店签约成功,负责其分店室内外的装修装饰及其店面的开业典礼。虽然那时候公司的同事都在复习考试中,但是大家也没有把工作落下,继续坚持在工作岗位上。每个环节、每个细节都认真对待,这是我们灵点设计人的工作态度。

　　不久后,国家扶持微型企业发展的政策,在梧州市得到了广泛的宣传和落实。通过前期相关的创业培训,在我们的共同努力下,最后我们公司获得了政府相关部门的肯定,政府给予了3万元的资金补助。这对我们公司的发展,起到了明显的促进作用,使我们的业务不断进步,公司也步入了稳定的阶段,离实现梦想又迈进一步。

就是想创业*

还没上大学的时候,我脑海里都是大学里的美好生活,优美的环境,恬静的生活,悠闲而充实的学习知识。那时候我相当崇拜爱因斯坦,幻想着大学里要好好地学习,努力做个成功的工程师。

刚上大学时,我满怀激情地去参加了很多个社团,整天忙来忙去的。从社团解脱出来,没事时就窝在宿舍上网,有事时就出去喝酒游玩,总是觉得很烦很闷。我知道自己不能再这样下去了,于是,我在寻找自己的目标。去图书馆找、去网上找、去问老师、问家长,但每个人的答案都不一样。

直到大二的时候,听说大学生综合发展中心鼓励同学们创业,以项目的形式申请进驻。于是和同学张良讨论,最后确定想创业发展。

刚开始时是想向电子产品方向做,但里面类似的项目已经有了好几个。最后锁定在学生日用品方面打开突破口。但大多数没有门路,到底做什么呢,这事情把大家搞得都很憔悴。我突然跟大家说做眼镜怎么样?我做过,在高中的时候一直在做,我整个家族都是做眼镜的,对这方面很熟悉。

从此我们有了目标,生活不再枯燥,我们取名叫"点亮",并以此顺利在发展中心占一地盘。

找合作伙伴、筹集资金、进货、购进器材,老哥非常赞成我的想法,答应帮助我。由于发展中心那里只提供一个办公场地,无法放下所需的机器,因为机器都是比较老旧的,占地面积比较大,中心的场地放下一台机器后就不能摆样品了,而制作眼镜至少要4台机器。于是我们在学校外面租了个地方放机器,进了些货。最终由于资金的紧缺,我们不得不把机器退回去,业绩也不是很好。大伙的激情再次受到了打击,我只有再次求助家人。大哥要求我们暂时不要自己做,并介绍

---

* 本文作者:梁鹏,点亮眼镜经营部　2009级机械一班。

我们做宝岛眼镜在学校的代理。这时候由于之前还有两台机器没有处理掉,所以资金显得紧巴巴的。

假期我回家和一个开眼镜加工厂的邻居谈妥,帮他做梧州的代理,正在有意大展宏图的时候,公司有两个成员退出,新招的员工又没有激情,白天有时间大伙儿都得出去找眼镜店推销眼镜。功夫不负有心人,一家眼镜店愿意做我邻居产的眼镜的代理了,虽然每个季度只要三百副,但对于我们来说已经是跨出很大的一步了。开学的时候眼镜的校园销售也有了突破,局面终于打开了。

很多事情并不是我们想象的那么完美,当父母得知我在学校销售眼镜时,认为他们花那么多钱送我上大学,不好好学习而从事他们的老本行,没出息,坚决反对,老哥碍于父母压力不再支持我们,只能靠我们自己了。有时夜深人静的时候确实动摇过,但看着自己前期付出的代价又很不甘心,同时我一直想把家业扩大,需要新的手段来经营,我想我不会放弃的,即使我失败了,也要站起来,屡战屡败不要紧,重要的是自己能屡败屡战。越是艰难的时候越是考验我们的时候,需要的是我们的勇气和耐心,谁坚持到最后谁就能笑到最后。

其实经商最主要的就是要有一个自己的团队,每个人都扮演不同的角色,大家上下一条心。作为领头者应该信任大家,给予大家相应的权力,学会鼓舞大家的士气。

经验就是我们毕业后最好的财富 *

作为一名在校大学生,我很荣幸能够和同学一起在学院大学生综合发展中心开创自己的事业。也很感谢学校给予我们一个大平台,让我们在学习的同时锻炼自我,实现创业的梦想,更重要的是学到了经验。经验就是我们毕业后的最好财富!

我是2010级的学生,是在大一的第二学期开始和同学一起创业的,公司2010年的名称是"元州绿",2011年11月注册成微企后改名为"佳极装饰设计公司"。

初始,我对创业这两个字很迷茫,心中只有这个想法:"大学四年出来还是要就业的,与其没有一点经验的出去,为什么不在学校里就开始锻炼呢?"都说世界上什么都可以买,但个人的经历和经验是买不到的,只能自己去探索,去实践。

"要学会讲话,首先要学会怎么推销自我",这句话一直被学长们挂在嘴上。推销了自己,才能让他人接受你的产品。

还记得我第一次出去跑业务,同伴是我们工作室的一位女同胞。当时我们公司推出了"墙绘"这一设计,所以拿着一些传单,四处寻找结婚型的男性和女性对象。我鼓足勇气酝酿了好久才敢上前问:"您好,请问我能问你们一些问题吗?"接着就和他们聊了手里传单的信息,问他们是不是喜欢把自己的家里装饰的漂亮些,再问一下价格上能否接受等之类的问题。

其实,更多的时候,别人不想搭理我们,因为在他们眼里我们十足一个学生的模样,没有诚信的外表和自信的内心。尽管这样,工作还是要继续,因为不能空手而归,就算是调查,也是要多多益善。我们利用周末时间去做这些事情,偶尔会觉得很辛苦,特别是大热天的时候,顶着太阳满头大汗,回来还有一堆的学习作业。

---

* 本文作者:罗检妹。

在夜晚,回到宿舍,躺在床上回味,觉得是件幸福的事情,因为白天有收获。工作室每周开一次会议,总结探讨上周的学习和布置下周的工作。

　　我想说,"我的梦想是:以后可以让我的爸妈过得幸福、开心,因为他们养育我很不容易,我要为他们先做一些事,然后再做自己想做的事!"所以如果没有这些经验来铺垫我的未来,我的未来还更会是一个梦。

创业从"微"处着手[*]

    2011 年 9 月,我们梧州市至微便民服务部成功入驻大学生综合发展中心,于 2011 年 11 月 10 日成功注册,获得营业执照。

    在创业实践道路上走过半年多,实感创业之路的不平坦,创业难,创好业更难。只有在现实条件允许和成熟的基础上方可一展自己的创业梦想和才华,因此,创业既需要团队每个人的综合素质,也需要一定的思维高度与共同的坚定信念和决心。

    我们团队的每一个成员对理想的坚定执着和对创业的坚定决心,是我们克服创业过程中的种种风险、坚定创业之路的基本保证。就是这种精神的支撑和牵引让我们在心理上战胜自己,在一次次挫折与失败中不断挺身奋进,不屈不挠。

---

   * 本文作者:崔丽娇。

创业是一个很长的过程,既是一个完善自己的过程,也是一个融入社会、认知社会、学习社会的过程。在这个过程中,我们成长了、成熟了,我们习惯了一个个坚毅的目光,习惯了一句句温暖的话语,习惯了一个个鼓励地拍肩,习惯了种种默契的眼神,更懂得了团结的力量与团队的真正意义所在。

创业艰辛,过程中的酸甜苦辣却不是旁人所能体会的。完成了某个项目某件单子,得到客户认可的成就感是无法用言语表达的,应该与拿到奖学金的感觉差不多。我们经营饮用水调送、搬运服务、洗衣服务,并与中国建设银行梧州分行建立了长久的业务往来关系。

在接下来的大学生涯创业中,"立足梧州学院、面向梧州、成功地走出去"将成为企业的发展方向与我们的奋斗目标;"拓宽思路、扩大业务范围、加强合作与交流"是我们在近期内亟待解决的重要问题;"诚实守信、合法经营"是我们坚持不变的经营之道;"做好、做大、做强"是我们的最终奋斗目标,为了这个创业梦、人生梦,我们定会同甘共苦、风雨同舟地走下去!

我们在享受创业的过程,全心全意地度过创业生活的每一天,在平凡的日子里感受生命的美好,在耕耘里感受创业的快乐和收获的期待。

让积累《流》出个性[*]

——杜瑞婷的设计之路

宽宽的项圈上印刻着欧式风格的花纹,酒红色的流苏如流水般点缀而下,这就是梧州学院宝石与艺术设计学院(以下简称:宝艺学院)2015级产品设计专业首饰设计方向学生杜瑞婷获得"2016年广东新锐首饰设计大赛"配饰类二等奖的设计作品——《流》。本次比赛的参赛者都是来自全国各大高校的设计系专业的学生,其中包括清华大学、中国美术学院、广州美术学院等全国30余所高校的在校生。

收获之源,勇于尝试

《流》这套作品不论是项圈、手镯还是一对耳坠,都正如该作品的名字一样,其设计都体现出了水流流动般的特点,实为静却看似动,简约而不失大气。"之所以取名《流》不仅仅是因为流字具有一种洒脱和飘逸,还因为'流'字符合这个作品的设计风格。"杜瑞婷说道。

2016年9月,杜瑞婷收到广东新锐首饰设计大赛的比赛征稿通知。当时参赛的人员包括大一、大二和大三的学生,刚上完大一的杜瑞婷本着尝试和积累经验的想法参赛。刚开始没有想好要上交什么样的作品,后来在西方首饰发展史的课堂上得到了灵感:将欧式的花纹融入项圈中。于是杜瑞婷在绘制作品时,将自己喜欢的欧式风格的花纹融入项圈中。借鉴梵克雅宝的一款酒红色的流苏项链的设计,因为群镶更符合《流》倾流而下如同雨滴的即视感,于是用群镶代替了原有工艺更复杂的无边镶。当初稿完成拿给张颖老师看时,张颖老师建议:"设计可以

---

* 本文作者:廖红、蔡雨婷。

更夸张,绘画更细腻"。于是杜瑞婷在项圈和手镯的宽度上进行了 2 次修改,最终完成了《流》的绘制。

因为是怀着积累经验的想法参加的比赛,杜瑞婷也没有太大的压力,她表示以平常的心态去设计作品,创作过程也比较顺利。用了一周的时间创作了此次的作品《流》的图稿。"当时我才上完大一的课程,专业基础还不够扎实,所以这次能获奖我也很意外。"杜瑞婷感慨道。这次比赛的获奖给了杜瑞婷很大鼓励,她表示以后会更加积极地参加类似的比赛,为以后的学习积累经验。

不积跬步,无以至千里

"其实灵感是来源于自己平时的素材积累。"杜瑞婷感慨道。平时,在网上看到好看的花纹她会把图片保存下来,因此她的手机相册被几百张实物图、手绘图给"霸占"了,偶尔逛街路过首饰店也会关注珠宝的样式,每个学期都会去广州或者梧州宝石市场做市场调研,考察当季热卖珠宝产品并记录其设计元素。

为了更了解珠宝设计类型,她去首饰店里看珠宝,一开始自己只看不买,销售员一直跟着介绍,杜瑞婷觉得很不好意思、很尴尬。后来去得多了,几乎每月都要去一次,也就"坦然"了。"一直只看不买,心里会觉得很尴尬,但为了学到东西也因为喜欢,所以愿意去做。"杜瑞婷说。

因为专业特性,杜瑞婷和同学们每个学期都要上交上百份手绘作业。每当没有灵感的时候,杜瑞婷便停下画笔,放空脑子,让心情平静下来,看看有关设计的图片来找灵感,要浏览的图片常常达 100 多张,然后再继续进行创作。她在大一时画设计稿会画到凌晨一二点,舍友都睡了,宿舍里的灯也都关了。后来因为有些怕黑也担心会打扰到舍友的休息,便只画到晚上 12 点。"实在想不出来怎么画就先缓一缓,灵感不是随时都可以迸发的,需要平静心态,多浏览以前积累的素材再继续画。"杜瑞婷说。

勤于动手,乐于学习

手工课程有焊戒指、镶宝石、磨宝石等内容,而这些都是有一定危险性的。在没有任何防护措施下用大概 2800℃ 的火焰焊戒指,磨宝石的切割、研磨过程也会有受伤的可能。在镶宝石不小心烫到、打戒指打到手时,杜瑞婷从不抱怨。"感觉她就是学习上的女汉子。"她的同班同学何远航说，"像镶宝石，因为很容易烫到手，很多男生都不愿意碰，她却乐在其中。"

学习上杜瑞婷很认真地对待每一次作业，她要求自己向专业的同学们看齐，不能偷懒落后。一次，老师布置了一个调查十种不同的宝石切面的作业，杜瑞婷当天去拍了宝石各个面的照片。晚上7点左右，在实验室一个个地数十种宝石的冠部、腰部和亭部的切面数量。因为宝石比较小，每个宝石都有50到60个切面，为了数据的准确她会数2至3次，工作量比较大，直到晚上10点左右才结束。持续3个多小时，杜瑞婷表示眼睛很酸涩。宝石切面又小又多，比较费力。"自己亲自去数，过程中可以收获经验，也更加了解那块宝石的刻面。"杜瑞婷说，"因以后想从事设计类工作，所以想把专业知识学好。"

"杜瑞婷同学平时很积极、努力、用心，善于向其他人学习，能看到别人作品的优点。"张颖老师说，"希望她经过两年的打磨，可以成为一个优秀的适合行业发展的设计师。"

变废为宝[*]

——第六届 DIY 手工制作大赛冠亚军梁瑜

Fresh 环境保护协会举办 DIY 手工制作大赛,为手工制作爱好者提供了一个展现自我创意的平台。在建设节约型社会的同时,他们的大胆构思、想象和用心设计的精美手工,向大家传递着一种别样的手巧美和积极的生活态度,唤起了同学们的环保意识。

收集"筷子"建成"家"

从小就向往海子诗句"面朝大海,春暖花开"诗意般生活的北海女孩,如今她的"海梦想"实现了。她就是梧州学院数理系 2013 级应用物理学 2 班的梁瑜同学,同时,也是社团 Fresh 环境保护协会(以下简称"环协")第七届 DIY 手工制作大赛冠军。

11 月 30 日,在 A4 篮球场上,一个名为"简爱庄"的小家园吸引了不少参观者的眼球。面积为 $50 \times 55 cm^2$ 的暗黄色的纸箱上铺着绿色的洗碗纱布作为底托,曲折有致的围栏,"庭院"里的秋千摇摆着,旁边的风车也跟着在转动,木梯台阶式的两层楼房前停置着一座风帆。这便是梁瑜利用平时收集的一次性筷子、牙签,一刀刀削出长度、大小统一的木架,并用 502 胶水一根根粘贴成的"小家园"。"当初报名参加环协 DIY 手工比赛是因为太想家了,于是就模仿着我心目中的家园构建这个'家'。之所以命名为简爱庄,就是希望有一个简单的家,虽然没有城市的繁华,却有着温馨的家庭,温暖的家人。"梁瑜说。

梁瑜是个比较爱环保的学生,从高二开始,她就开始收集一次性筷子,她觉得

---

* 本文作者:谭彩珍、霍燕君、王燕。

收集一次性筷子,不但是件快乐的事,还可以将资源回收再利用。"我现在用的 4 个笔筒都是用平时收集的一次性筷子做成的,我的舍友还用收集到的筷子做成小凳子……"

"从报名到交作品的 14 天里,我几乎每天做到凌晨三点。"但她没有感到很累,反而觉得,"越做越有精神,因为感觉家人就在身边,每做好一个部分,都会以发照片和打电话的形式跟家人一起分享这份喜悦。"说起制作过程遇到的困难,梁瑜说:"因为是用小刀将筷子、牙签削整齐,中指都长茧了,然后用 502 胶水定位,指甲经常被胶水粘着,干了之后特别痛,直到完成作品后,才把指甲剪掉。"然而她觉得这一切都是值得的。

废弃瓶变"喷泉"

穿梭在 DIY 比赛的现场,还比较引人注意的是电子信息工程系电子科学技术班陈桂勇的"重力势能喷泉",几个塑料瓶,一个废弃的洗衣液盒子,几根不起眼的塑料管,经过他精心组装,喷出美丽的泉花,令在场的观众感到非常惊奇。他的作品获得本次比赛的亚军。

"我对电子和物理比较感兴趣,平时也会自己修理一些东西,感觉动手能力也比较强。"陈桂勇告诉记者,"参加本次 DIY 手工大赛的目的就是想要将自己学到的原理通过一些简单的工具应用于实践,也是学习的真正目的。"

记者发现,整个装置最精密的地方是喷泉口。"制作中最难找的就是这个喷泉口了,不能太大又不能太小。"陈桂勇感慨,"这个喷泉口换了 4 次才满意。"

"作品只是简单利用了废弃的水瓶,用热熔胶粘贴在一起,利用简单的物理原理组装,便可变废为宝。"陈桂勇说,"如果将盛水的缸转化为鱼缸,还能有充氧、换水的功能,达到环保的作用。如果再组装上电池等符合现代化的设备,还能起到自动调节的作用。"

"通过这次比赛,不但锻炼了口才和胆量,还认识很多朋友,也提高了我的动手能力。环保,我会一直做下去。"他笑着说。记者还了解到,陈桂勇在宿舍用的台灯是他利用灯泡和手电筒的电路板组装成的。

山西女孩与宝石设计结缘的故事[*]

张雅倩(右一)上台领奖

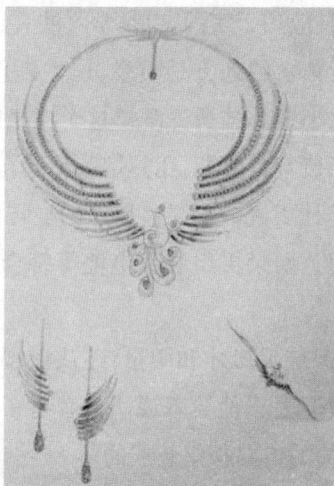

作品设计图

---

[*] 本文作者:李玉兰、谢坤凤。

初见她时，一头齐肩直发，身穿一件藏青色的外套，说着一口带西北口音的普通话，笑容和善，眼前这个看似斯文瘦弱的女孩，言谈中却透露着她坚韧的性格："每一颗宝石都是富有生命力的奇异石头，每一种宝石背后都有一段故事。"

她叫张雅倩，一名来自我校宝石与艺术设计学院 2012 级艺术设计（首饰设计方向）2 班的山西女孩，是 2015 年第十二届梧州宝石节"时尚中国"宝石饰品大赛中业余组一等奖的获得者。

在去年的比赛中，她的作品经过多次手绘、修改、选色与上色，使其勾勒的凤凰图像栩栩如生；经过不断查找资料、尝试与挑战，在 2015 年 11 月 8 日晚的第十二届梧州宝石节"时尚中国"宝石饰品大赛颁奖晚会上，颁奖嘉宾宣布张雅倩设计的《凤之美》获得业余组一等奖。

在平面效果图中，《凤之美》包括项链、耳坠、胸针三件套。她说，整套作品的设计灵感、整体构造、颜色都源于中国传统的元素——凤凰，搭配以珍珠、各种彩宝、彩金等，构成了一幅幸福美满、吉祥如意的图案。她把宝石与凤凰元素融合，让整套作品既时尚又不失传统，象征着中国人奋力拼搏、顽强不息的精神。

冰冻三尺非一日之寒。张雅倩光环的背后，有努力的汗水，有不懈的坚持……更多的却是对珠宝设计长期的的尊崇和追求。

《凤之美》的手绘制作过程是非常复杂的，需要有很强的线条感、立体感、色彩感，然而这些基本功亦非一日之功，而是她用点滴汗水积累而成。大一时，在其专业老师的推荐下，周末时间她义务到岑溪第三中学为艺术生辅导专业课，从中提高其专业功底。每天的辅导从早上七点开始，到晚上十点才结束。同学们喜欢叫她"张老师"，一会儿叫她过来点评一下作品，一会儿又叫她过来指导一下绘画的技巧……张老师在教室里忙得不亦乐乎。为了更好地胜任义务支教工作，她平时在校认真上课，打好专业知识基础。义务辅导工作一做便是三年，一直到大三。这段经历让她的画工、色彩感有了很大的提高。她说："自己既是老师也是学生，所做一切都是源自内心对艺术的热爱。"

对张雅倩而言，饰品设计几乎已成为她生活的全部：从大一到大三，每当梧州或学校举办珠宝展、珠宝设计大赛、毕业设计展等，她定会前来观摩学习；暑假在家空闲时，她便上网搜设计图来提高欣赏能力；学校组织前往广州、深圳采风时，她每晚都要画上三五个草图才能睡下……这些经历和生活习惯为她夯实了专业基础。

在参加第十二届梧州宝石节"时尚中国"宝石饰品大赛时,她常常去图书馆,从网上、杂志上往年获奖的作品中收集设计图,学习别人设计的款式、立体感、色彩的搭配、制作的材料和工艺等。

九月中旬,她开始创作参赛作品。她每天在图书馆不断地画,不停地想,画了又擦,擦了又画……可是连续两周还是没有确定设计的主题。挫败感随之而来,脑海里整天都是关于设计参赛作品的事。有一天睡觉时,她在梦中似乎见到了凤凰,醒来的时候想到了以凤凰为主题来创作。得到指导老师陈丹枫的肯定后,她便大胆地按照这个想法进行设计。

初稿的后期修改比初稿的设计更让她费心思。她通过对比和借鉴其他优秀作品,又对自己的设计图作了调整,前前后后改了八遍。为了把"凤凰"表现得更有立体感,她还找来素材模拟演示凤凰的"翅膀",将飞翔的感觉融入作品当中。"每一个珠宝作品都是有生命力的,作为一个设计者,我的任务就把它画活,让作品栩栩如生。"张雅倩说。

《凤之美》的绘画和颜色的挑选也是一种技巧。绘画时,她先用铅笔勾勒出一个轮廓,再用水性笔描一次,线条稍有不流畅,笔墨稍有不均,她便从头再描。颜色的挑选是关键环节,因为颜色既要摆脱俗气和呆板,又要符合时尚的主题,她只能多画几个草图,多试几种颜色。在几个方案的选择上,她也征求舍友们的建议,最终选择了从深到浅的渐变彩色来表现凤凰的"生生不息"。

"这个作品的创作经历加深了我对创作家的理解,也增强了对自己专业信心,在设计这条路上,我相信自己会走得更远。"张雅倩说。

如今,毕业在即,与其他匆忙就业的准毕业生不一样,在毕业论文答辩结束后,她选择参加了培训班,深入学习制作珠宝的软件 cad,每天朝九晚五地在培训机构学习,提高自己在设计方面的各种能力。将近四个月的课程,她对现在不焦躁,稳扎稳打;对未来不畏惧,静心学习……对于未来,她计划去北京或者回山西就业,做一名优秀的珠宝设计师。

在创业实践中提高自己*

——创业之星纪思悦

每年迎来新生军训时,军训服从哪里买?大家会找"异元素";学校社团举办各种晚会时需要礼服时,礼服去哪里租?大家都知道找"异元素";每当毕业季来临,准毕业生们想要拍学位服照片时,大家会想到"异元素";学校里的班级、社团要订购集体服装时,大家也会想到"异元素"……

"异元素"的全称是梧州异元素服饰销售中心(以下简称"异元素"),是我校大学生创办的微企之一,也是我校成立大学生综合发展中心后注册的首批微型企业之一。它成立于2010年12月,主要经营企业工服定制、学生团体服装设计与制作和服装出租等业务。成立的5年时间里,"异元素"成了学校大学创办微企的一个缩影和代表,它的成长与壮大,离不开现任总经理纪思悦的开拓与付出。

参加梧州学院"创业之星"颁奖会后的纪思悦

尝试为成功埋下伏笔

纪思悦是我校经济管理学院2013级国际经济与贸易专业的一名女生,大学3年来的努力让她的履历增添了许多荣誉:2015—2016年POCIB全国大学生外贸能力从业大赛团队一等奖、个人二等奖,学校"万达"杯市场营销策

---

* 本文作者:张宇、袁浩洁、利喜艳。

划大赛一等奖、"欧亚马"杯模拟面试大赛二等奖、"我与梧院共荣辱"演讲比赛二等奖、诗歌朗诵大赛优秀奖等等。在创业实践上,她经营的"异元素"取得了一定的成绩,初具社会和经济成效。

时间回到2013年9月,初入大学的纪思悦在校门口闲逛时看到了"异元素"的店铺,一心想着找兼职的她进店里毛遂自荐。

加入"异元素"之初,纪思悦每天做得最多的工作就是整理大量样板衣服。这样的日子过了一段时间后,她开始考虑拓展销售业务。她主动联系一些班级班长,向他们介绍"异元素"的服饰。万事开头难,最初的尝试一无所获。

有一次,她作为学生会干部到一家火锅店拉学生活动的赞助。店老板做火锅生意的同时也做运动服装生意。他指着旁边的一堆羽毛球服说:"我可以赞助你们的活动,但是你们首先要帮我把这堆衣服卖出去。"虽然条件相当苛刻,但是为了活动顺利举办,纪思悦咬咬牙接了下来。功夫不负有心人,她完成了店老板的赞助要求。

这次活动取得的成功,让纪思悦积累工作经验的同时,她的工作能力在"异元素"也得到了认可。接下来的时间,她向当时的负责人提出了加大宣传力度,及时更新服装款式、扩大市场等一系列建议并被采纳。她创业的积极与热情得到了当时"异元素"的总经理肖振川的重视和信任。在她大二时,肖振川也将毕业,纪思悦就提出了接管"异元素"的要求,从职员变成了老板。

保持学生本色的"老板"

如何提高业务量,提高市场份额? 纪思悦接手后开始思考如何更好地经营"异元素"。

2014年,纪思悦瞄准市场空白,开始经营服装出租业务。她带领团队走访梧州市大中专院校,向拍毕业纪念照的学生推介中山装、民国服等特色服装,同时在这些学校招收了代理人员,维持市场;在学校大型活动中为团队免费提供表演服装,借机宣传自己……一系列的推广措施后,服装出租业务有了起色。

到2016年上半年,"异元素"团队员工增加到了15人;由原先主营团体服定制扩展到现在的经营各类团体服定制,公司文化衫、西装订做,销售或出租各类主持演出礼仪服装;衣服年销量由原来的3000多件到6000多件;积累了一批固定客户;在梧州职业学院、玉林师范学院、桂林医学院、钦州学院等高校有了业务代理。

　　"致力于打造年轻人的个性服饰品牌"是"异元素"发展方向。增加高级定制、私人定制业务,开拓电商销售,增加在全区高校的业务代理是下一步发展的重点。

　　既是"老板",更是学生。纪思悦认为:相较于社会企业,"异元素"更像是一个团队。做微企也谋求利润,但它更注重学习和实践。"我希望每一个成员都能从中真真切切地学到东西,他们能为'异元素'而骄傲。"纪思悦说道。

抓住灵感　设计人生[*]

——宝艺学院优秀学生昌婷婷

　　在昌婷婷宿舍的书桌上，放着一台常常在深夜陪伴她画画的台灯，旁边的衣柜侧面和书桌前贴着五六张黄色的便利贴，上面写着："大创项目的前期准备""完成首饰制作材料"……这些便签记录着她近期需要完成的任务。

　　昌婷婷是宝石与艺术设计学院 2014 级产品首饰设计 2 班的学生，也是今年学校组织的优秀学生宣讲团的成员之一。

---

　　* 本文作者：苏雪、利喜艳。

昌婷婷作品《化蝶》

融入梧院

2014 年 9 月 19 日,安徽合肥女孩昌婷婷来到了离家 1480 公里的广西梧州。她很快融入了班级,调整了心态,担任班级班长、学校大学生综合发展中心管理助理。

来到大学生综合发展中心,昌婷婷虚心学习,每周两次的值班成了她虚心请教的时间。即便不是值班的时间,她也会经常"泡"在中心的办公室里,主动承担工作,希望能在工作实践中熟悉本部门的工作流程。

一年后,她成为部门部长,处理起本部门的工作得心应手。遇到同学来询问其他部门关于创业项目申请准备、讲解工作注意事项等工作事务时,她一样了如指掌。

"她是一个追求进步、注重能力提高的学生。虽然中心工作比较辛苦,但她还是十分主动地学习,所以她能在很短的时间里掌握中心的工作流程和制度。"我校团委副书记、综合发展中心主任李德华评价道。

抓住灵感

每天，昌婷婷习惯预留半个小时到一个小时浏览芭莎珠宝、红秀等时尚杂志，关注迪奥、梵克雅宝等世界知名首饰珠宝微博号的推送内容。她认为，艺术是相通的，欣赏和借鉴一些名人之作能激发自己的创作灵感，在潜移默化中提升自己对于艺术的敏锐度。

有时，迸发出一些创作灵感时，昌婷婷会把它画下来并拍成照片，让老师给出修改建议，并把老师给出的建议和自己独特的想法都画下来，得出更好的作品。

"在学习上，她不仅是一个非常认真好学、积极主动的学生，而且她还是一个比较有想法、有创意的人。在课后，她注重和老师交流，不断地修改和补充自己的想法。"任课老师陈丹枫说。

为了避免奇思妙想溜走，昌婷婷的背包里，每天必带笔和本子。她喜欢一个人逛繁华的旺城和梅西商场，在最放松的状态下寻找灵感并用笔随时记录下来。

在一次逛街中，她的目光被一家化妆品店里的精美盒子吸引住了。盒子用蝴蝶结装饰，颜色鲜艳，做工精美。此时，她的脑海里突然蹦出了一个想法，"这和庄周梦蝶唯美朦胧的意境有异曲同工之妙。"她马上将这个灵感记录下来，并构思如何将其绘制在画纸上。

7 天后，一幅通过将蝴蝶的身躯和羽翼结合来表达时光易逝主题的作品《化蝶》就产生了。这幅作品还获得了 2016 年 9 月在广东举办的新锐首饰大赛入围奖。

大二是昌婷婷工作最繁忙的学年，但她并没有落下学业，而且是在完成了 20 幅作品的基础上又超额完成了另外 20 幅作品。

正是凭借着一股勤奋劲和一双善于发现的眼睛，昌婷婷的专业成绩十分优异。在大一大二学年，成绩均排在专业前三名，曾获得 2014—2015 学年国家励志奖学金、学院二等奖学金，荣获"三好学生"称号。

面向未来

大二时，忙于组织和社团工作的昌婷婷无暇顾及班级的事务，早出晚归的快节奏生活使得她与朋友交流减少。人际关系的问题一度让活泼开朗的她心情压抑。

凌晨5点,初冬的太阳还未升起。她从白云山山脚下一路小跑,冲到山顶上看日出。

"在山顶俯视着大地,让我有一种'会当凌绝顶,一览众山小'的感觉,我的烦恼在大自然壮美的风光中显得太渺小了。"回忆起登顶的感受,昌婷婷颇有感触。

"任何事情,都不要人云亦云,而是要听从自己内心的声音,有自己的想法,不走循规蹈矩的道路。"这是昌婷婷内心的追求。相对于回顾以往的经历,她更喜欢憧憬未来,为未来做准备,来一个凤凰涅槃。

用行动传播环保理念[*]

——环保协会会长黄圣昌

"践行环保理念,用自己的力量去感染身边的人。"这是我校环保协会会长、2011级公司理财专业的黄圣昌最常说的一句话。

环保协会举办"乐水行"活动

两年前,他因为好奇心去参加了学校环保协会的招新会,发现环保协会成员待人亲切,给了他很好的印象,便有加入的想法。"环保协会的角色是传递理念,而环保志愿者则是去践行理念。"听到了这句话他就更加坚定了自己的选择。

两年后的今天,他担任了环保协会会长,更加觉得环保事业任重而道远,希望用自己的实际行动去感染身边的人,一起为环保事业做贡献。

---

[*] 本文作者:董慧、陆丹丹、范坤燕。

用行动感染周围人

黄圣昌利用业余时间策划各种活动,为环保事业做一些力所能及的事情,同时唤起身边人的环保意识。其中在我校甚至在梧州市内比较有名的是"乐水行"活动。这个活动主要从桂江二桥沿着河堤走到桂江一桥,一路上检测水质,向周边群众发放调查问卷,拍摄污水等。到今年为止已经连续举办了三届。特别是今年的活动规模扩大了,共有我校师生代表和梧州市环境保护局、团市委、水文水资源局、工业园区管理委员会等部门和单位的代表 100 多人参加活动。从前期的策划到活动的成功举办的 20 多天时间里,黄圣昌一直坚守在活动的第一线。他说:"这个活动主要目的和意义在于揭露了河流排污口水质问题,让更多的人都来关注桂江水质,改善我们的生活环境。"

在校内,他也不遗余力地提倡环保行为。今年 3 月份举办的"地球一小时"熄灯活动也是由他策划实施。除了学校师生外,他还号召梧州市民参与本次活动。活动中他尽职尽责,当有人问他举办这样的活动有成效吗?他自信地回应说:"也许不是每个人都会做到,但是起码让大家知道有这么一回事,从自己做起,去感染身边的人嘛,所以还是有必要的。"

在各种环保活动中,我们都会看到他的身影。比如学校的 DIY 手工作品设计大赛、校内各种环保宣传以及环保局组织的在太和花园的"爱鸟护鸟"活动等。他认为,不管活动规模大小,每一次参加都很有意义,希望更多的人一起来参与。

在日常生活中,他发现我校同学还普遍存在环保意识不强的不良习惯,同学用餐时大量使用塑料袋打包,部分同学带零食进教室吃完后将垃圾留下,一个人在自习室里打开所有的日光灯,离开时不关灯……对这些现象,他怀着深深的忧虑。加入环保协会已有 2 年的他,就餐时从未使用塑料袋打包饭菜,舍友也渐渐地向他学习,尽量不使用塑料袋,在教室看到垃圾就带走。他希望自己用行动作表率唤起更多的人改掉这些不良习惯。

环保是一种行动,更是一种理念

环保需要付出行动,更要用一种理念去指导。在黄圣昌看来,环保对个人是一种责任,对大家亦是一种责任。他说,就自己而言,环保是一番值得用青春浇灌的事业,即使自己将来不再是环协的会长了,但他仍旧用自己的热情去承担这份责任。

他曾在参加广州小洲村举办的"第七届中国大学生环境组织发展论坛"的过程中,结识了一名曾为环保工作两次放弃高考的高中生。"一个高中生居然为了环保行动而两次放弃了高考,这让我感到很震撼,看到这样的例子,我就更加坚定了为环保事业做贡献的决心。"黄圣昌找到了榜样,受到了激励。

他在实践中传递着环保理念,还将自己的环保理念带出省外。在参加上海市团市委承办的"第八期全国青少年生态环保社团骨干培训班"时,他积极与其他省高校的环保志愿者代表交流心得,共同分享。他一直认为,作为一名环保志愿者,不仅仅是校园的环保的践行者,更应担当起一种媒介功能的责任,将环保理念传播到世界的各个角落。

环保行动得到师生好评

作为环保协会的主要负责人,在团队管理和策划活动上,黄圣昌得到了团队成员的认同。团队成员黄佳佳说,在环保协会里他营造出了和谐的氛围,"他作为会长,开得起玩笑,与成员和睦相处,大家之间融洽得像一个大家庭。在各活动策划上,他很尽责,能够集思广益,注重与团队成员交流,是一个很称职的会长!"

"环保大到关系人类的未来,小到生活中的一点一滴。大学生应该从平时做起,从点滴做起,做环保的模范。"环保协会的指导教师张晓磊认为,"作为环保协会负责人,他工作能力强,尽心尽力做到让人满意,他心思细密,无论是做人还是做事都是踏踏实实的。"

环保协会另一位指导老师黄立勇也表示:"黄圣昌是真正将环保放在心头上,特别有想法有创意,不愧是青年学生中的环保使者。"

"我会继续用行动促进环保事业,用心实践环保理念,未来依旧不变!"在采访最后,黄圣昌坚定地说道。

设计是为了生活变得更好[*]

——全国海洋文化创意赛银奖获得者赖玲玲

　　全国大中学生第六届海洋文化创意设计大赛公布了获奖名单。我校宝石与艺术设计学院 2015 级产品设计 1 班的赖玲玲在老师李委委指导下设计的吊灯"SHELL 灯"以优美的外形、实用的设计，拿下了大学组银奖。李委委获得优秀指导教师奖，我校获得优秀组织单位奖。

　　围绕大赛的主题——海洋文化，赖玲玲在广袤的海洋文化中选择了形态优美的海螺。在设计过程中，她在海螺外壳的旋转弧度中提取出一定比例使用到灯具上，并结合海水的透明质感，使用了透明玻璃材质，使整个灯具显得轻盈又美观。

＊ 本文作者：余梦、何金颖、莫咏梅。

对刚学完基础理论课程,并且第一次接触产品设计思维的赖玲玲来说,这一次获奖充满了意外,同时也激发了她对产品设计的兴趣。开学第一周,《产品设计思维》的课任老师李委委就按照惯例,为产品设计1班的学生布置了一个作业,她要求每位同学都要按照海洋文化创意设计大赛的规定,设计一个产品用来参加比赛。"如果不是老师的要求,我想我是没有信心和勇气去参加比赛的,更不会获奖。"

对于第一次参赛的作品,赖玲玲无比认真。通过调研市场上的吊灯和在网上查阅了大量的资料后,赖玲玲得出了一个结论:当下的吊灯形态传统,没有新意。为了寻找切合"海洋文化"主题的灵感,赖玲玲不断地在网上浏览海洋生物的图片,渴望找到一种能突破传统吊灯形态、具有流动感的生物原型来设计自己的作品。

"看到海螺这一图片时,我心里想着就是它了。"她认为,海螺优美的体态正好符合她的设计想法。回想起那段寻找灵感的日子,赖玲玲笑着说:"那段时间,我只要出门,就会下意识地寻找吊灯,观察它们的形态特点。"

"SHELL灯"的设计过程可以说是一波三折。一开始,赖玲玲设计的产品并不是吊灯,但随着驱蚊器和落地灯这两个设想都被老师否定后,她接受了老师的建议,选择了形式多样化的吊灯作为设计对象。在赖玲玲的设想中,吊灯要尽可能地还原海螺的形态和质感,但具体操作的过程中却不尽如人意。不管是一开始选择的木材还是后来选择的磨砂塑料,渲染出来的效果并没有想象中的好,略显笨重,没有海螺的优美感。在多番尝试后,她才决定选择透明玻璃,但问题也随之而来。由于渲染的材质是透明玻璃,在PS里抠图时与背景融为一体,且吊灯的中间有缝隙,更是加大了难度。"单是抠图这一环节,我就花了整整一天,比建模的时间还长。"赖玲玲说。

相比于比赛结果,赖玲玲更加关注的是设计产品的过程。她说:"对于这次比赛,我觉得最重要的是保持一颗平常心,时刻谨记自己设计产品时的初衷,以认真的态度对待每一个环节。"如果不是同学在查看获奖名单时看到了赖玲玲的名字,并马上告诉了她,也许她还没这么快知道自己获奖。

这次获奖,对于赖玲玲来说意义重大。大二的她经过了两年的学习后,却仍对产品设计这一专业存在困惑。这次的比赛让她豁然开朗。"产品设计就是为了让人们使用起来更加舒服,我希望自己能够设计出既美观大方又经济实用的产品,让人们的生活变得更好。"赖玲玲说。

　　据悉,全国大中学生第六届海洋文化创意设计大赛作品涵盖了平面设计、产品设计、环境景观、数字媒体等类别。本届大赛共有 550 所高校、84 所中学参赛,共征集作品 30680 件,全国 31 个省份及港、澳、台地区均有作品参赛。大赛作品经过评审专家的初评和终评,大学组共评出获奖作品 1683 件,其中:全场大奖空缺,最佳指导教师奖空缺,金奖 7 件,银奖 18 件,铜奖 36 件(含最佳应用奖),优秀奖 196 件,入围奖 1426 件。

不要让梦想留在心里 *

——大学生综合发展中心展览部部长闭娴

　　在我院大学生综合发展中心,几乎所有的展览活动都能看到她的身影,她集接待员、讲解员、领导者于一身,她就是大学生综合发展中心展览部部长、2009 级工商管理系学生——闭娴。

　　认准了就要去做。2010 年 10 月,大学生综合发展中心正式成立,那时基础设施并不完善,创业团队不多,发展中心相当于一个"空壳"。当时,发展中心正发布招聘信息,闭娴果断地报了名,在这里开始她的梦想。

　　刚开始闭娴在创新实践部工作,主要帮忙处理一些琐碎的事情。不久,展览部这边缺人手,闭娴便申请过来帮忙。俗话说"万事开头难",展览部的工作让她

　　* 本文作者:吕子辉、何春枝。

觉得头脑一片空白。为了尽快上手,她积极地向学长学姐们虚心请教,从最简单的整理文件、背讲解稿、布置展览厅等工作做起。慢慢地熟悉工作后,她又开始探索如何成为一名优秀的讲解员。

"第一次讲解时,自己还不够自信,面对领导心里总是忐忑不安。"她描述初次讲解时的心情,"有些紧张,忘词和结舌也时有发生,目光不知道放哪里,总觉得自己准备不足,有一些方面做得不好。"后来,在学工处李德华老师的指导和帮助下,她总结出一些经验和规律,慢慢懂得了迎接哪些客人用什么样的方式去解说,在讲解的过程中也淡定了很多。

"在做项目申报时,有时上级会催得很急,我们就一起加班到晚上 11 点多,很累,但是大家一起工作时很快乐。"她回忆说。正是这样一个温暖和热情的团队感染了她,坚定了她的信念和选择。

不到一年的时间,她便在展览部的工作中游刃有余。由于工作出色,2011 年 4 月她开始担任中心展览部部长。随着大学生发展中心的成长,院内的展览活动也逐渐增多,她也和中心一起成长了。

一个出色的领导者是一个优秀团队的灵魂和支柱,这用在闭娴的身上很适合。2011 年 7 月,学院在发展中心举办"建党 90 周年展览",这是她第一次自己主持筹划的展览。

闭娴迅速召开会议讨论展览的主题和内容,然而出师不利,他们通过投票方式确定的主题并没有顺利通过审核,后来根据李德华老师的意见反复修改才通过。好事多磨,写真打印出来图片失真,老照片放大之后十分模糊。正在大家焦头烂额之际,闭娴灵机一动,想到从出版社购买图册只印刷背景。事后证明她的想法是可行的,图片质量很好,展览效果较之前更好。为了顺利完成展览的启动仪式,闭娴还带领她的成员在周末从早上 8 点忙碌到下午 6 点。

功夫不负有心人,在她的带领下,团队完成了学院"庆祝建党 90 周年图片展""梧州学院办学成果展""学习雷锋好榜样宣传图片展"等 8 个主题 12 场展览。她们还负责给来访客人发放资料,配合学院领导讲解。不负学院重托,她们一次又一次出色地完成了任务。

同事梁楚梦说:"她在工作上的'鬼点子'很多,而且说做就做。""她是名副其实的女强人,做事干净利落,绝不拖拖拉拉。"中心创新实践部部长王乃桥说。

热情灌溉每一天。从发展中心成立至今,闭娴一直坚持在这里工作,中途有不少同事退了出来,可她却一直坚守着,依旧事事亲力亲为,遇到问题主动去解决,同时她善于与伙伴们共同商榷,或者请教老师以寻求解决方法。李德华老师对她的工作能力给予很高的评价:"闲娴是最早一批进入发展中心的人员,管理经验丰富,任劳任怨,最难得的是她对工作始终保持着一份热情。"

为了让接班人熟悉展览部的各项工作,从去年开始她便带领 11 名成员进行每周一到两次的培训,看到自己培养的讲解员取得了进步,她也由衷地开心。"我希望看到的不仅仅是一种优秀,更是一种进步。"闲娴说。

虽然工作很忙,她在学习上并不比别人差,她曾先后获得院级二等奖学金、三等奖学金等,而且她还考取了会计从业资格证。在学习工作之余,闲娴喜欢逛书店看各种各样有趣的书籍。

她在 QQ 个性签名上写道:喜欢就要去做,不要让梦想留在心里。这就是闲娴,一个敢说敢做的女生。

我是梧州学院学生，我自豪*

——记梧州学院大学生综合发展中心接待讲解员甘海霞

中心讲解员甘海霞

她中等身材，说话时脸上总是漾着笑容，带着不紧不慢的语气……她就是梧州学院文法学院 2011 级公共事业管理班的甘海霞，是中央政治局常委、书记处书记刘云山一行在 4 月 11 日来梧州学院视察时唯一一位陪同参观的学生代表。

即将毕业的甘海霞是一名中共党员，也是梧州学院大学生综合发展中心（以下简称：中心）管理办公室副主任、学生助理、接待讲解员，在中心工作了近 4 年，甘海霞熟悉整个中心的布局、各个项目的主要工作、访客参观路线。

甘海霞回忆说："4 月 9 日那天，我接到了任务：有一位重要的客人将要来学校

---

* 本文作者：雷美香。

大学生综合发展中心参观,学校领导让我做好接待讲解的准备。"对于接待讲解工作,甘海霞再熟悉不过了。尽管她参与很多次接待,但是她仍认真准备好这次接待任务,确保做到万无一失。在接下来的时间里,她除了要安排中心的管理工作外,还要一次又一次地熟悉讲解,生怕漏掉一些展现学校特色的信息。同时,她也很好奇到底这位重要的客人会是谁?

4月11日下午4点多,甘海霞接到来访客人即将抵达中心的通知。她和梧州市委常委、宣传部长、副市长黄振饶,学校党委书记唐耀华在发展中心门口等候来访客人时,甘海霞不免有些紧张,设想着来访的客人会不会是一位不苟言笑的长辈。4点22分,由七八辆车组成的车队抵达中心门口。车子停稳后,从中巴车上走下来的第二个领导是刘云山。甘海霞保持惯有的微笑,带着兴奋和紧张的心情跟着市领导和校领导上前作了简单的自我介绍。刘云山与她握手并亲切地说:"同学,你好!"简单的问候,亲切的微笑,厚实温暖的手掌,顿时化解了甘海霞心里的紧张。

接下来的引导接待工作照常进行着。在参观过程中,学校党委书记唐耀华向刘云山汇报了大学生综合发展中心建设的情况以及学生创业、学生党建等方面情况。甘海霞在参观的队伍里进行引路,也为领导们作简单讲解。她很快进入了工作状态。

"同学,你今年多少岁啦?学什么专业?""你们的项目是如何运作的?"……在参观走访过程中,刘云山就同学们的学习生活、创新创业等基本情况与同学们进行了亲切交谈,而这些甘海霞都看在眼里,听在心里。

"此次接待给我最大的感受是,刘云山同志问的问题细致入微、接地气,切切实实地关心我们的成长与发展。"甘海霞感慨地说道。

17点10分左右,将近1个小时的接待工作很快就结束了。送刘云山至中心门口时,他再次与甘海霞握手。车队驶离了学校后,她松了一口气:终于圆满完成任务。唐耀华书记与她握手说:"今天表现很好,辛苦你了!"

甘海霞说,短短50分钟,她看到了一位和她想象中不一样的国家领导人,没有想象中的严肃,而是和蔼可亲,与同学们交流接地气,切身实际地关心90后大学生的成长。她说:"能够担任这次任务,对于我来说是我大学最特别的毕业礼物。"

接待工作结束后,中心的工作人员召开了本次工作的分享会。甘海霞向与她一起工作的伙伴们分享了执行这次任务的心情。大家都问她:接待任务过程中紧不紧张?近距离接触国家领导人的感受怎么样……发言时,她显得有些激动和兴奋,在最后总结说:"我很自豪,我是梧州学院的学生!"